河南省高校哲学社会科学研究重大项目“文学与地方性知识：‘中原作家群’创作及访谈、口述史研究（1976—2023）”（2025-JCZD）中期成果

中原作家群研究丛书

主编　李勇

副主编　刘宏志　朱一帆

小说中原

——新时期河南小说研究

刘宏志　著

武汉大学出版社
WUHAN UNIVERSITY PRESS

图书在版编目(CIP)数据

小说中原 ：新时期河南小说研究 / 刘宏志著．--武汉：武汉大学出版社，2025.8．-- 中原作家群研究丛书 / 李勇主编．-- ISBN 978-7-307-24539-6

Ⅰ．I207.42

中国国家版本馆 CIP 数据核字第 202457859B 号

责任编辑：徐胡乡　　　责任校对：汪欣怡　　　版式设计：马　佳

出版发行：**武汉大学出版社**　（430072　武昌　珞珈山）

（电子邮箱：cbs22@whu.edu.cn　网址：www.wdp.com.cn）

印刷：湖北恒泰印务有限公司

开本：720×1000　1/16　印张：16.25　字数：230 千字　插页：3

版次：2025 年 8 月第 1 版　　2025 年 8 月第 1 次印刷

ISBN 978-7-307-24539-6　　定价：89.00 元

总　　序

在近百年来的中国现代文学发展史上，河南作家一直占有举足轻重的地位。现代文学时期虽战乱频仍，但河南还是走出了徐玉诺、曹靖华、冯沅君、尚钺、师陀、姚雪垠、丰村、赵清阁、刘知侠、于赓虞、李季、苏金伞等一众名家。虽然他们大多有流亡和迁徙的经历，创作也多是异地开花，但他们笔下的中原大地，仍堪称是近现代苦难中国的缩影。当然，现代文学史上的河南作家，确如孙荪所言——“没有形成气候”。真正形成气候是在1949年之后，尤其是改革开放以来，以李准、南丁、魏巍、白桦、张一弓、乔典运、田中禾、二月河、刘震云、李佩甫、周大新、柳建伟、刘庆邦、张宇、郑彦英、孙方友、墨白、李洱、冯杰、邵丽、乔叶、梁鸿、计文君、南飞雁、李清源等为代表的一大批河南作家活跃于中国文坛，才真正形成了一个不仅具有相当数量规模，而且具有鲜明地域特色的文学群体。

关于这个文学群体，历来有许多命名。从较早的“河南作家”，到20世纪90年代的“文学豫军”，再到新世纪的“中原作家群”——命名焦虑某种程度上也折射着这个文学群体的影响力。地域性文学的命名总是存在争议，这几乎是难免的。但河南作家却有一种群体性的、与其他地域作家不同的“个性”。这种“个性”不仅仅是在与南方作家的比较中显现出的一种朴实（而非绚烂）、沉重（而非轻逸）的北方风格，也不仅仅是在与西部作家的对比中展现出的一种现实（而非浪漫）、焦灼（而非自由）的中原精神底色，而是即便与相毗邻的山东、陕西等北方地区和泛中原地区的作家相比，也仍然可以分辨出的一种唯河南作家方有的气质与个性。

对于这种气质和个性，当我们拿刘震云、李佩甫和莫言、张炜、贾平凹、路遥等比较，或者拿乔叶、邵丽、南飞雁、李清源与其他北方地区的中青年作家比较时，就会有非常突出的感受。这种感受，用简单的话概括就是：河南作家对于近现代中国多灾多难的历史和现实有一种远较其他地域的作家更痛彻心扉的体认。而这种体认的来源，就是中原这块土地在中国从贫穷走向富强、从愚昧走向文明、从落后走向进步的过程中，所承受的独一无二的挣扎和撕裂之痛。因为中原有着远较其他地区更庞大滞重的前现代文明负累，故而它的转型和裂变远较其他地区更为艰难，也更为撕裂、疼痛。毫不夸张地说，新时期以来河南作家笔下最让人印象深刻——甚至过目难忘——之处，便是对这种转型之痛的痛彻展示与表达。

所以，不管是从作家作品的体量来说，还是从其个性来说，河南作家都有作为一个地域性文学群体被关注和研究的可能性和必要性。而言其“必要”，实在是因为对这个群体的观察，亦是对百年来中国社会历史发展和文化转型的回顾与反思。多年来，对这个文学群体的观察和思考，并不局限于与河南这块地域有关的学人，它受到的关注是全国性乃至世界性的。郑州大学文学院中国现当代文学专业的诸位同仁，多年来对河南作家给予了积极的、热情的关注和研究。这里原本并没有统一的规划和预先的组织，而只是因为这个文学群体及其创作实在太过醒目，以至于让人无法视而不见。

当然，此次“中原作家群研究丛书”的策划和出版应该算是一个标志。近年来，郑州大学陆续成立了二月河文学艺术研究中心、河南文学研究中心等研究机构，2024 年 3 月河南文艺评论基地（郑州大学）揭牌，这些都为我们能够更好地整合资源、调动力量，更充分、更有力地发掘“中原作家群”这一丰富的文学资源的价值，让这一地域文学资源的价值得到更好、更充分的传播与利用，创造了条件。在此，衷心感谢郑州大学文学院对该丛书出版的大力支持！感谢河南省文联、河南省作家协会、河南省文艺评论家协会，以及广大作家和学界朋友的无私帮助！同时也对武汉大学出版社诸位编辑老师为丛书出版付出的辛苦努力，表示最诚挚的敬意！

李　勇

郑州大学文学院教授、博士生导师

前　　言

新时期以来，河南文坛出现了很多优秀的作家，出现了大量优秀的作品。20世纪末期，“文学豫军”一词开始被频频提起，这也说明新时期以来河南文学取得了丰硕的成果。本书的研究对象主要是新时期以来的河南文学创作，从宏观和微观两个层面对河南文学进行研究。第一章是对新时期河南文学现象进行宏观归纳，分析了新时期河南文学的主要特征及其形成原因；第二章到第六章是对新时期以来十二位具有代表性的作家的个案分析；第七章是对河南作家几部富有特点的作品进行分析。

本书选择的个案分析对象主要是长期生活、工作在河南，并在新时期创作上取得重要成就的作家。从河南作家的构成来说，生活、工作在省外的河南籍作家是非常重要的一股力量，如刘震云、周大新、刘庆邦等，都已是蜚声中外的著名作家，他们中很多人获得了茅盾文学奖，可以说代表着中国当代文学的最高水平。不过，如果把这些作家也列入个案分析的对象，就需要在众多优秀作家中进行艰难的选择。所以，本书索性专门评介那些长期生活、工作在河南的作家。如果有机会续写《小说中原》，可以专门写一部工作在省外的河南籍作家的作家论。希望将来能有这个机会。

另外，需要说明的是，本书对十二位作家的评论并非面面俱到的作家论，而是笔者在阅读和研究过程中，针对自己体会到的该作家非常有特色的地方的深度挖掘，比如平原对李佩甫的意义，李洱的知识分子书写，等等。

限于篇幅，本书不免有挂一漏万的情况，希望将来还有弥补缺漏的机会。

目　录

第一章

当代河南文学概论

第一节　中原文化精神影响下的20世纪河南文学

一、百年河南白话文学的历程

河南地处中原。在先秦时期，中原地区是华夏文明的发祥地，中原文化也开始向外辐射、传播。汉唐时期，中原地区仍然是国家的文化中心，东与齐鲁文化、南与楚文化、北与燕赵文化、西北与三晋文化互辉相映。南宋之后，由于战乱频仍，文化中心南移，中原文化才日渐萧条、没落，甚至衍化为一种带有边缘意味的文化。中原文化原来所具有的先锋文化特征，也开始变得模糊起来。尽管如此，作为中华文明的发源地，中原地区早期在文学上也是大家辈出，杜甫、白居易、李商隐等，一代一代的文豪，构筑了中原文化、中原文学的宏伟大厦。但随着文化中心的南移，中原地区的文学大家也开始稀少起来。

20世纪末期以来，文学发生了重大变化，白话文学逐步兴起。从徐玉诺、冯沅君开始，历经师陀、姚雪垠、李准等文学大师，历经几代人的努力，中原作家终于在20世纪末在全国产生了重大影响，“文学豫军”称号开始被频频提起。坚守在河南本土的张一弓、田中禾、张宇、李佩甫、李洱、墨白、二月河，以及从河南走出来的刘震云、周大新、刘庆邦等当代著名作家，在20世纪90年代不断抛出重量级的作品，惊动了文坛，河南文学又重新走在了全国的前列。这百年来的河南文学，几代作家的作品中，都包蕴着独特的中原文化精神。

如果要给20世纪河南作家的创作进行一个大致的分期，从整体创作风貌来看，可以分为三个时段。第一个时段是从白话文运动开始，一直到中华人民共和国成立，这是河南白话文学的初创时期。这一时期，由于国家处于动荡不安之中，而河南地处中原，一方面为兵家必争之地，战乱不断；另一方面，灾荒频频出现，使得整个中原地区的生存环境极为恶劣，这些因素客观上都限制了河南文学繁荣发展的可能性。而且，河南地处内陆，既无法像北京那样成为全国文人聚居的地方，从而实现文化事业的繁盛，也无法像沿海地区那样得风气之先，在某些方面引导文学的新风尚。因此，在这一时期，虽然河南文学为全国贡献了一些优秀的作家，如徐玉诺、冯沅君、苏金伞、师陀、姚雪垠、李季等人，但未能形成一个集团，一股力量，相对于河南庞大的人口基数来说，知名的文学家实在是太少了。不过，值得注意的是，由于中原独特的人文地理环境，河南文学在这一时期已经呈现出百年河南文学的两大母题：对灾难的反抗和对中原文明的反思。

第二个时段是从1949年一直到20世纪80年代初期。这是一个新的时代，社会政治、经济、文化等都在发生深刻的变化，社会主义建设热火朝天地进行，生产力开始恢复和发展，河南在革命和建设的浪潮中，不断创造出令世人瞩目的奇迹，成为一个出“典型”的地方。这是一个充满激情的年代，一批老作家，如苏金伞、何南丁、于黑丁、姚雪垠等，在新的河南开始了他们充满激情的创作，姚雪垠的长篇历史小说《李自成》第一卷在当时产生了重大影响。与此同时，一批年轻的作家，如李准、乔典运也一鸣惊人，迅速在文坛上崭露头角。应该说，在这一时期，河南作家的创作在全国产生了较大的影响。但是，随即到来的“左”倾政治思潮，让河南作家也陷入了疯狂的“大跃进”之中，对新生活的真实描述让位于假想的阶级斗争，大批作家被划为右派，被迫停止创作，河南文学也因此陷入停滞状态。在这一时期，应该说，河南文学有繁盛的一面，但是，在这个繁盛中，也折射出了河南作家极强的趋时性。这种趋时性有好的一面：魏巍的《谁是最可爱的人》、李季的《玉门诗抄》等作品，在中华人民共和国成立初期对建构民族国家统一体意识起到了很大的作用；李准的农村小说在及时反映农村建设状况以及国家政策的实施方面也有很大影响。但这种文学的趋时性也给河南文学带来了很大的负面效应，20世纪60年代以后，河南文学的消沉在很大程度上和这个是分不开的。

第三个时段是从20世纪80年代以来一直到现在。这一时期，伴随河南经济的腾飞，河南文学迎来了真正的繁荣昌盛，一批河南作家在中国文坛占据了重要位置，“文学豫军”开始叫响了中国文坛。在80年代，姚雪垠连续出版了《李自成》第二卷和第三卷，魏巍连续出版了长篇小说《东方》《地球的红飘带》，李准出版了《黄河东流去》，这三位作家都获得了中国文坛长篇小说最高奖——茅盾文学奖，初步显示了河南作家的实力。接着，张一弓异军突起，他以直面现实的勇气，先后推出了在全国有重大影响力的中篇小说《犯人李铜钟的故事》《张铁匠的罗曼史》《春妞儿和她的小嘎斯》，引领了20世纪80年代初期的中国文坛，为河南文学赢得了极大荣誉。紧接着，他的同龄人，如乔典运、段荃法、张有德、郑克西，以及一批年轻一些的作家，如田中禾、张宇、李佩甫、刘震云、周大新、刘庆邦、行者、李洱、墨白等，纷纷冲上文坛，不断推出佳作。

进入21世纪以来，河南作家继续保持了旺盛的创作精力，老作家们不断有佳作问世，青年作家也茁壮成长。21世纪伊始，老作家张一弓便出版了长篇小说《远去的驿站》，田中禾出版了《父亲和她们》《十七岁》《模糊》等长篇小说，刘震云出版了《一句顶一万句》《我不是潘金莲》《一日三秋》等长篇小说。周大新、李佩甫、刘震云、李洱、乔叶等作家先后获得茅盾文学奖，邵丽、乔叶等作家先后获得鲁迅文学奖。在已成名作家发力的同时，河南厚重的文化土壤中也不断涌现出更为年轻的作家，21世纪以来，南飞雁、李清源、陈宏伟，以及更为年轻的寒郁、郑在欢、王苏辛、小托夫、智啊威、尚攀等作家也纷纷冲上文坛，成为国内“80 后”“90 后”作家的代表人物。

历经百年的沧桑，数不清的起起伏伏，20 世纪八九十年代以来河南作家的集群式冲击，终于使得在 20 世纪初期开启的河南白话文学迎来了繁盛期。在这一时期，河南作家的创作主题更为多样化，手法更为复杂，但是，在这些不同河南作家纷繁复杂的创作中，我们可以清晰地发现贯穿其中的依然是中原文化精神。

二、河南作家的创作立场

(一)对艺术形式探索的重视和坚持

河南地处中原腹地，长期以来相对封闭的地理环境和文化传统，使河南文化一直都是厚重有余而开拓创新不足。这一点，也非常鲜明地反映在河南文学创作上。我们可以看到，无论是 20 世纪 70 年代末期兴起的朦胧诗群体，还是 20 世纪 80 年代中期兴起的先锋小说群体，这些带有时代先锋性质的文学群体中都鲜有河南作家的身影。所以，河南老文联主席南丁先生总结，河南作家总是“慢半步”。这是河南作家的劣势，但是，这并不说明河南作家不重视艺术形式，只是观念上还没有认识到艺术形式本身的重要性而已。随着对文学艺术形式价值认识的不断深入，河南作家成为滞后但是执着的形式探索者。张宇的一段话颇能说明河南作家在小说叙事艺术探索上的特点：“大概是 1984 年吧，那一段时间我忽然觉得自己过去写的小说不像小说了……后来就出现了先锋派，来势之猛让人难以招架，先锋作家的作品到处开花，评论家叫好叫得满嘴白沫。我又不明白什么是小说了。于是就去看先锋作家的作品，说实话也看得明白，也为人家的才华吃惊和叫绝。并且，在这群先锋作家中，我还特别看中了余华，曾像一个追星族一样把余华看成心目中先锋作家的明星……但是也觉得这不是唯一的表现方法，甚至也不是最能体现小说本质的，但是什么是小说艺术的本质并不明白。”①从张宇的论述

① 张宇. 困惑五章[J]. 青年文学，1995，14(11)：4-10.

中，我们可以看到，首先，河南作家对于文学，对于小说如何创作，其实一直保持着敬畏之心，保持着探索精神；其次，河南作家对于新的艺术形态的确表现得比较迟钝——在先锋小说流行之后，知名作家张宇才发现这类创作，并开始试着去理解这类小说。但是，我们也的确可以看到，在对先锋小说理解之后，在意识到小说艺术形式的重要性之后，张宇并没有被先锋小说所局限，而是进一步思考小说的可能性。

事实上，在艺术形式变革上反应比较滞后，是河南作家的一个特点。但是，发现艺术形式的重要性之后，就孜孜不倦地进行艺术探索，并强调艺术形式的重要性，这也是河南作家的一个基本创作立场。老作家田中禾在古稀之年，先后创作了《父亲和她们》《十七岁》《模糊》三部长篇小说，三部小说在艺术形式上又各有特点。《父亲和她们》采用双重第一人称后设视角来对既往的历史进行思考，表达出了历史思考的深度。田中禾自己说，这部书从构思到完成经历了十几年时间，大量时间其实都耗费在如何建构这样一个更适于表达他关于历史思考的艺术形式上。张一弓在创作《远去的驿站》时，也耗费了很长时间去寻找一种独特的艺术表达方式。对此，南丁有过表述："新千年开始，一弓想重新恢复小说创作，他多次向我讲起他构思中的长篇小说的素材……这个长篇动用了他一生的库存，还是燃烧着他的，有创作激情。他也多次向我讲了他的苦恼，苦于找不到一个结构，找不到一个叙事方法，不知该从哪里切入……我认真地说，抛弃你那个圆形的封闭的完整的结构，开放些随意些洒脱些……不妨将长篇小说作为长篇随笔来写……"①张一弓成名于20世纪80年代，《犯人李铜钟的故事》《张铁匠的罗曼史》《春妞儿和她的小嘎司》在当时影响很大。张一弓的写作方法和写作理念，都是在建构封闭的叙事结构，在封闭的叙事结构中完成完整的故事表述。所以，书写长篇小说时，张一弓的烦恼其实可以看作一个真诚的作家在努力寻找新的艺术表达方法，而这种艺术创作方法的改变，对他来说，的

① 南丁. 张一弓弓未藏[J]. 北京文学，2001，52(3)：84-86.

确是一件非常困难的事情。但是，他却真的完成了这样一个转变。

在艺术探索方面，尤其值得一提的是墨白和行者。墨白在先锋大潮退去之后成了一个先锋作家，当其他先锋作家纷纷转向写实的时候，他依然坚守先锋立场。对于墨白来说，先锋性关系到文学的根本："我意识里的文学写作的先锋性应该是这样的：他的写作能提供一种新的认识世界的视角，或者是对生命的一种独到的感受；他的叙事或文本常常颠覆读者的阅读经验，把读者带到一个陌生的境地里去。读者在他那里看到了隐藏在自己身边的一些没有察觉或感受到的东西。"①"我一开始就比较自觉地注重小说的形式和技巧，我觉得这对我很重要。你只有先注重形式和技巧，才能更好地表达你的思想。当然，一个作家在写作之初他可能很注意技巧，到了成熟的时候他可能不太注意这些了，但你不能说小说里的形式和技巧就不重要了。我认为形式和技巧是一个作家认识世界的方法，形式的不同就是视角的不同，一种新的形式就是为人类提供一种新的认识世界的方式。许多了不起的作家都给人们提供了认识世界的方式，比如西蒙、伍尔夫、卡夫卡、乔伊斯、卡尔维诺……"②在墨白的小说中，意识流手法的运用、物理时间顺序的被打破成为一种常态，通过这种叙事方式，一方面，使得小说承载了更大的信息量；另一方面，也用小说形式本身对这个时代的特点做出了回应——一切都是碎片化的。另外，在他的小说中，叙述视角也不断发生变化，外视角与内视角不断切换。这种切换的目的是让作家尽力进入小说中人物的内在精神，以小说中人物的立场去思考问题。种种艺术手法的试验和探索，显示了作家在小说艺术上执着的探索精神。河南作家中另外一位表现出偏执先锋姿态的小说家行者，出版了《非斯》等一系列在叙事上具有明显探索性的小说，其创作也为评论界所关注。

---

① 林舟．以梦境颠覆现实——墨白书面访谈录[J]．花城，2001，22(5)：184-193.

② 张钧．以个人言说方式辐射历史和现实——墨白访谈录[J]．当代作家，1999(1)：103-108.

另外，河南还有很多作家，虽然在小说形式上看上去似乎并不具有特别的先锋姿态，但是对形式也有着极其认真的探索和思考，比如李洱。李洱的《花腔》采用了非常特别的叙述方式，对于同一个人，同一段历史，作者让三个人分别述说，而且在这个过程中，又加入了大量的所谓历史资料，正是在这样复杂的叙述中，历史的多元复杂性一点点呈现出来。他获得茅盾文学奖的长篇小说《应物兄》，更是在看似平实的语言中进行了艺术形式的革新，呈现了复杂、多元的时代世相。邵丽的小说创作也一直在艺术形式上进行突破。她的长篇小说《我的生存质量》完全打破了时空界限，由叙述者对自己的生活展开叙说。小说由丈夫敬川出事，别人对自己态度的变化，引出闺蜜陈琳一家人对自己态度的变化，从而对现实生活中这样一种过于实际的生存姿态展开批判。当然，批判不止于此，接着，小说由对陈琳的批判扩展到对叙述者“我”类似行为的反思，进而扩展到对“我”既往的对陈琳态度的反思；小说由“我”和敬川的关系自然过渡到关于“我”和敬川家人的思考，小说中对文臣的整个生命流程的展示，对父亲和“我”关系的呈现，表达了不正常的政治生态对人的精神的改造，以及对人整个生命质量的影响，从而发出关于人生的感慨；从敬川出事，小说又自然过渡到叙述者“我”与敬川的夫妻情感生活，从而展开对夫妻间微妙情感的呈现；由小孩糖果儿的出生，又引发叙述者对人生的认知和理解……总之，小说看似是随意的思绪流淌，但实际上却打破了物理时空的限制，呈现了复杂的生活内容和作家对生活的思考，显示了作家在艺术形式上微妙的探索。

总的来说，在小说艺术探索上，河南作家往往不能得风气之先，不过，当意识到艺术形式的重要性之后，河南作家却能坚守对叙事形式的探索。这种滞后但是执着的形式探索，其实表明了河南作家的坚守。河南作家因为不能得风气之先，所以不善于追赶潮流。但河南小说家的写作不是为了追逐潮流，当他们意识到艺术形式的重要性之后，便孜孜不倦地进行着叙事方法的探索，这表现出的是对小说艺术的尊重。

(二)坚定的现实主义立场

河南作家一向有着鲜明的现实主义创作立场，在某种程度上，可以说，现实主义是流淌在河南作家血液中的。河南作家对于现实有着高度的敏感性，关注现实、描写现实是河南作家的本能。这种关注可能和河南作家的生存环境、文化环境有关。河南地处中原腹地，一直深受儒家文化的影响。在先秦时期，河南尚能产生出老子、庄子等道家思想家，但是在汉朝之后，河南文化基本遵循的是一种务实的，“子不语怪力乱神”的现实主义精神。中国文化史上两位伟大的唐朝诗人，李白、杜甫，分别代表了中国文学的现实主义和浪漫主义风格。代表现实主义风格的杜甫就来自河南，这并非偶然。杜甫的名句“朱门酒肉臭，路有冻死骨”，也非常鲜明地呈现了他的批判现实主义立场。

河南当代作家继承了先辈直面现实、批判现实的立场和精神，对于现实，往往有着较强的敏感性。李准的小说《不能走那条路》就非常典型地表现了河南作家对于现实的敏感。这部小说以河南农村为背景，是根据当时农村生活的实际情况创作的。新中国成立以后，中国农民获得解放，但许多分得土地的农民因为生产资料不足等原因，并没有真正脱贫致富，仍然挣扎在贫困的边缘，甚至有些人因为债台高筑不得不开始出卖刚分到手的土地。1953 年 6 月，李准听说自己老家担任村党支部书记的堂哥买了二亩地，另外还想在集上开个小成衣店。接着，李准在和一个基层干部聊天时了解到，在当时的农村，土地买卖已经司空见惯，税务部门并因此征收了不少的“土地交易税”。同年 7 月 22 日，时任中央农村工作部部长的邓子恢在《解放日报》上发表了《农村工作中的基本任务和方针政策》一文，指出，“小农经济自发的资本主义倾向”只会“使中国农民重复走上多数人贫穷困苦、少数人发财致富的两极分化的旧道路”，并指出，“我们的责任就在于教育农民走组织起来大家富裕的新道路，指出旧道路是使生产下降，绝大多数农民贫穷困苦的道路；以农民在旧社会里所亲身体验过的实例来教育农民，使他们明白走旧的资本主义道路只有极少数人可能在剥削别人的基础上单独富裕起来，而绝不能大家富裕共同发展”。李准意识到土地买卖可能导致农民贫富分化，是个不容小视的大问题。中共中央决定对农业进行社会主义改造和“农业合作化”的运动，使李准产生了强烈的创作欲望，为政治服务的热情促使李准写下了《不能走那条路》这篇小说。

1953年11月20日，《河南日报》发表了李准的短篇小说《不能走那条路》。小说发表后立刻引起热烈反响，在半年多的时间里，全国30多种报纸、10多家刊物争相转载。1954年1月26日，《人民日报》也转载了这篇小说，还加了编者按，给予高度评价：这篇小说“真实生动地描写了几个不同的农民形象，表现了农村中社会主义思想对农民自发倾向进行斗争的胜利。这是近年来表现农村生活的比较好的短篇小说之一”。

显然，对于现实，河南作家往往有着特殊的敏感性。他们的写作，基本上是直面现实、面对生活发言的写作，而不是远离现实凌空蹈虚的写作。对于当下社会的问题和精神状况，河南作家都会敏锐地做出反应。新时期以来，影响较大的河南作家直面现实的作品就有田中禾的《五月》、李佩甫的《学习微笑》、李洱的《石榴树上结樱桃》、梁鸿的《梁庄》、邵丽的《城外的小秋》、乔叶的《拆楼记》、刘震云的《我不是潘金莲》等。田中禾的《五月》考察的是20世纪80年代改革开放之初，农民卖粮难的问题；李佩甫的《学习微笑》关注的是20世纪90年代中期，国企改革工人下岗的问题；李洱的《石榴树上结樱桃》关注的是农村进行行政体制改革的问题；邵丽的《城外的小秋》和梁鸿的《梁庄》考察的是城镇化过程中的农村现状；乔叶的《拆楼记》考察的是当年全国性的拆迁话题；刘震云的《我不是潘金莲》则直面当下热门的上访话题。显然，这些小说，从不同层面直面社会现实，对社会进行观照。

对于现实，河南作家既有敏锐的直接观照，也有犀利的批判。河南当代作家中，南丁是较早对现实进行批判的。他的小说《科长》通过对一个善于揣测领导意图的王科长和独断专行的刘局长的描写，批判了自封建社会而来的奴性人格，以及导致这种奴性人格生成的另外一个极端——人格上的霸权。其中，对于奴性人格的磕头虫的比喻，在今天仍然具有很强烈的现实意义。20世纪80年代，张一弓的《犯人李铜钟的故事》更是对现实反思与批判的力作。这部小说中，作者直面人生，对饥馑年代的历史进行重新认识和思考，揭示了谎话造成大饥荒的真实惨象，同时寄托了张一弓对人格道德的追求，竭力表现一种舍身求法、舍己为人的民族精神。张一弓在接受记者采访时坦言，创作《犯人李铜钟的故事》的过程，是一段痛苦的心灵历程。这种痛苦不仅仅是因为自己受到了不公正的待遇，更是因为整个民族经历的悲剧。作品揭示了一个深刻的主题：不仅战胜敌人需要流血牺牲，而且战胜自己也要付出血的代价，我们应以较少的代价换取较多的智慧，使党更好地为人民服务。题材的尖锐性，反思历史的力度与深度，触及社会问题的大胆与超前，使这部作品在当时引起了强烈反响。

近年来，邵丽的“挂职”系列小说也非常尖锐地对现实进行了批判。她的《刘万福案件》《第四十圈》《老革命周春江》等小说直面社会问题，对现实进行反思和批判。小说《第四十圈》围绕一桩凶杀案展开——受尽屈辱的肉贩子齐光禄把派出所所长查卫东杀死了。“第四十圈”这个小说题目具有隐喻意义。小说中的查卫东每天都跑步，围着操场跑四十圈。齐光禄选择查卫东跑步跑到第四十圈动手是有原因的，因为这个时候，“查卫东的体力已经消耗得差不多了，而且快达到目标的时候，人也比较容易松劲”。其实，查卫东的第四十圈，也是齐光禄的第四十圈，是刘万福的第四十圈，那是他们自己忍耐力的第四十圈。这些小说都表达了对社会公平的强调。如果社会公平缺失，人民都忍无可忍，都到了自己忍耐力的第四十圈，危险也必将到来。正如邵丽所说：“我深深地知道，在一个文明社会里，别说对恶行赞许，即使对它过度沉默，也算是一桩恶行。但是，在现实的窘况里，往往使我们的选择如此悖谬和逼仄——我们追求进步，但进步不是以某些人的退步为代价的；我们创造文明，而文明如果没有公平作支撑，迟早会崩塌下来，跌得粉身碎骨。”①在

① 邵丽. 继承与颠覆[J]. 决策. 2014，22(6)：95-95.

《老革命周春江》中，老革命周春江和领导闹别扭，因为他发现现在的领导都强调为领导负责，而忽略了为人民服务。他动情地回忆起自己参加革命的时候，部队领导对他们的关照，觉得参加这样的队伍，非常光荣，非常值得。但是，之后他的哥哥，一个为了国家而失去一条胳膊、一条腿的战士，在新中国成立后却饿死了。在此，小说呈现了它的主题，即对当下干群关系的反思。这个主题并不新鲜，新时期的反思文学中有多篇小说表达这个主题，其中茹志鹃的《剪辑错了的故事》，利用蒙太奇的手法，直接呈现了新中国成立前后党和群众关系的对比。但是，这个主题在今天依然非常有价值，如果政府不爱人民，人民最终也不会爱政府。在国家经济大发展、社会高度富裕的背景下，加强爱国思想教育是必需的，但是毋庸置疑，让民众爱国爱政府的最基本前提是，政府一定要解决自身问题，真正践行为人民服务。从这些小说中，我们可以看到作家对现实尖锐的批判其实正来自他们强烈的忧患意识。

河南作家对现实的关注，不仅仅是对时代敏感，也包含着对底层生命深深的悲悯和理解。田中禾的《五月》关注的是数量庞大的中国底层农民的生存状态；墨白的小说一直都在愤激地批判中国的城乡二元对立制度，其小说《事实真相》更是对底层人民失语状态的揭示；傅爱毛的小说《天堂门》也表现了她对底层生命的悲悯。关注现实、批判现实是河南文学的优秀传统，河南作家继承并发扬了这一光荣传统，用自己手中的笔为人民代言，替时代发声，表现了心怀天下苍生的胸怀和精神。

三、河南文学的三个重要特征

在百年河南文学的发展历程中，20世纪初期河南文学初创期的萧条与八九十年代的繁盛自然不可同日而语。但是，由于中原独特的人文地理环境的熏陶，在这些河南作家的创作中，都有一条中原文化精神的主线贯穿其中，并形成了河南作家创作的几个非常明显的特征。

首先，热衷于描述苦难，成为百年河南文学的一个重要特征。20世纪的中国是一个充满忧患与灾难的中国，苦难也成为河南作家笔下非常常见的主题。五四时期，河南白话文学第一人徐玉诺以诗歌享誉文坛，他的诗歌中对苦难的描述比比皆是，比如《火灾》：没有恐怖——没有哭声/因为处女们和母亲/早已被践踏得像一束乱稻草一般/死在火焰中了。/只有热血的喷发，/喝血者的狂叫，建筑的毁灭，/岩石的崩坏，枪声，马声……/轰轰烈烈的杂乱的声音碎裂着。从他发表的小说来看，苦难也是他小说中非常重要的主题。1923 年，徐玉诺发表在《小说月报》的小说《一只破鞋》，是“五四”时期影响较大的小说之一。小说讲述了一个勤劳善良的农民，穿着破鞋，给在开封上学的儿子送钱，却在返回家乡的路上被土匪杀害的故事。这篇小说是徐玉诺的成名之作。在小说发表的前一期《小说月报》上，编者就提前向读者推荐：“徐玉诺君有一篇《一只破鞋》，叙写河南匪乱惨状，极为真切动人，即使我们没有身历其境的人读了，也不禁要颤惧起来。”在 20 世纪 20 年代，书写苦难是比较普遍的现象，但徐玉诺的苦难叙事之所以得到特别推荐，正是因为其对苦难现实的生动描述及其带给读者的强烈震动。此外，与徐玉诺同期的冯沅君、尚钺以及之后的师陀、姚雪垠等，都满怀同情地去书写中原大地人民的苦难遭遇。对于苦难的描述和反抗，不仅是新中国成立前河南文学的叙事主题，而且在新中国成立后，河南作家仍然执着地讲述在这块土地上发生的种种苦难，并发出愤激的批判。张一弓的小说《犯人李铜钟的故事》一直被文学评论者认定为伤痕文学或者反思文学的代表作品，强调其对“左”倾思潮的反思主题。但是，如果抛开所有的政治背景，我们会发现，张一弓不过是写了一个关于苦难的故事：自然的苦难——灾荒；社会的苦难——不准外出逃荒；以及人在苦难中的生活和面对苦难的反应。

河南作家不仅描写了苦难本身，也关注了民众面对苦难的方式——默默承担。这是民众不得已的选择，也解释了中华民族能够绵延不绝的原因。在中原这块土地上，默默承受痛苦，以一种坚韧的姿态面对苦难，似乎是必不可少的生存手段，但是，这种承受并非屈服，而是一种反抗——通过默默的坚守，最终击败苦难。这种源自生命本能的坚韧，也为作家们所关注。当代河南作家李佩甫常常以此作为小说的主题。在他的小说中，民众常常处于物质条件极度困乏的情况下，同时还遭受着意想不到的厄运。但是，即使在最难以承受的时刻，他们身上也会迸发出令人难以想象的忍耐力。《生命册》里的吴志鹏，生下来就父母双亡，靠着全村人的接济长大；《红蚂蚱 绿蚂蚱》里的瞎子舅，被命运赐予的是无穷无尽的黑暗，但他却顽强地和苦难命运抗争，似乎那黑暗有多顽强，生命就有多顽强。这种源自生命本能的承受苦难的坚韧，成为中原民众抗击苦难的最普通的手段。

其次，对中原文化的反思以及在这个过程中表现出的对权力书写的批判，也是河南文学的重要特征之一。河南作家中，较早系统地对中原文化进行反思的是师陀。他的《果园城记》对中原文明的惰性进行了深入而系统的批判。小说中的朱魁爷是这个小城的无冕之王，他在小城中没有担任任何公职，但小城每任县官上任后第一件事，就是拜访魁爷，数年不变。外面的任何新风尚都无法改变这个独立王国的内部秩序，而果园城中的知识者面对这种情况无计可施：他们所有的努力、挣扎注定徒劳无功。如果他们不想在小城中麻木下去，便只有逃出小城。小说中最富有隐喻意义的人物是素姑。这个寡妇的女儿，从12岁开始给自己缝绣嫁衣，这些衣服放满了一个又一个箱子。如今，29岁的她在不停地缝绣中慢慢憔悴。素姑这个形象显然是一个隐喻，象征着果园城这个中原小城的沉寂，表现了作家对于中原文明的死寂的批判。这以后，对中原文明的批判成为中原作家一直坚持的重要主题。即便在20世纪50年代，河南作家李准以歌颂为主题的《李双双小传》，也通过喜旺这个人物形象有意识地表达了对中原乡土文明中小农意识的批判。他后来的《黄河东流去》，通过春义和凤英的婚变，表达了中原乡土文明在现代商业文明冲击下的崩溃，进一步批判了中原文明的惰性。

进入新时期以来，作家们更具有理论自觉性，开始更加认真地反思中原乡土文明的利弊，对中原乡土文明进行系统的批判。河南当代作家对中原文明的批判首先指向的是在长期政治文化奴役下形成的奴性人格。长期的封建专制统治，使得农民逐渐放弃了主体性，而把自己置于“官”的奴隶这个位置上。由于中原古代政治文化的发达，这样一种奴性人格在中原乡村最为常见，河南作家就有意识地对这样一种奴性人格，以及其形成原因进行了批判探讨。乔典运被誉为新时期进行国民性批判的代表性作家，他的小说《冷惊》《笑语满场》等不仅揭示了封建残余意识仍顽固地盘踞在人们的思想之中，也表达了他对滥用权力等扭曲农民性格的社会因素的警醒。刘震云对中原文明的负面因素显然也是深有体悟，在他的《故乡相处流传》里，民众今天依附曹操，明天又歌颂袁绍，缺少固定的道德操守，只有生存本能和利益追求；在《头人》里，申家和宋家谁在权力斗争中占了上风，谁在街上走过时，老百姓就对谁点着头，热情地打招呼。由对依靠个体力量改变命运的无望转向对个体能力的否定，再到对强权的依附和谄媚，而这反过来又强化着他们的奴性人格。当奴性意识内化为一种心理本能时，也就异化成对等级秩序的自觉依附和维护。河南作家敏锐地发现了深蕴在大平原民众身上的这种奴性人格，将之单列出来，并予以了犀利的批判。

河南作家对于中原文明的批判，还表现为一种对中原政治智慧的批判。一般来说，某种政治智慧的形成往往和独特的人文地理环境有关。在黄河边的大平原上，形成了这样一种政治智慧——小处做人。它的特点是“败处求生、小处做人”，用不务虚名的谦卑姿态应对来自外界的冲击，把那些可能对自己权力地位形成威胁的因素不动声色地消解掉。通过这样的手段，那些深谙此道的人能够获得自己想要的一切。这种文化个性不一定是他们的一种自我认同，但它却是在这块土地上有效地维护自己利益的生存智慧。河南作家李佩甫的创作，着力从这个文化角度入手，对中原文明进行批判。在《小小吉兆村》中，当上边有了干部年轻化的政策后，原大队支书吉昌林并不直接对抗，而是自觉地退居副支书位置。可是富有意味的是，他并不是完全的退位：新任支书吉学文是他挑选上来的，原因则是吉学文被认为最没出息，最不会对他的位置形成威胁。换句话说，吉昌林虽然从支书的位置上退下来了，但他仍是没有支书名分的“真正”支书，这样做不仅遵循了上级的政策，还使得自己隐蔽在风口浪尖之下：有什么问题的话，群众、上级对准的对象是吉学文而不是他这个副支书。相似的还有，扁担杨村的杨书印，本来是可以当支书的，但他不当，38年来，他没在最高处站过，也没在最低处站过，而是始终站在最平静的地方用智慧去赢人。这种智慧就是这块土地赋予他的“小处做人”的智慧。他们既不把自己推到在各方利益发生冲突时容易成为众矢之的的位置上，又在暗中操纵一切。换言之，他们要的不是支书的风光，但是却紧紧攥住了支书所有的权力。在小说《羊的门》中，呼家堡里的呼天成更是把“人是活小的”这句话奉为座右铭。即使他已经手眼通天，甚至可以凭借一己之力推翻市委的干部任免决议，但是，他始终以“玩泥蛋的”身份自居，反对任何形式的张扬。因为在平原上，“你越‘小’，就越容易。你要是硬撑出一个人的架势，那风就招来了”。他不仅以此谆谆教导从这个村子里走出去的县长呼国庆，自己也身体力行，一生都拒绝与各种出风头的场合沾边。李佩甫对于中原文明中这种“败处求生、小处做人”的政治智慧的发掘颇具慧眼，发前人所未发，在对中原文明的发掘上，开拓了一个新的境界。

河南作家对于中原文明的批判，还指向了民众为了利益而放弃原则的现象。狭隘的小生产者视野，使得一些民众目光短浅，没有坚定的原则，为了某些具体的利益，或者仅仅是忌妒，便不惜伤害他人。乔典运的《香与香》里，在五爷被诬陷害死了生产队的牛时，村民们虽然明知善良的五爷不可能做这件事，但却都落井下石，原因很简单，他们嫉妒五爷过去过得太风光。在小说《无字碑》中，作家以群像的方式集中展示了国民劣根性的种种令人触目惊心的表现：为了自己不被整，村民就拼命去整别人；为了证明自己清白，村民就拼命说他人不清白，甚至不惜以邻为壑。正是他们的愚昧和自私，既害了别人，又害了自己。

在这些文化批判中，我们可以看到作家对权力书写的热衷，或者说，很多文化批判都是伴随权力书写来展开的：乔典运的奴性批判的背后，也有对乡村权力的力量的展示；刘震云新写实小说中城市小公务员艰难生存的背后，也隐含着对权力价值的反思；李佩甫的平原文化书写，背后隐含着平原人对权力的向往。另外，张宇、周大新、墨白、邵丽等作家的小说，在呈现世相或者进行文化批判的同时，往往也包含大量的权力书写。这种丰富而多样的权力书写，成为中原作家非常鲜明的写作特征。

最后，浓郁而强烈的乡土意识和乡土形态，是百年河南文学最为明显的外在特征。关于河南人，人们常见的看法是“土气”。在河南作家的创作中，我们也可以嗅到浓郁的泥土的芳香。整个 20 世纪的河南白话文学，大多可以和乡土扯上关系，或者说，乡土描写几乎成为河南作家绕不开的主题。从较早的河南作家徐玉诺、冯沅君、尚钺、苏金伞等人开始，乡土主题就贯穿于河南作家百年创作的历程。徐玉诺的《一只破鞋》、冯沅君的《劫灰》、尚钺的《洗衣妇》《伏法的巨盗》等作品，在当时全国影响比较大，其题材全部是乡村世界的生活。接着，师陀、姚雪垠以及解放之后出现的李准、乔典运、张一弓、张宇、李佩甫等，都是以写乡土题材见长的作家。甚至一些在年少时就走出河南、旅居外地的河南籍作家，如刘震云、周大新等，他们的笔下也脱不了中原的山山水水，乡土人情。事实上，这些作家的代表作品，往往是对其熟悉的中原区域文化的一次展览：刘震云笔下的豫北农村的生存状态，周大新的豫西南盆地系列，刘庆邦的豫东乡土风情等，无不是如此，这也是我们论述中原作家时不断提及他们的原因，而不仅仅因为他们是河南籍。对于很多河南作家来说，进入城市只是身体进入了城市，他们的精神始终关注着中原乡村的存在状态。

河南作家的乡土意识不仅表现在文学题材上，更融入他们的作品并形成了一种乡土韵味，乡土已经成为他们写作中的有机组成部分。评论家王鸿生曾经指出，对出生地的关注是豫籍作家的一个基本出发点。对于河南作家创作的乡土情结，评论家孙荪曾经做过一个比喻：外地作家比作品时，常常是比手法比“衣服”，豫籍作家比作品一直是“脱光了衣服比肉”，这个“肉”的重要内容就是乡土。① 这话说得似乎不太雅，但

① 孙荪. 文学豫军论[J]. 河南大学学报：社会科学版，2002，42(4)：1-6.

却形象地表明了中原文学与乡土之间的紧密联系。或许，在河南作家看来，乡土就是他们的根——这不仅指向出身乡村的作家如刘震云、张宇等，也指向出身城市的李佩甫。李佩甫虽然在城市出生，但他笔下活跃着的更多的是中原农民，他也更善于表达农村生活。这种与乡土的紧密联系，造成了中原文学的某种乡土特色：不仅题材是乡村的乡土味十足，即使写的是城市生活，这个城市也总是要和乡村发生关联，这个城市生活，在某种意义上，更像是乡村生活的延续，而不是一种典型的现代化或者工业化的城市生活。

中原乡土之于河南作家，不仅仅是他们的出生地，更是他们创作的源泉。事实上，一些中原作家对于中原乡土的感情，已经深厚到将之视作某种理想的文化生活形态，并以此来完成对都市文明弊病的批判。在20世纪五六十年代，河南作家李准的《李双双小传》和杨兰春编剧的豫剧《朝阳沟》成为享誉全国的经典作品。在这些作品中，作家们表现出对于乡土的深厚感情。在《朝阳沟》中，栓保和银环的爱情受到来自城市的银环妈妈的阻挠，而银环妈妈阻挠的原因是她认为农村太艰苦，这个时候，银环妈妈对于农村的态度，就隐含了城市文明对于乡土文明的不屑。但是，戏剧的结果是银环妈妈受到了教育，认识到农村是广阔天地，大有可为。这样一个结局，成功地推翻了城市文明对于乡土文明的不屑，反过来让乡土文明教育城市文明。这显然是和传统的现代化理念相背离的。通过对传统的主流现代化理念的背离，《朝阳沟》完成了对于城市文明的批判，以及对于乡土文明的推崇。这种理念的正确与否姑且不论，但它的确表现了中原作家对于乡土的深厚感情。这种理念并非特殊年代的一时心血来潮，在当代河南作家的作品中，这种理念仍有表现。

在刘震云的《手机》中，他通过几个时段的对比，表达了对城市现代文明的批判和对于淳朴的乡土文明的怀念。小说的主要部分是严守一成年时期在都市文明中多彩而荒唐的生活。富有意味的是，作家以电话作为贯穿线，还讲述了严守一的童年故事和严守一爷爷奶奶的婚姻，与当下的都市文明形成对照。在严守一爷爷奶奶年轻的时候，没有手机，没有电话，信息传递主要靠人们的口口相传，这种极为原始的信息交流方式自然有它的弊端——太慢了。但是，在淳朴的乡土文明中生存的人也给这种信息的传递上了一个保证——虽然慢，但是可靠。所以，这种原始的信息交流方式并没有耽误严守一的爷爷回来娶妻。到了严守一少年时期，已经有了电话，但还不是特别方便——打电话在那时候是一件很郑重、很不容易的事情。在这种状况下，吕桂花给牛三斤的电话在矿上流传，成为一个美丽的歌谣。到了严守一成年的时候，手机成为人们随身携带的东西，交流随时随地都可以进行，但是，在这个时候，手机传递的不再是诚信或者绵绵的情意，而是谎言。小说的主人公费墨因为偷情被妻子抓住后，并没有怪自己，而是埋怨时代。他说，还是农业社会好，因为在那个时候，人与人之间有着天然的物理距离，这反而有助于人们形成良好的关系。但是现在，因为手机，人与人之间距离太近了，近得让人喘不过气。通过这样的对比以及相关细节描写，刘震云表达了对农业社会的向往以及对当代都市文明的批判。另外，张宇的小说《乡村情感》《城市逍遥》，邵丽的小说《城外的小秋》，以及冯杰被称为表达"不离乡的乡愁"的关于北中原的系列散文等，也都表现了对于乡村文明的温情向往。或者我们可以说，对乡村文明的温情向往，就是河南作家的某种集体无意识。

四、河南文学背后的中原文化精神

河南文学的种种特征和中原特殊的人文地理环境紧密相关。古代称中原为天下之中，豫州为九州之中。可以说在中国古代，中原占据着特殊的地位。从现在不断更新的考古发掘及历史记载来看，中原地区是中华文明的发祥地，中原文明在整个中华文明史上具有重要的地位。中原文明这样一种特殊地位，也对中原人性格的形成造成了重大影响。由于中原文明是中华文明的发祥地，历代帝王中，把帝都设在河南的就有汉朝、宋朝等多家皇朝。即便明清两朝把帝都设在了北京，距离河南也并不是太远。这样长期在帝都下的生存，直接养成了河南人的奴性人格——在封建王朝，愚民政策是一种长期的国策。作家张宇曾经痛心地指出河南人的两大病灶：一曰唯上；二曰跟风。正是这种负面的精神，才使得具有自省意识的中原作家写出了一系列对中原文化精神进行批判的文章。中华文明是一种农耕文明，作为中华文明发源地的中原，农耕文明自然极为发达。随着近代以来西方现代性在世界的普及，商业性的海洋文明成为世界的主流文明，农耕文明似乎显露出它落伍的一面，但是，一种文化、文明的转型是一个缓慢的过程，更何况这是一个延续了几千年的有着无数优良传统的文明。这样，在中国近现代的文明转向上，河南发展相对滞后，这也使得河南保留了更多的农耕文明特色，比如说对土地的深厚感情、对乡土的眷恋等。这样的文化背景也影响了中原作家，在他们的笔下，乡土气息或者说“土气”显得非常浓郁。这也形成了河南作家的一个重要特色，对于他们来说，写作手法也许不是最先进的，事实上，河南作家在这方面似乎一直未能引领潮流，但是，倚靠着深厚的中原乡土文化，河南作家以他们“土气”的笔调，书写着一种厚重的文化精神。可以说，中原独特的人文地理环境形成了中原独特的人文文化精神。也正是在这样的中原文化精神的影响下，才有了 20 世纪光辉灿烂的河南文学。

第二节　苦难创伤与河南当代作家创作共性的形成

1999 年，由河南省文学院主办，在新乡召开的“文学豫军”研讨会在文学界产生了很大的影响。这一时期河南文学创作的中坚人物，如田中禾、李佩甫、张宇、周大新、刘震云、刘庆邦、墨白、李洱等，也通常被视为文学豫军的代表人物。河南当代作家被冠以“文学豫军”这个名号，这也表明河南作家的创作实力引起了全国的关注。被视为文学豫军中坚力量的这批作家，其文学创作也都围绕中原大地展开：周大新、田中禾的文字总是围绕南阳盆地展开；豫北延津成为刘震云笔下经常出现的名字；豫东平原的颍河镇成为墨白笔下最常见的地名；李佩甫笔下的平原，更是对中原人格的隐喻和呈现……。毫无疑问，最早被视为文学豫军的这批代表作家，已经用他们的文字建构了一个“文学中原”。有论者总结了研究者所探讨的文学豫军的创作主题，“河南‘乡土文学’曾是20世纪中国文学的文化典范，到了21世纪，遭遇现代文明碰撞的河南‘乡土’书写必然会发生精神动荡，进而牵衍出写作主题的深化，如‘苦难’‘底层’‘悲剧性’‘历史’‘权力’‘性别’‘地域与文化’‘土俗精神’‘主体性’‘侉子性’‘民族性’‘现代性’‘生态意识’等，很多研究者都以散点的方式选取某一角度或多角度展开论述”①。显然，充满苦难叙事和权力叙事，创作中呈现出独特的中原地域文化人格，是这些作家创作的共性的一面，也是评论者公认的这些作家所建构的“文学中原”的重要特点。

值得注意的一个问题是，是什么因素导致这些作家形成这些创作共性呢？有论者认为，文学豫军的乡土书写深受“弃儿”意识影响。“‘中原突破’乃是一种文化创伤笼罩下的书写，这种创伤源于中原由盛转衰的郁结与失语。倘若用一个词来概括‘文学豫军’对历史的记忆，那就是‘中国弃儿’，它亦可作为‘文学豫军’集体身份的命名，‘弃儿’意识深深影响着‘中原突破’中的乡土书写与主体建构。”②这篇文章指出，文学豫军的这些书写共性，如关于权力、苦难书写的强调，其实和河南从国家的中心到边缘的转换有关。但是，在我看来，进入创作过程的作家，未必有明晰的关于省域的“弃儿”意识，特别是当很多作家还要借助文学创作来冲破生活的苦难的时候，这种宏大叙事显然更不可能和他们有太大的关联。事实上，我认为文学豫军富有特点的文学乡土的书写，的确是一种创伤叙事，但是这种创伤不是中国“弃儿”的身份创伤，而是这片地域的历史苦难记忆和作家个体苦难记忆双重作用下的关于生存的苦难创伤。那些文学豫军创作的共性特征，关于苦难、权力的偏执叙述，关于中原文化人格

---

① 叶爱欣，刘琳．21世纪以来河南当代文学研究综述[J]．河南教育学院学报：哲学社会科学版，2016，35(2)：91-100.

② 李丹梦．文学“乡土”的地方精神——以“中原突破”为例[J]．当代文坛，2013，32(5)：50-63.

的挖掘与批判等，其实正是生存苦难创伤作用下的文学表达。

一、苦难书写：生存苦难创伤的直接表达

在河南当代作家笔下，苦难书写极为常见，甚至已成为河南当代写作的标志性特点，“苦难是‘中原突破’书写的重要内容”①。而且，很多关于苦难的书写也已在中国当代文学史上留下了深远的影响。李佩甫小说《红蚂蚱 绿蚂蚱》中的狗娃舅十二岁就扛起了一家人生活的重担，德运舅新婚之夜妻子就自杀，受此打击的德运舅在躺了七天七夜之后，又默默下地；墨白小说《记忆是蓝色的》中的槐花妈为了500元钱就要把女儿嫁给一个秃子，在女儿逃走之后，她甚至还要把自己嫁给这个秃子；李准的小说《黄河东流去》写出了中原儿女在流浪道路上的艰苦……如果我们愿意的话，我们可以把河南作家关于苦难的令人动容的书写一直罗列下去。毫无疑问，书写苦难是河南当代作家的一大特点。可以说，在中国文坛，再没有其他省域的作家像河南作家这样如此集体沉湎于苦难书写了。

书写苦难之所以是河南作家的共性特征，显然和河南作家的苦难创伤记忆有关。这种苦难创伤记忆，既来自历史的地域苦难，也来自作家个体的生活经历。从历史记忆角度来说，中原地区虽然是中华文明的发祥地，但是又因为其独特的地理位置，灾患不断。一方面，中原为九州腹地，一直是兵家必争之地，所以，历朝历代都要“逐鹿中原”，这带给中原人民的自然是苦难。“从秦到清，我国有重要战役720起，主要发生在河南境内的有120起，占1/6，高居首位。”②另一方面，黄河的多次决堤、改道，也给黄河流域的民众带来了无尽苦难。冯金堂的小说《黄水传》，李准的小说《黄河东流去》，都书写了黄河决堤导致村民流浪的历史往事。显然，对于生活在中原地区的人们来说，苦难是连绵不断、无法逃脱的。

---

①　李丹梦. 文学“乡土”的苦难话语与地方意志——以“文学豫军”1990年代以来的创作为中心[J]. 学习与探索，2013，35(11)：119-129.

②　王恩涌，胡兆量，周尚意，等. 中国文化地理[M]. 北京：科学出版社，2008：315.

生活在这个地域的人们，一方面对这片土地充满感情；另一方面，也因为长期在这片土地上生存，而形成了关于苦难认知的集体无意识。所以，河南当代作家在书写历史的时候，也很容易指向过去的历史苦难。

从作家个体认知角度来说，被认定为文学豫军的这一代作家，如田中禾、李佩甫、刘震云、张宇、周大新、乔典运、墨白等，多是出生于20世纪四五十年代的作家，而且这些作家多是出身农村，因此，在他们的成长经历中，就更多存有关于苦难的记忆。墨白曾讲述过他充满苦难的青少年生活，“为了生存，我幼小的年龄就学会了许多农活。我的童年和少年时代是在恐慌和劳苦之中度过的。在我外出流浪的几年时间里，我当过火车站的装卸工，做过漆匠，上山打石头，烧过石灰，被人当成盲流关押起来。那个时候我身上长满了黄水疮，头发纷乱，皮肤肮脏，穿着破烂的衣服，常常寄人篱下，在别人审视的目光里生活”①。童年和青少年时期的苦难生活给这一代作家留下了深刻的精神烙印。墨白等人的苦难经历不是个例，而是他们这一代人带有普遍性质的经历。有论者指出：“苦难之于豫军，有着天然的亲和力：前者不仅是有待发掘、刻画的叙述对象和客体，亦是个体在这世界上最可倚靠的支点：去除了它，‘我’便空掉了。”②的确，苦难就是这些作家曾经的生命底色，离开这层底色，他们曾经的生命经历便立刻无所附着。显然，在分析河南作家的创作主题时，无论如何，我们都不能忽视苦难创伤记忆对河南作家创作的巨大影响。

多米尼克·开普拉指出：“从普遍意义上说，书写创伤是一种能指活动。它意味着要复活创伤‘经验’，探寻创伤机制，而且在某种程度上说，要分析并‘喊出’过去，研制出与创伤‘经验’有限事件及其在不同组合中，以不同方式显示出象征性效应相一致的过程。”③河南作家的苦难

① 墨白. 事实真相[M]. 成都：四川文艺出版社，2001：4.

② 李丹梦. 文学“乡土”的苦难话语与地方意志——以“文学豫军”1990年代以来的创作为中心[J]. 学习与探索，2013，35(11)：119-129.

③ 李丹梦. 文学“乡土”的地方精神——以“中原突破”为例[J]. 当代文坛，2013，32(5)：50-63.

书写，其实正是他们创伤“经验”的复活，并力图对创伤的来源做出解说。所以，河南作家的苦难书写明显带有他们自身的创伤体验。从河南作家的苦难书写中可以明显看到，首先，他们的苦难书写更多和生存苦难有关；其次，河南作家书写的苦难往往都是无法在精神上超越、很难克服的苦难。正如有论者指出的：“‘彼岸性’的缺失是‘文学豫军’苦难话语构造的根本特点，它要在对‘彼岸’的抵制与排斥中建立起苦难的根基、层次与能量转换……由于无法提出彻底脱离苦难的方略，甚至朝此方向努力的迹象亦不多见，这使得豫籍作家的苦难叙述很难形成‘深度’……”①河南作家的这种苦难书写方式的形成，显然和中原地区独特的地域特点、文化传统有关。中原地区虽然是中华文明的发祥地，但是，因为地域位置重要，不断的兵灾匪患带给民众的是无尽的生存困难，在这块地域生存已经变成一件困难的事情。所以，对于长期处于战乱和困境中的平民来说，生存是一件困难的事情，他们更多考虑的也就是生存下来。他们在现实生活中并没有找到超越苦难的方法，所以，在文学作品中自然也无法提出彻底脱离苦难的方略。另外，所谓“彼岸性”的缺失和中原地区的文化传统有关。以所谓的“彼岸性”指向来完成对现实生活的超越，其实多和宗教传统有关。西方基督教认为，人的苦难都和人的原罪有关，所以，承受苦难是自我拯救的一种方式。因此，在西方文学传统中，经常出现对现实苦难的精神性超越。但是，中原文化精神中占据主体地位的是儒家精神。孔子“子不语怪力乱神”，强调“未能事人焉能事鬼”，对鬼神采取怀疑态度，张扬的是面对世界的人文理性精神。这样，河南作家的苦难书写就天然拒绝了所谓的“超越性”的“深刻”，而往往沉湎于对具体、琐屑苦难的书写，在对无尽苦难的承受的书写中，呈现出平原人的坚韧和无奈。

在河南作家笔下，苦难无法超越，显然还和作家个体对苦难的认知

① 李丹梦. 文学“乡土”的苦难话语与地方意志——以“文学豫军”1990 年代以来的创作为中心[J]. 学习与探索，2013，35(11)：119-129.

有关，即在这些作家的认知中，苦难是无法征服、无法超越的，面对苦难，人们只能默默承受或者逃避。观察这一代作家的童年和青年经历，我们可以明显看到，在他们这里，苦难就是无边无际，他们根本无法征服。解决苦难的唯一方法就是逃避苦难，所以，逃避苦难也成为很多作家进行文学创作的目的。很多河南作家讲述过自己写作的动机就是脱离乡村，脱离苦难。墨白曾经谈到过发表文章带给他的巨大鼓舞，“1984年我已经在故乡的小学里呆了五个年头了，前途的无望常常使我处在一种凄伤的情绪里。就在这年的年初，《画像》像一只燕子带着墨香从很远的南方飞回来，这篇短小的处女作给我带来了春天的气息，尽管那个时候还是冬季，但我已经感受到了阳光的温暖，我已经闻到了从远处某个地方飘来的鲜花的芬芳。我像一个在海上漂泊了无数个日夜的囚徒，终于看到了在海洋的尽头出现了一线陆地”①。显然，对于墨白来说，文学创作的成功意味着可以从当下的苦难泥泞中拔脚出来了。苦难的无边无际，是河南作家最本真的现实生存经验，这样，在他们笔下，苦难当然也无法超越。在这种情况下，倘若作家去虚构出精神上对于苦难的超越，反倒是显得过于轻飘飘的了。所以，即便河南作家的苦难是没有“彼岸性”的苦难，我们也不能说这样的苦难书写没有深度。

显然，对于这一代河南作家来说，无论是群体历史文化的记忆，还是个体生命历程的经历，苦难都给他们带来了巨大的精神创伤感，也正因为如此，当他们进行文学创作的时候，苦难自然而然地来到他们笔下，这不是作家对题材选择的结果，而是除此他们不会有更为痛切深刻的表达。当然，正因为苦难带给他们的影响是如此深刻，所以，苦难也成为他们小说中最为鲜明的特征。

二、权力书写：权力记忆与生存苦难创伤记忆的扭结

对权力的关注、对权力书写的专注，也是河南作家小说书写中非常

① 墨白. 怀念拥有阳光的日子[M]. 郑州：河南文艺出版社，2004.

醒目的特征。在河南作家笔下，很多时候，权力书写都是非常重要的表达主旨。例如，刘震云的《故乡天下黄花》是一部新历史主义作品，作品的重心是以新历史主义的视角重新解读村庄的历史。但是，在叙述的过程中，作家对权力的关注让小说自然而然地充满了关于权力的书写：小说中孙、李两户地主之所以闹矛盾，是因为村长职位的争夺。1949 年后，尤其是在“文化大革命”前后，村领导不断发生改变，这种改变当然是村民进行权力争夺的结果。周大新获得茅盾文学奖的作品《湖光山色》，也写出了权力在乡村的横行无忌以及对人的腐化。对于河南作家对权力书写的痴迷，很多论者都有论及，“作家尤其热衷于对乡村权力关系的描述，它既是作家作品通向‘村庄’和中国历史、中国生存的唯一途径，也展示了作家主体隐秘的内心欲望，即对现实权力的一种渴望的情结。‘权力’是河南作家的兴奋点”。① “很难找到比豫军更关注权力、政治的作家群落了，一提到权力，他们便不自主地兴奋沉溺。一种集体无意识的创伤记忆与美学。”②

关于河南作家的权力书写，一个饶有意味的问题是：为什么这一个作家群体，会对权力如此感兴趣？河南作家偏爱权力书写，大概和地域文化有关。河南是华夏文明的发祥地，长期是中国的政治中心，先后有 200 多位帝王立足中原掌管天下，换言之，中原就是王都，是和权力在物理空间上非常接近的地方。某种程度上，这种和权力的接近更容易形成民众的官本位意识，从而影响民众形成一种关于权力崇拜的集体无意识。河南作家张宇曾经在《中原守望》中提到河南人的一个特点，即不论上头(权力者)叫干什么从来不反抗。刘震云也说，“地位的高低，是和做没做‘官’，这个‘官’做到多大连载一起的”③。所以，某种程度上，

① 梁鸿. 所谓“中原突破”——当代河南作家批判分析[J]. 文艺争鸣，2004，19(2)：77-81.

② 李丹梦. 文学“乡土”的历史书写与地方意志：以“文学豫军”20 世纪 90 年代以来的创作为中心[J]. 文艺研究，2013，35(10)：19-29.

③ 刘震云. 草木、人及官[J]. 中篇小说选刊，1989(2).

河南作家的权力书写情结应该和历史因袭有关。不过，更为重要的原因，或许和作家因为权力而形成的现实生存创伤记忆有关。乔典运的自传体长篇小说《命运》记述了他自身半生命运的坎坷，其中尤为引人注意的是他从20世纪50年代一直到"文化大革命"时期的命运经历，这一段时间，他或者辗转流浪，或者在家被批判、改造，甚至有一个多月时间家里因为不能购买火柴而无法生火做饭。乔典运之所以有这样的生活经历，居然是因为村支书老天嫉妒、仇恨作家身份带给乔典运的光环，而有意对他进行惩罚。换言之，一个村支书的权力，就影响了乔典运十几年的生命历程，给他的生活带来了巨大的苦难。① 当作家们的记忆中充满了关于权力的创伤记忆之后，他们的小说显然也会充满关于权力的书写。

仔细观察河南作家的权力书写，我们还可以明显看到，作家们关于权力的创伤记忆都和生存有关。换言之，归根结底，河南作家的权力书写，本质上是一种生存苦难创伤记忆的文学呈现。河南作家关于权力的文学书写，其背后和生存、和生存资源的争夺密切相关。刘震云的《故乡天下黄花》中，在新中国成立后，村民们竞相追逐村长的职位，因为他们觉得当了村长之后，不但可以领导别人，还可以吃"夜草"。小说中，赖和尚脱离了赵刺猬后，在"文化大革命"时期成立了自己的造反派组织，立刻带着自己手下的骨干去吃"夜草"；赵刺猬到吴寡妇家吃"夜草"，赖和尚派人到生产队弄粮食到牛寡妇家吃"夜草"；赵刺猬吃油馍，赖和尚吃鸡蛋捞面条；赵刺猬炖小鸡，赖和尚炖小鸭。相对于物质生活条件困乏的乡村普通民众，这些村领导的生活显然太过于奢华了。《一地鸡毛》中的小林之所以强烈地想要入党、升职，积极向权力靠拢，也是因为他发现权力和生活有着密切的关系——有权力才不会住得逼仄压抑，才不会上班劳累。显然，河南作家小说叙事中关于权力争夺的最终指向是现实生存——拥有权力的人可以拥有更多的生存资源。换言之，

① 乔典运. 乔典运文集(第四卷)[M]. 郑州：河南人民出版社，2016：7.

河南作家关于乡村权力争夺书写的实质，其实是在物质匮乏的乡村中对生存优先权的争夺，背后是河南作家生存苦难创伤记忆的表达。正是因为河南这片土地过去充满了太多的苦难，这一代作家是在苦难的苦水中浸泡成长起来的，所以，他们对于苦难极其敏感，同时也会对能在一定程度上占有更多生存资源的乡村权力更感兴趣。也就是说，正是因为这些作家青少年时期关于苦难的痛苦记忆，以及对拥有权力就能超越苦难的认知，才让河南作家对乡村权力如此念念不忘。所以，河南作家关于乡村权力书写的热衷，其实不过是对乡土苦难表达的另外一种形式罢了。

显然，河南作家对权力关注的背后，还是和苦难、和生存有关。在这片苦难的土地上，拥有权力，某种程度上就拥有了生存优先权。同样，河南作家笔下的权力也是为生存服务的，而不是为更高生活质量服务的。当小说中权力者手中的权力带来的超越生存的生活享受有可能影响到他们的权力的时候，他们会毫不犹豫地抛弃这些，以保证自身的权力——只有保住了权力，他们才能保证自己的生存。例如，《羊的门》中的呼国庆，在县长职位和情人之间权衡利弊之后，还是决定和情人分手，以保住自己的权力——即便他和妻子已经完全没有感情。在对情人解释自己为什么要这么做的时候，呼国庆也说出了一番大道理："……我的祖辈，我的父辈，他们从来就没有过爱，他们也不知道什么叫爱。他们只知道一个字：活……他们是在'将就'中活的……那是一种长久的人生。是磨出来的人生……至于权力，那是每一个地方的男人都向往的。权力是一种成功的体现。不错，在这里，生命的分辐射力是靠权力来界定的……这里生长着一种念想，或者说是精神。这是一棵精神之树。气顶出去就是这样一种东西。渴望权力是一种反奴役状态。在平原，有句话叫作'好死不如赖活着'，这里边体现的自然是一种奴性，是近乎无赖般的韧性和耐力。同时还有句话叫作'杀人不过头点地'，这就是一种切齿的反奴役的心态。你说，这里的人怎么能不渴望权力呢……"①在这里，李

① 李佩甫. 羊的门[M]. 北京：华夏出版社，1999：207.

佩甫借助呼国庆之口明确点出了平原人对权力的热衷，以及平原人的生存姿态——他们从来不知道什么叫"爱"，这对于他们来说是太奢侈的东西，但是他们对于"活"和如何"活"却有着深刻的体悟。权力就是为这个"活"服务的，而不是为"爱"服务的。在平原上，有权力的人或许生活得并不是很幸福，因为他有可能会为了权力而失去爱。《羊的门》中的呼天成就是如此。呼天成喜欢秀丫，但是却从来没有和秀丫在一起过，而是借助秀丫的身体把自己练得百毒不侵，也正因为他做到了这一点，他才可以保护住自己的权力。邵丽小说《我的生活质量》中的王祁隆也是这样。乡村出身的王祁隆虽然后来官运亨通，一直做到市长，但是他的家庭是不幸福的，他从来没有爱过许彩霞，可却又不得不和许彩霞过一辈子。他有另外喜欢的人，可是即便他贵为市长，也不能和自己喜欢的人在一起。因为这样做的话，他有可能会失去他的权力。

毋庸置疑，河南作家有着敏锐的权力意识，这些在他们的作品中都被形象地呈现出来。但是，显然河南作家的权力书写不是单纯对权力感兴趣，或者通过权力改变世界，等等。从他们的小说来看，河南作家的权力书写都和现实生存密切关联，都和生存的苦难密切关联。换言之，河南作家对权力书写的热衷，其实还是关于生存的苦难创伤记忆的一种文学呈现。

三、"无梁"或者"无骨"：生存苦难创伤影响下的生存哲学

对中原文化进行全面的审视和思考是河南作家笔下常见的叙事主题，李佩甫、刘震云、周大新、张宇、墨白等很多作家，从不同角度对中原文化进行了发掘和反思。其中，李佩甫所提炼并命名的"无骨""无梁"式的文化人格最具中原文化特色，也常常被视作独特的中原文化意象。事实上，李佩甫所命名的这种"无梁"式的文化人格在其他中原作家笔下也并不少见，仔细分析后，我们还会发现，这种颇具中原文化特色的文化人格其实和生存苦难创伤有着密切的关系。

在李佩甫的小说中，多次出现"无骨的平原""无梁村"等字样。《生

命册》中的吴志鹏就出身于无梁村，小说中那些富有特殊文化气息的人物，如虫嫂、春才，都是无梁村中的典型人物。村子为什么叫作“无梁”村？《羊的门》中谢丽娟对呼国庆的一番话，其实解释了“无梁”的含义，“我要离开这里……这是一个麻醉人的地方。它不是一下子把人杀死，它是用钝刀割你，一点一点地割，它让你像傻子一样活着……它滋养的正是那种玩弄权术的小男人”。“你们这里不是有个地儿叫‘无梁’么？过去，我一直不明白‘无梁’是什么意思……现在我明白了，那就是没有脊梁的意思。你们这里的人个个都没有脊梁。”①显然，“无梁”就是没有脊梁，缺少坚守，没有原则，没有立场。其他中原作家虽然没有提出“无梁“无骨”这样的概念，但是，在他们小说中，这样的人物形象并不少。例如，张宇的小说《活鬼》中，侯七年幼时勾连过土匪，后来也当过国民党军官，做过共产党干部。在几种身份之间切换的时候，侯七从来都是应付自如，毫无不适。显然，他是一个没有理想和信念坚守的人，是一个为了生存可以随意切换身份或者立场的“无骨”的人。刘震云的小说《故乡相处流传》中，官渡之战初期，曹操占领了延津，对民众宣传要讨伐袁绍，于是民众便对曹操顶礼膜拜。后来曹操撤退，袁绍占领延津，又对民众宣传声讨曹操，于是民众便跟着袁绍声讨曹操，尊崇袁绍。这里面，民众完全没有立场。刘震云在《温故一九四二》中有一段愤激的话语：“在这种情况下，为了生存，有奶便是娘，吃了日本的粮，是卖国，是汉奸，这个国又有什么不可以卖的呢？有什么可以留恋的呢？你们为了同日军作战，为了同共产党作战，为了同盟国，为了东南亚战争，为了史迪威，对我们横征暴敛，我们回过头就支持日军，支持侵略者侵略我们。”②在日本人入侵中原的时候，很多故乡人在国民党和日本人之间选择了日本人，原因很简单，国民党在这个时候还抢他们的粮食，而日本人给他们发粮食了——他们的立场就是谁能让自己活下去就支持谁，

① 李佩甫. 羊的门[M]. 北京：华夏出版社，1999：206.

② 刘震云. 温故流传[M]. 南京：江苏文艺出版社，1996：355.

显然，他们也是“无骨”的人。这种颇具中原特色的“无梁”文化人格其实是众多中原作家都曾经发现并进行批判的中原文化弊病。

仔细观察刘震云、李佩甫等人笔下的这种独特的人物形象，我们会发现，这些人生活的首要目标是求生。为了求生，他们可以放弃很多价值观念，为了求生，他们可以没有价值立场。或者说，他们的价值立场就是求生。《故乡相处流传》中延津的民众不是真心支持袁绍或者曹操，但如果袁绍来了不支持袁绍，他们就无法生存；《温故一九四二》中抗战时期的民众也不是决心要做汉奸，只不过那样他们更能够生存下来；《活鬼》中的侯七能做“人物头儿”，也能让自己卑微到尘埃里，也不过是为了求生存；李佩甫笔下的“无骨”的人，其实也是为了让自己生存下来。换言之，河南作家笔下这些独特的人物形象背后，其实都有一个核心目标：求生存。为了求得生存，他们可以放弃其他一切和生存相悖离的东西，而且，他们似乎还意识不到自己放弃了什么。这种人物形象的背后，是这片土地上的人对求生的坚持和对其他各类价值立场的忽视——为了求生，他们甚至可以完全没有国家、权利等概念。毫无疑问，这样的人物，在文学作品中成为没有立场、没有坚守的人。站在启蒙主义立场，我们当然可以而且应该对这些人物形象进行批判，显然，这是一些不关心个人权利的人，是一些没有民族立场的人，是一些麻木的人。但是，从另一个角度来说，我们会发现，这种对权利、原则的麻木和忽视，其实是他们求生的方式——只有这样他们才能活着。这种没有原则立场的“无骨”“无梁”，不是中原地区的民众先天文化上存在问题，而是一代代的中原人在现实生活中为了能够生存下来而形成的现实生存哲学。

河南作家笔下为什么会不约而同地出现这种独特的中原文化人格？中原大地，为什么会是“无骨的平原”，中原的村落，为什么都是“无梁”的，中原人为什么是“无梁”的？这显然和地理环境有着密切的关联。在一望无际的平原上，一棵孤零零的根深叶茂的大树恐怕很难存活下去，所有的暴风都有可能将它摧毁。但是，一棵普通的小草却可以成长起来，因为小草是“无梁”的。没有骨头的小草会在大风过来的时候俯下去，在大风过去再重新站起来。以柔克刚，是这片土地天然的生存法则。鲁枢元曾分析过平原的文化人格的形成，他认为，平原一方面是兵家必争之地；另一方面，平原一望无际，无险可守，所以统治者又极容易被别的进攻者打败、打走，于是就会造成中原地区统治者不断更迭，“城头变幻大王旗”的境况。这就造成了中原地区独特的政治文化环境，一方面，拉锯战不断；另一方面，统治者不断变化。在这种情况下，在夹缝中求生存的中原百姓在日积月累之中，就形成了一种基于自我防卫的文化心理。① 在中原地区这样一个既是兵家必争之地，又无险可守的地方生存，对于普通民众来说，有着极大的危险。在这种情况下，“无骨”或者“麻木”的存在方式成为求生存者的天然选择。在这个地方，如果坚守某一种道义或者立场，坚持效忠于一个统治者，就会有更大的死亡的可能。因此，民众要想更好地生存下来，只能袁绍来了便支持袁绍，曹操来了便支持曹操。所以，刘震云所批判的这种似乎没有坚守、没有信念的存在方式，倒成了最适合这片土地上人生活的存在方式。或者可以这样说，中原作家所发掘的中原文化人格，其实是为了在这片土地上生存而形成的一种现实生存法则。

李佩甫曾经给平原生存法则总结了十六个字，即“败中求生，小中求活，吃苦耐劳，生生不息”。② 这个总结更为全面地呈现了中原人的独特生存环境以及生存哲学。对于中原人来说，多数时间内只能在“小”中、“败”中求生存，因为这片土地上充满了各种天灾人祸，人们大多是在艰苦的环境中求生存。在河南作家笔下，也呈现出为了求生存，人们所采取的生活方式。一方面，河南作家作品中的这些人物在物质的困乏中可以互相扶助。这片土地上的人用尽一切努力来求得生存，让自己存

① 鲁枢元. 生态文艺学[M]. 西安：陕西人民教育出版社，2000：329.

② 刘宏志，李佩甫. “平原”与小说——李佩甫文学访谈[J]. 河南师范大学学报，2018，45(3)：101-105.

在下去。当然，为了让自己能够存在下去，他们需要在困苦中互相帮助——在极端困难时期，一个个体主义者是无法存活的，一群人互相扶持或许可以战胜苦难。这样，河南作家笔下的乡村常常充满温情，他们笔下的人物也充满了让人感动的生命的韧性。所以，在李佩甫的小说中，多次出现一个村庄救助一个孤儿的叙事情节，如《生命册》中的吴志鹏便是这样一个被救助的孤儿。张宇的小说《活鬼》中的侯七在平常也是很讲义气的。面对生活的苦难，他们总是默默咬牙承受，充分展现了生命的韧性。但是，另一方面，这个群体要具备在各种恶劣条件下存活下去的能力，就必须放弃爱、信仰、骨气等似乎虚无缥缈的东西。于是，这片土地上的人便又是“无梁”的人——为了生存，他们甚至可以放弃他们的“国”，从而呈现出没有原则、没有立场的“无骨”的一面。显然，对于习惯了“败中求生，小中求活”的中原民众来说，温情、互相扶助与冷漠、没有原则并不矛盾，它们不过是围绕如何在平原上生存这个核心而呈现出的一体两面而已。

毫无疑问，河南作家所发掘和反思的独具中原特色的中原人的“无梁”“无骨”，和生存苦难创伤下形成的生存哲学密切相关。对于无数普通平民来说，要想在这种独特的地域中生存，必须具备的一个基本生存技能就是“无骨”，否则很难生存下来。所以，所谓的中原文化人格，是苦难历史和自然环境的产物，和中原人的生存苦难密切相关。这种对中原独特地域文化的发掘和反思，归根结底，也是一种关于这片土地上人的生存的苦难创伤记忆书写。

詹姆斯曾经指出：“一切文学，不管多么虚弱，都必定渗透着我们称之为一种政治无意识的东西，一切文学都可以解做对群体命运的象征性思考。”①作家的书写，毋庸置疑，一定有着对自己的生命经验，对自己生存环境的有意或无意的思考。河南当代作家所建构的文化中原，毫

---

① [美]詹姆逊. 詹姆逊文集(第二卷)[M]. 北京：中国人民大学出版社，2002：126.

无疑问，也是对他们这一代以及之前的中原人群体命运的思考和表达。从他们的书写中可以看出，无论是他们笔下苦难的无法超越，还是对权力的偏执性书写，抑或是有意建构的中原文化人格，背后的基础都是中原地区独特的自然、历史语境带来的关于生存的苦难创伤记忆。某种程度上，河南作家的书写其实就是重构对他们影响深刻的乡土苦难经验，而他们对自身乡土苦难经验的重构，最终表现为他们笔下的文学中原。一代人有一代人之经验，一代人也有一代人之文学。这一代河南作家以他们独特的中原精神构造，给中国文坛留下了独特的印记。但是，随着当下中国城市化进程的轰轰烈烈的展开，随着中国经济进入一个新的层面，我们可以明显看到，在“90后”河南作家的书写中，原本常见的权力书写已经消失，传统的中原文化人格也在慢慢发生变化。不过，毋庸置疑，这一代河南作家塑造的文学中原，也注定会成为中国文学史上一片独特而不可取代的文学风景。

第二章

土壤、文化与文学

第一节　田中禾：“民族的现代派”与当代作家的叙事维度

田中禾是一位拒绝被各种标签定义的作家。这表现了他写作的自觉——标签在框定作家写作特征的同时，也会对作家的写作构成某种限制。田中禾对各种标签的拒绝，其实是他对标签对作家丰富性限定的一种反抗和逃离。当然，田中禾的小说作品，也使他很难用一个简单词语予以限定，现代主义作家、现实主义作家、先锋作家等，田中禾都有相应的元素，但这些词语显然又都不足以涵盖他的复杂性。不过，宗仁发先生在田中禾研讨会上提出的“民族的现代派”这个称呼，却似乎可以涵盖田中禾创作的复杂性。“民族的现代派”本身是一个具有丰富内涵的标签，也非常典型地呈现了田中禾创作的根本性特征。

一、现代主义手法与中国文化传统

20 世纪 80 年代，随着中国国门的打开，西方文学流派如潮水一样涌向中国文坛，现代主义文学的一些典型流派，如荒诞派、魔幻现实主义等，都在中国产生了巨大的影响。现代主义的一些典型艺术手法，如陌生化、荒诞等，也开始在中国作家的小说创作中被广泛使用。曾经引起激烈论争的刘索拉、徐星等人的"现代派"写作，以及在20世纪80年代中后期风靡中国文坛的先锋小说，显然都深受现代主义写作的影响。现代主义诸小说流派的引入，对于中国当代文学的发展有着极为重大的意义，它们给中国作家提供了认知自身所处环境的新的视角，以及表达自我认知的新方法。但是，在中国作家学习现代主义之初，有很多对中国作家"食洋不化"的批评。对先锋作家的代表人物残雪，有人就认为："西方荒诞派文学所反映的比较普遍的人际关系和心理状态，残雪照样把它写在中国当代人身上，有时就显得不很真实，如疯狂变态的心理、空虚绝望的情绪、夫妻亲子之间的隔膜和仇怨，都显得写过分了。"①对当时产生巨大影响的作品《你别无选择》，有论者指出："作品通过极度夸张的变形和漫画化来表现氛围、情绪和人物……作品明显地受到美国'黑色幽默'作家约瑟夫·海勒的《第二十二条军规》的影响……如果说这仅仅是表现手法上的模仿的话，生活内容呢？对于当代青年中一部分人的感情心态的描写，可能有某种真实性，但是从总体来说，作品与现实之间存在很大差距。"②这些观点或有其偏颇之处，但是，在中国文学学习西方现代主义之初，现代主义叙事手法与中国现实没有结合起来的现象确实存在。甚至直到今天，还有论者认为，中国作家不应该用魔幻现实主义的手法，因为这种叙事手法和拉美文化息息相关，而中国作家的魔幻现实主义往往是没有文化之基的伪魔幻，所以，借鉴魔幻现实主义对中国作家而言没有意义。这种论述的背后，是对中国作家魔幻现实主义叙事没有和中国文化、中国现实相结合的批评。

田中禾在20世纪80年代发表了系列短篇小说《落叶溪》，在这些小说中，田中禾大量使用了荒诞、陌生化、魔幻现实主义等现代主义叙事手法。例如，《缠河》讲述的是叙事者"我"童年遇鬼的往事，运用的是魔

① 吴慧颖. 表现丑冷的新路与偏执——读残雪的荒诞小说[J]. 求索，1988，8(1)：100-104.

② 缪俊杰. 我国新时期文学的创作方法和流派初探[J]. 社会科学战线，1987，10(2)：233-244.

幻现实主义的叙事手法。“我”随着家人过河，在河边遇到了鬼。小说以“我”的视角，清晰地写出了鬼的形状：“一张皱巴巴的脸飘拂着白色头发，在我脚边包袱中显现。两片瘪塌的棕色嘴唇蠕动着，发出似有若无的声音，两只深褐色的手像枯枝似的僵直地伸过头顶，向我招动……看到我要哭，那张脸洋溢出得意的神情，伸长脖子，使劲扒着脚边包袱，手指张开去够我的脚脖。”①赶跑这个鬼的方法也很简单，就是往这条河里扔一只鸡。小说中的三叔原本想省一只鸡，结果就导致我遇到了这个鬼。在三叔往河里扔了这只鸡之后，鬼很快就消失了。《落叶溪》中更是不乏荒诞且带有陌生化色彩的情节描写。在《画匠李》中，巧儿表姐因为父亲生病，就到城隍庙许大愿、烧大香——用铁簪穿透两腮并吊上香炉。小说描述了城隍庙会烧大香的情景，群烧大香的人——有的是铁簪穿透两腮吊上香炉，有的是铁簪穿透手腕挂上香炉——带着骄傲、肃穆的表情在县城繁华的街道上行进，观看的人也激动不已。叙事者“我”甚至看到，烧大香的巧儿表姐还对自己笑了一下。在《玻璃奶》中，眼睛中有玻璃花的玻璃奶嫁给李爷五年，李爷和他的妈妈居然就没有看到自己的妻子(儿媳妇)的眼睛中有玻璃花。《罂粟》中的田四婶，为了供男人抽大烟，自己日夜操劳，无怨无悔。在凭借自己的正常劳动无法供养丈夫抽大烟的情况下，她干脆在家里接客，做了妓女。在这种情况下，街坊邻居都很敬重她，说她是个了不起的节妇。值得注意的是，虽然田中禾的这些小说中充满了现代主义的气息，但是我们显然不能用“食洋不化”之类的话语来对这些小说进行批评。原因在于，田中禾对现代主义手法的使用，不是简单的写作手法上的嫁接，而是将之和中国文化传统紧密结合了起来。

西方现代主义技法的生成也是和其文化语境密切相关。马尔克斯获得诺贝尔文学奖之后，魔幻现实主义叙事方法在中国风靡一时，很多作家感受到了这种叙事的魅力。莫言谈到自己受到魔幻现实主义风格影响

① 田中禾. 落叶溪[M]. 郑州：大象出版社，2019：247.

时曾说过："我在1985年写的作品，思想上艺术上无疑都受到外国文学的极大影响，主要有加西亚·马尔克斯的《百年孤独》……它最初使我震惊的是那些颠倒时空秩序，交叉生命世界、极度渲染夸张的艺术手法……"①虽然魔幻现实主义在中国产生了很大影响，也有很多作家在20世纪80年代便开始使用这种叙事技巧，但当时很多作家的魔幻现实主义并没有真正体现出魔幻现实主义的精髓。有论者认为，当代中国作家使用魔幻现实主义手法有两个阶段，即20世纪90年代之前的"形似"，以及20世纪90年代以来的"神似"。② 20世纪80年代，很多中国作家的魔幻现实主义书写中，民间传说、历史神话被大量发掘，并以一种"神秘化"的方式呈现。这个时候的中国文学，从表面上看，"魔幻"味道十足，但更多是形似。有论者指出，这些小说与拉美魔幻现实主义只是表面相像，"变幻莫测的神秘气氛、引人入胜的神话与传说、匪夷所思的'魔幻与现实'……这些地域文化的展现最初固然可以给读者带来阅读上的新奇感和震撼感，但却未能准确把握民族文化特征，故而并未触及《百年孤独》魔幻写作的精髓"。③ 显然，魔幻现实主义的核心并不是作家天马行空的想象力，而是建基于本土的历史文化传统。路易斯·雷阿尔在他发表于1967年的被视为魔幻现实主义理论奠基之作的《论西班牙语美洲文学中的魔幻现实主义》中指出，魔幻现实主义是一种现实主义，"是对现实的一种态度"，即"不是回避现实生活而去臆造另一个世界即幻想的世界。魔幻现实主义作家面对现实，并力图深入现实，去发现事物中、生活中和人类活动中的神秘所在……"④魔幻现实主义是在拉美本土历史与文学传统中生长出来的文学。从拉美魔幻现实主义小说

---

① 莫言. 两座灼热的高炉[J]. 世界文学，1986，34(3)：298.

② 富胜利，杨建丽. 拉美魔幻现实主义与中国当代文学[J]. 文艺争鸣，2009，24(6)：149-151.

③ 富胜利，杨建丽. 拉美魔幻现实主义与中国当代文学[J]. 文艺争鸣，2009，24(6)：149-151.

④ 腾威. 从政治书写到形式先锋的移译——拉美"魔幻现实主义"与中国当代文学[J]. 文艺争鸣，2006，21(4)：100.

的表现来考察，小说魔幻细节的描写其实是建基于拉美当地独特的文化经验之上，如宿命论、万物有灵、生死界限的消失，这些印第安文化传统作为一种文化背景进入了拉美作家的小说，从而成就了拉美魔幻现实主义这种独特的文学潮流。当这种文学潮流刚刚进入中国的时候，急于模仿的中国作家并没有意识到，我们眼中的极其魔幻的细节，如生死界限的消失，其实是拉美文化传统的一部分。他们没有意识到拉美魔幻现实主义是力图深入自己民族生存现实的文学，而是盲目建构魔幻、神秘的表象，进行皮相的模仿。虽然表面看上去魔幻气十足，但是却远离中国文化传统，从而无法有效回应中国现实。魔幻现实主义如此，其他现代艺术手法也是如此。20 世纪 80 年代的中国作家在学习现代主义技巧时，往往忽略了现代主义与其背后文化的关联性，这也导致了作品与中国现实之间有着巨大的差距。

田中禾对现代主义技法的使用，都是深植在中国文化传统之中的。以《缠河》为例，小说以“我”的眼光，非常清晰地写出了撞鬼的经过，明显具有魔幻现实主义气息。但是，值得注意的是，这个撞鬼是和中国文化紧密关联的。在中国的民间文化中，鬼随时会出来干扰人的生活，鬼就是存在的。所以，《缠河》关于鬼的描述，虽然是魔幻现实主义的手法，但又不会让读者觉得莫名其妙。更为重要的是，通过建基于中国文化传统上的撞鬼叙述，小说表达的是对过去历史时代的批判——小说中那个老太太之所以变成河中的鬼，是因为当年十六师的兵抢走了她的鸡，她为了追回自己的鸡才在这个地方落水而死。这样，这个关于撞鬼的故事已经不仅仅是一个鬼的故事，而是蕴含了历史文化因素与历史批判。同样，在《玻璃奶》中，关于李爷结婚五年不知道自己妻子眼睛有玻璃花的描写，田四婶为了供男人抽大烟而卖身做妓女反而被邻居称赞为节妇的怪诞情节，也都深深植根于中国文化之中，通过这样看上去怪诞、魔幻的情节描写，作家带领我们深入当年那个小镇的民间精神，深入了解传统中国某些文化精神。这种现代主义技法与中国文化精神的结合在田中禾看来是自然而然的，“《落叶溪》里写到不少民俗方面的东西，长篇小说《匪首》《父亲和她们》里也有大量的民俗文化，这些民俗文化并非着意去写的。我在乡土文化的滋养下长大，它是我的精神背景，与我的故事不可分离，必然会自然而然地出现在作品里"①。但是，我们也可以说，当作家非常明确地在文学作品中呈现出自己的精神背景的时候，这也说明作家的这种文本呈现是非常自觉的。田中禾把现代主义技巧建基在中国文化传统之上的做法，使他的作品虽然看上去不那么具有先锋性，但是却更符合文学本真的精神，也更容易被读者接受。某种程度上，我们或许可以说，其实这才是真正的先锋。

二、文体作家与典型中国生活的呈现

田中禾可以称得上是一位文体作家，他的小说很少自我重复，总是在寻求变化。以他近几年的三部长篇小说为例，《父亲和她们》采用的是评论家王春林所谓的双重后设叙事，一方面，是叙述者马长安的讲述；另一方面，还有马长安对马文昌、林春如、肖芝兰三位长辈所说过的话的转述。通过多个叙述人多重视角下的话语讲述，故事自然而然带有了复调的色彩，从而呈现出过去那段历史的复杂性。《十七岁》在叙述人上比较固定，都是由叙述者"我"来完成，但是在具体结构安排上，作为一个长篇小说，作家并没有设置一个统一的具有明显因果联系的故事内容，而且在小说叙事中，小说中的人物又与现实中的人物进行对应，颇有元小说色彩。《模糊》这部小说则采用了类似俄罗斯套盒的叙事结构，在叙事者"我"的讲述之下，还有一个别人书写的小说文本呈现出来。从这几部长篇小说的结构安排、叙事视角的选择、叙述者的选择等方面，我们明显可以看到作家在小说艺术形式方面的自觉。田中禾曾经谈到自己小说形式变化的问题："九十年代有位评论家朋友半开玩笑地对我说，你的小说形式变换太快，让评论家失语。评论家的任务就是要从你的创

① 苗梅玲. 在文本现场自由行走——田中禾访谈录[J]. 东京文学，2012(3)：12-17.

作中归纳出规律，然后给你贴一个标签，装在一个匣子里。在这一点上我很清醒。有一段时间他们说我是‘新写实主义’，后来发现我不再写现实了，《匪首》、《轰炸》、《落叶溪》之后，又有人把我归入‘新历史主义’，我又不写历史了，写了一组《城市神话》。结果，直到现在我也没个固定派别可以概括。”①对于作家来说，没有一个固定派别可以概括，某种程度上是一种损失——这意味着他会有更少的可能性被评论家所关注，是一种写作的边缘化。但是，这种边缘，这种对形式的固化的逃避，却是田中禾的主动选择："逃避被评论家套住，同时也是逃避自己的创作模式化。回首半生的创作，最令我欣慰的就是我在不断探索，从没停止过文本创新的脚步。你读过《落叶溪》，这样的作品后来我为什么不写了？因为美国有位评论家曾讲过这样一段话：‘《落叶溪》是改造本土小说成功的范例。’这句话反而提醒了我，我认为我不是要改造本土小说，而是要创造新的小说，所以我就停下来，不再写了。”②今天看来，《落叶溪》系列小说在20世纪80年代就能把现代主义艺术手法和中国文化精神熟稔地结合起来，显然具有极高的艺术价值。如果继续书写下去，或许能够因为足够的数量而引发评论家更多的关注。从田中禾小说书写中文体的主动变化，我们可以明显看到作家在文体选择上的自觉。

不过，值得注意的是，无论田中禾如何强调小说叙事方式的变化和革新，他最终指向的不是形式革新本身，而是通过形式的变化，尽量深刻而全面地表达他对典型中国生活、对人性的认知和思考，同时，他还力图让自己讲述的故事新鲜、有趣。《父亲和她们》是田中禾着力甚多的一部长篇小说，小说对20世纪中国知识分子的命运、精神做出了全面而深刻的概括，把在政治漩涡中的知识分子的人生选择与精神追求、成功与失败都淋漓尽致地呈现了出来。这部作品显然凝聚了田中禾对20

① 苗梅玲．在文本现场自由行走——田中禾访谈录[J]．东京文学，2012(3)：12-17.

② 苗梅玲．在文本现场自由行走——田中禾访谈录[J]．东京文学，2012(3)：12-17.

世纪中国知识分子的精神、生活，以及在政治生活中人性变异的长期思考。小说的精神深度和巨大的社会容量的呈现，和小说精彩的结构形式有着密切的关联，而这恰恰也是田中禾长期思考的内容。"《父亲和她们》寄托了我对历史、人生更多的思考，同时，也在形式上进行了更多的有意识的探索。这个长篇看起来是我这十年当中写的，其实从酝酿到脱稿差不多有将近二十年了。故事早已想好，就是找不到一个好的形式去讲述它。1995 年开始写，当时是一章一个叙述方式，一章一个不同的文本，写了二三十万字，其中一些章节已经当作中篇发表过，可整体上还是没找到感觉，就放下了。后来觉得还是要重写。"①为了书写自己思考的这段历史，田中禾断断续续用了将近二十年的时间，而这时间又主要花费在了关于小说结构方式的思考上——即如何用一个好的方式来讲述这个故事。之所以需要一个好的方式来讲述这个故事，来结构这部小说，是因为作家需要建构一个更为合理的框架，从而把自己所思考到的相关联的所有内容有深度地呈现出来，把历史的复杂性、人性的复杂性相对全面地呈现出来。"长篇小说的结构很重要，《父亲和她们》之所以徘徊了那么久，就是想找到一个最适合、最佳的结构形式。这本书开始重写的前两年，基本都耗费到讲述方法的实验上了，找到这个叙述方式本身是费了很大精力的。不管别人怎么看，《父亲和她们》现在的面貌，我认为是找到了一个能够较好传达故事所包容的历史广度和思想深度的讲述方式了。"②现在看来，田中禾的努力在《父亲和她们》中得到了有效的回应，《父亲和她们》这部作品把 20 世纪具有中国特色的知识分子与政治的纠葛表现到了一个新的高度。利用有效的结构形式来表达典型中国生活，不仅仅是《父亲和她们》，事实上，田中禾小说讲究的艺术结构形式背后，都有一个典型中国生活的呈现。在《落叶溪》中，我们可以看

① 苗梅玲. 在文本现场自由行走——田中禾访谈录[J]. 东京文学，2012(3)：12-17.

② 苗梅玲. 在文本现场自由行走——田中禾访谈录[J]. 东京文学，2012(3)：12-17.

到中华人民共和国成立前后一个小县城的风貌、世情以及人性；在《模糊》中，我们可以看到特定年代各种隐秘、复杂人性的呈现……

饶有意味的是，田中禾的小说虽然高度强调艺术形式的构建，但是就普通读者来说，阅读田中禾的小说，除了个别作品，很多人并不会首先注意到小说的艺术形式问题。田中禾对小说艺术形式的强调和构建，不是要给读者制造阅读障碍，或者以花哨的形式进行炫技，而是为了让形式更好地为内容服务，讲出更复杂、更典型的中国生活，讲出更新鲜、更有趣的故事。换言之，田中禾艺术形式的革新和探索，目的是讲述新鲜的、动人的、深刻的故事，而不是把形式视作小说本身，或者把创造出一个新的艺术形式作为创作的目的。他明确指出："故事新鲜、有趣、有意思很重要，怎样把故事讲得新鲜、有趣、有意思，更重要。当代小说主要是怎样讲的问题。"①《父亲和她们》这部小说，之所以耗费多年进行艺术形式的思考，不仅仅是为了让小说有更庞大的精神容量，同时也是为了让小说故事更新鲜，更能为普通读者所接受。"我吸收了现代小说的多种表现手段，同时又照顾到传统读者的阅读。"②对于这部小说，虽然批评家会敏锐地关注到小说的叙事结构、叙事视角、叙述人问题，但是就小说表层来看，似乎还是非常平实地讲述父辈的生活，完全符合普通读者的阅读习惯。他最近的长篇小说《模糊》，讲述的是极"左"年代一个知识分子的命运，以及在这个过程中各种人性的呈现。对于当下读者来说，那个年代似乎已经是一个遥远的过去，如何让当下读者自然地接受对于那个年代的讲述，已经成为一个问题。在这个小说中，田中禾利用了俄罗斯套盒结构，用这种小说中套小说的形式，把似乎已经过去很久的年代的伤痕生动形象地展示出来，而且，利用这样的小说结构形式，又让过去的伤痕和今天发生关联，让读者意识到，伤痕

① 苗梅玲．在文本现场自由行走——田中禾访谈录[J]．东京文学，2012(3)：12-17.

② 苗梅玲．在文本现场自由行走——田中禾访谈录[J]．东京文学，2012(3)：12-17.

其实并没有消逝，只是被掩盖了而已。

田中禾小说文体形式的多变，体现了他叙事的自觉，也表明了作家对小说艺术形式重要性的认知。或许，田中禾这种小说艺术形式的多变容易给人以形式至上的错觉，但是，观察田中禾的小说，会发现他对小说艺术结构方式的强调和变化，其实都是为了更好地呈现他所认知的中国生活，用更鲜活的故事来讲述他所认知的人性。换言之，作为文体作家的田中禾，文体的丰富多变只是他创作的表象，在他丰富多变的文体之下，更重要的是典型中国生活的呈现和描述。

宗仁发称田中禾的创作特点是"民族的现代派"，这个表述显然指向的是作家小说创作的两个维度。就"民族的现代派"中的"现代派"来说，它指向的是作家对现代主义叙事手法的强调，大而言之，指向的是作家对艺术表达手法所持有的开放姿态以及积极的艺术形式探索。而"民族"则是对作家叙事内容的强调，即作家的书写一定是建基于自身的生活和文化传统。显然，这个概念极为准确地涵盖了田中禾小说创作的特点。对于文学创作来说，形式探索是必要的，接受来自异域的创作方法也是必要的。但是，在进行形式探索的过程中，在接受西方艺术创作手法的过程中，作家始终应该保持清醒，即所有的形式探索都是为创作主旨的表达服务的，而且，对异域艺术手法的接受和使用也必须建立在中国本土文化传统之上。否则，想要用现代主义的叙事手法书写远离中国生活、中国文化的魔幻场景，只能让自己远离读者。从莫言的创作历程也可以看出，将现代主义手法与中国文化传统结合的必要性。莫言的很多创作于 20 世纪 80 年代的小说，已经充满了魔幻现实主义色彩。但是，在创作《檀香刑》的时候，莫言却说要祛除魔幻现实主义元素："1996 年秋天，我开始写《檀香刑》。围绕着有关火车和铁路神奇传说，写了大概有五万字，放了一段时间回头看，明显地带着魔幻现实主义的味道，于是推倒重来，许多精彩的细节，因为显得故意有魔幻气，也就舍弃不用。"①

---

① 莫言. 檀香刑[M]. 北京：当代世界出版社，2004：379.

莫言还自述："在对西方文学的借鉴压倒了对民间文学的继承的今天，《檀香刑》大概是一本不合时宜的书。《檀香刑》是我的创作过程中的一次有意识地大踏步撤退……"①无论是莫言有意识地大踏步的后退，还是有意识地消除魔幻气，其实都是在强调对西方文学借鉴的今天，让文学叙事内容重新回到中国文化、中国现实之中。而且，莫言大踏步后退、有意识消除魔幻气的结果是，他的小说反而更具有真正的魔幻现实主义气息。无论是从《檀香刑》中赵小甲用虎须看世界的描写，还是从之后的《生死疲劳》中主人公的七道轮回中，我们都能看到清晰的魔幻现实主义的影子。而且，这种魔幻现实主义的表达，因为真正植根于中国文化之中，反而更传神，更具有生命力。

"民族的现代派"是宗仁发对田中禾创作的一个概括和总结。对于当下作家来说，它也是一种值得借鉴的创作立场。对于当代作家来说，写作已经变得越来越困难。1934 年，本雅明在《讲故事的人》这篇论文中就指出，随着现代传媒的到来、发达，小说的存在价值几乎被取消了，因为现代传媒取消了不同人之间经验的差别——而小说是高度依赖于个人经验的。本雅明所讨论的传媒对小说存在的威胁，在今天这个发达传媒时代更加明显。传媒信息无所不在地笼罩着我们生存的世界，导致了我们生存经验的同质化，这就使得小说创作者似乎很难给读者提供独特的个人经验。不过，在这种语境中，我们显然更应该强调小说创作的这两个维度：形式的探索与独特经验的表达。对于今天的小说创作来说，传统的小说叙事手法在回应时代复杂性方面已经失效了，这就需要作家不断进行叙事形式的探索，寻求最能表现这个时代的表达方式。同时，作家仍然要强调个体经验的表达，而这种独特个体经验，对于中国作家来说，应该是深植在中国传统文化和典型中国生活之中的。正如莫言的《檀香刑》，他独特的关于猫腔等中国文化经验，显然是无法从媒介上学习到的，通过把自己的小说深植于独特的地方文化经验之中，莫言也让

① 莫言. 檀香刑[M]. 北京：当代世界出版社，2004：379.

《檀香刑》这个原本有些老套的故事焕发出独特的神采。田中禾的《落叶溪》系列小说，表达的是 1949 年前后中原地区一个小县城的生存状态，其小说中人物行为、生存的背后是中原文化精神，他的《父亲和她们》《模糊》《十七岁》等小说艺术形式的变革，都和中国经验、中原文化有着紧密的结合，他的植根于中国文化之中的个体经验的融入，让小说的形式变革变得自然，小说也因此更具独特的艺术魅力。

第二节　李佩甫："平原"与文学呈现的可能性

对于李佩甫来说，"平原"对他的小说书写意义重大。甚至我们可以说，没有"平原"，就没有今天的李佩甫。李佩甫自己也曾经说过，在找到他的"平原"之前，"写得很苦，因为找不到写作方向，到处找素材、编故事……有那么一段时间……每天晚上像狼一样在省城的大街小巷窜来窜去，几乎就要崩溃了"。因为"这里边有一个核心的问题：写什么？怎么写？我没有解决"①。找到"平原"后的李佩甫，显然一下子解决了困扰他很长时间的关于"写什么""怎么写"的问题，我们可以看到，李佩甫的确凭借关于"平原"的书写，成为中国当代文坛独特的"这一个"。无论是他的成名作《红蚂蚱 绿蚂蚱》，还是后来的代表作《羊的门》，以及获得茅盾文学奖的《生命册》，都深深扎根于"平原"这个文化根基之上。为什么找到了"平原"的李佩甫在写作上一下就突然脱胎换骨？"平原"对李佩甫的小说书写究竟意味着什么？

一、"平原"与对生活的发现和汲取

地域文学书写是文学书写中再普通不过的事情，很多作家热衷于书写自己的家乡。从这个角度看，李佩甫找到他自己的"平原"，似乎并没

① 刘宏志，李佩甫．平原与小说——李佩甫文学访谈［J］．河南师范大学学报，2018(3)：101-105.

有什么特殊的地方。不过，事情显然并不像表面呈现的那么简单，对于李佩甫来说，找到自己的“平原”，绝不意味着简单书写中原风物、生养自己的故土，或者发生在中原这片土地上他熟悉的生活，而是意味着他找到了自己的精神家园。“我说过，‘平原’是生我养我的地方，是我的精神家园……在文学创作上，我找到了属于自己的‘平原’，就有了一种‘家’的感觉。当然，这已经不是具象的‘平原’，这是心中的。”①“每一个作家都有一个写作的‘领地’，平原就是我的领地。我的四百多万字的作品，大部分是在这块土地上浸泡出来的。”②所以，李佩甫的“平原”，可能就是王安忆、金宇澄的“上海”，就是莫言的山东高密东北乡，他们笔下的这些地域或许和现实中的地域对应，或许仅仅是形似。当然，对于这些作家来说，其实他们笔下的地域和现实中的地域是否真实一一对应并不重要，重要的是，他们在精神层面深刻地把握了他们所描写的对象。所以，对于李佩甫来说，他所谓的发现自己的“平原”，不是皮相地书写“平原”的风物人情，而是他真正从精神上能透视平原生活，从而建构了自己小说书写的“平原”根据地。

显然，李佩甫找到自己的“平原”，究其本质，和他有了创造性地透视平原的能力密切相关。毫无疑问，这是一个优秀作家成长过程中的重要一环，也是优秀作家和普通作家的一个重要分水岭。当李佩甫具备了透视平原的能力之后，他就能看到中原日常普通生活表象之下的另一面，找到支撑或者说管控平原日常生活的背后的精魂，并在自己的文学作品中将之表现出来，从而建构出自己独一无二的“平原”世界。这样，李佩甫才能在作品中塑造出一个让我们既熟悉又陌生的平原。《红蚂蚱绿蚂蚱》是李佩甫的成名作，在这个作品中，小说以小故事集束的方式，分别讲述了村落里几个人的故事，这里有小小年纪就承担起家庭生活重担的狗娃舅的乐观和他面对生活的智慧，也有在新婚夜死了妻子的德运

---

① 李佩甫. 写给北中原的情书[M]. 郑州：河南文艺出版社，2020：197.

② 李佩甫. 写给北中原的情书[M]. 郑州：河南文艺出版社，2020：237.

舅面对突如其来的厄运的承担，还有在选"坏分子"时踊跃报名的朴实而又狡黠的乡村汉子们，以及无怨无悔领一个无依无靠的怀孕女子在自己家里生子的一生坎坷的瞎子舅。在这些小故事中，我们似乎能看到过去困苦时期中原生活的一些影子，却又似乎不能完全对实。在这些小故事中，李佩甫呈现了中原生活的艰苦，在这困窘的生活中，狗娃舅在还未成年的时候就成了家里的顶梁柱。小说也呈现了中原人在物质匮乏的生活中互相扶持的淳朴本性，小说中的国，之所以能成为一个"村孩儿"，能在村里享受各种特殊待遇，仅仅因为他是一个孤儿。不过，在呈现这种人性的淳朴的同时，李佩甫也揭示了这些淳朴背后的狡黠和残酷。小说中的文斗舅舅，因为被定性为坏分子，村人虽有意在物质方面对他多一些照顾，但是又非常一致地把坏分子这个帽子牢牢钉在他头上，因为文斗舅舅摘了坏分子的帽子，村里就会有其他人不得不戴上这个帽子。当然，无论是狗娃舅过早承担起一家的重担，还是德运舅在遭受厄运之后又闷头下地干活，还是瞎子舅不声不响地承担命运给他的沉重打击，一生都在黑暗中摸索，小说都呈现出了平原人生活的韧性，承担苦难的韧性。毫无疑问，在一部篇幅不长的小说中，能呈现出如此多关于平原人生存状态的观察，和李佩甫对平原人存在状态有着深入的透视性观察是密不可分的。

李佩甫的小说《羊的门》塑造了一个很有特点的人物呼天成。这是一个典型的奇理斯玛型人物，而这个人物的创造显然和李佩甫对平原的深入理解密不可分。无论是现实生活中还是文学作品中，其实并不缺乏奇理斯玛型人物，很多这样的人物已经成为各个民族传说中的英雄，所以，我们对于这样的人物并不陌生。不过，呼天成这个人物在奇理斯玛型人物中有着明显的独特性，这种独特性显然就和李佩甫对平原的深刻观察有关。小说详细描写了呼天成在村里建立权威的过程，以及他庞大的关系网络的建构过程。当年轻的呼天成做了村支书后，对呼家堡人的偷窃行为非常愤怒，就带着民兵搜查从地里回来的村里人，挨个搜查。这个过程差点激起民变，村里人沉默地聚集在一起，用沉默、用目光向呼天成施加压力。在呼天成感受到巨大压力的时候，他用对“贼”的指控镇住了村里的人。因为呼天成对“贼”的蔑视和批判，原本沉默施压的村民们慌乱了，退缩了。呼天成在这一刻有了顿悟，他发现，在这块土地上，人是很软弱的，有时候简直不堪一击。这么多人，就只是因为呼天成喊出的一个“贼”字，一下子溃不成军。接着，他为了彻底建立自己的威信，又找到村里的孙布袋“借脸”——他让孙布袋去偷东西，然后配合他被他抓住游街。以此杀鸡儆猴，对村民精神进行压制。通过这样一个方法，年轻的呼天成在村里牢牢建立了自己的权威。小说对年轻的呼天成初步建立权威的过程书写得非常详尽。呼天成奇理斯玛型权威的来源也被作家呈现出来——呼天成是生活在这块土地上的人，他懂得这块土地上的人看重什么，于是，他利用了这块土地上的文化，为建立自己的权威服务。呼天成之所以能够凭借抓贼初步建立自己的权威，是因为他知道，这些村民都是典型的平原乡下人，“乡下人是活脸的”。呼天成就是抓住这一点，让村民感受到了自己的权威，开始对他产生畏惧。“乡下人是活脸的”显然也是李佩甫对平原乡下人的深刻观察和分析。正是基于他对“平原”文化的深刻理解和认知，李佩甫才塑造了在这片文化中如鱼得水的呼天成这个人物形象。显然，无论是呼天成的塑造，还是《红蚂蚱 绿蚂蚱》中各类人物形象的建构，这些人物形象都是建立在李佩甫对他的“平原”精神的深刻理解之上的。对平原的深刻洞察力，让李佩甫对平原有了独特的发现，也塑造了具有复杂平原精神的人物形象。

李佩甫对平原精神的发现，是他对平原深入认知的结果，同时，他对平原精神的认知，又反过来滋养了他的文学创作。找到自己的“平原”，如李佩甫所说，是他“寻找认知的方向，寻找自己的创作源泉，打一口属于自己的‘井’”①。他从“平原”中发现的各种独特而深刻的看法、认知，都成为他文学创作的养料，丰富了他的文学内容。换言之，因为他独特的认知和发现，那些看上去并不奇特的平原风物都可能在他的笔

① 李佩甫. 写给北中原的情书[M]. 郑州：河南文艺出版社，2020：196.

下焕发生机，呈现出独特的面貌。这是"平原"给予李佩甫的独特礼物。在中篇小说《败节草》的创作谈中，李佩甫谈道："在平原，阅过这些草的名讳，你的心就会为之一动。你会发现，平原上的草都是在'败'中求生、'小'处求活的。它从来没有高贵过，它甚至没有鲜亮一点的称谓。它的卑下和微不足道，它的渺小和贫贱，都是看得见摸得着的，是显现和外在的。"①李佩甫关于败节草的描述，和《败节草》主人公李金魁的生命流程相互映照。小说中的李金魁出生在一个祖孙三代没有正式名字的卑贱贫苦家庭，他苦于这个家庭带给他的屈辱，苦于自己的弱小，在发现了权力的巨大力量之后，他决心利用权力改变自己的屈辱地位，让自己强大。小说详细描写了李金魁作为一个弱者，在人生重要关口不断借力让自己攀援而上的人生过程。小说中的李金魁把自己视为一棵草，一棵生来就处于败势的草。在对现实生活有了明晰的认知后，他开始了自己败节草似的"小处求生，败处求存"的生长方式。"小处求生，败处求存"是李佩甫发现的平原上的存在方式，在他的很多小说中都有表现。从李佩甫的表述可以看出，他从平原上很多草的生命中发现了这种生命存在方式，当然，我们也在小说主人公李金魁身上发现了这种生命存在方式。那么，究竟是平原上的草给予了李佩甫灵感，让他发现了平原上生命的存在密码，还是李佩甫从平原上人的生命历程中发掘到了平原人存在的秘密，并将之映照到平原的植物上，显然已经无法确定。不过，我们可以确定的是，无论是平原上的草给予李佩甫的关于平原上生命的思考，还是通过透视平原上的人的存在，让李佩甫发现在平原上生存的秘密，毋庸置疑的是，"平原"给予了李佩甫关于生命存在方式的认知和灵感，从而滋养了他的文学之树。

二、"平原"书写与独特文化人格书写载体的形成

李佩甫建立了自己独特的"平原"，将之作为自己的精神家园，并致

① 李佩甫. 写给北中原的情书[M]. 郑州：河南文艺出版社，2020：218.

力于书写这个“平原”中的精神世界，这种书写也让李佩甫成为河南地域文学书写的重要作家。他关于平原精神的很多分析和批评，似乎也都切中肯綮，指出了中原文化的精神密码。不过，这种书写也引来诸多疑问：李佩甫书写的“平原”真的是中原么？李佩甫所发掘的平原生存的文化密码真的能对应上现实生活中中原人的生活法则么？客观上，由平原生活引发对平原的思考，进而形成的李佩甫的文化平原，在相当程度上能够折射出现实平原人的生活状态。但是，将李佩甫笔下的“平原”与现实中的中原一一对应并无必要。尽管李佩甫是从中原现实生活中提炼出他的精神“平原”，但是，我们并不一定要求他所建构的“平原”就是现实生活中的中原。小说是一种文学形式，其书写的，不过是一个故事而已，小说的价值也并不在于对于现实生活的实录。正如米兰·昆德拉所说，小说是书写存在的。小说的价值不是对现实生活中的物理事件进行实录，对于小说来说，其重要的存在价值在于它能书写现实存在的可能性，即便这种可能性在现实生活中还没有发生。所以，从这个角度来说，李佩甫的平原书写不一定和真实的中原一一对应，关键是，他借助对现实平原的思考和深入发掘，完成了对在平原中生存的可能性的思考。他所思考的，或许和现实中原生活一一对应，或许和现实中原生活格格不入。但这并不重要，重要的是，李佩甫关于平原的书写能够呈现出一种生活的可能性，一种人性的可能性，能引发我们关于生活的更多思考。“小处做人，败处求生”是李佩甫发掘的平原人生存的精髓，《羊的门》中的呼天成、《败节草》中的李金魁等，都是依据这一生存原则实现了自己人生的成功。那么，中原人是否真正遵循这样一个生存准则并不重要。重要的是，李佩甫发掘出了这样一种生存形态，一种人的存在和发展方式，从而给我们提供了关于人生的更多思考。

李佩甫找到自己的“平原”，对他小说书写更大的价值在于，他可以让笔下的人物、人性、个人命运在他构建的这个特定文化空间中合乎逻辑地有序展开。事实上，构建出独特的小说人物形象，对人性的幽微之处进行发掘和探寻，建构出独特的文化人格，呈现出对生活、对人的命运的独到发现，是很多作家追求的目标，文学史上很多伟大的作品也正因为有这些特质而不朽。毫无疑问，探讨人性、人生，也是文学作品的题中应有之义。不过，独特的人性或者文化人格在文学中的呈现必须是合乎逻辑的，让人信服的。李佩甫的文化平原的建构意义就在于，他通过建构这一方文学天地，给人性的幽暗之处的呈现提供了一个合乎逻辑的活动空间。某种程度上，他的文化平原其实就是他所创作的所有故事、所有人物、所有人性自然展开的一个文化载体，通过把笔下的人物、人性放到他的文化平原中，他让人性、文化人格在这里自然而然地展开。

《羊的门》中的呼天成是李佩甫为中国当代文学创作的一个非常有特点的人物形象，这个人物形象身上有着深刻的矛盾性。一方面，我们发现，呼天成是一个奇理斯玛型人物，对于呼家堡来说，他就是"神"，他不可侵犯，不可亵渎。所以，当呼天成去世时，因为他喜欢听狗叫，而全村的狗又被杀光了，于是全村人便一起学狗叫，来恭送他离开这个世界。这样一个细节，一方面可能体现了村民对呼天成的感恩；另一方面，也隐喻了在呼天成面前，大家都已经失去了独立的自我。小说题目《羊的门》，显然就是从呼天成这个人物形象总结出来的名字。但是，呼天成所遵循的生命原则又是"小处做人，败处求生"，这似乎和他作为奇理斯玛型人物的身份颇不相符。所以，阅读小说时，我们能看到呼天成身上呈现出的矛盾之处。他一方面是呼家堡的"神"，在村里不可侵犯；另一方面，他一生似乎都是在谨小慎微地活着：他喜欢秀丫一辈子，而且秀丫也爱他，感激他，崇拜他，主动找到他，以身相许，可是，呼天成却从来没有和秀丫在一起过，他只是把秀丫当作自己练习修心养性功夫的工具。他一方面掌握着巨大的财富，村里集体的财富由他支配，他可以随意谈笑间送给人上百万的金钱；另一方面，自己却始终住在简陋的茅草屋里，还保留着困难时期留下来的绳床。一方面，他有着巨大的能量，可以直接给市委书记打电话，让市委书记推翻市委常委会议通过的对呼国庆的处理决定；另一方面，却又深居简出，把自己清晰地定位为“刨地球”的。不过，在李佩甫的文化平原中，呼天成这些看似矛盾的行为都得到了合理的解释——在一个“木秀于林，风必摧之”的平原上，只有依靠“小处做人”的生命原则，他才能让自己活得更长。面对外部的力量时，他善于藏拙，以“小”处示人，从而让自己尽可能避开外部的敌意。他遵循平原上宝贵的生存原则，同时又敏锐地利用民众对平原生存原则的接受来控制民众，这些最终保证了他控制呼家堡几十年不倒。正是因为让呼天成这样一个人物形象运行在这个独特的平原文化之中，呼天成身上才形成了那些看似矛盾但又合情合理的特质，也才形成了呼天成这样一个很难磨灭的独特人物形象。

显然，从李佩甫的小说中我们可以看到，他的文学世界存在于一个独特的文化平原之上，在这个文学王国里，有着一系列看似矛盾但是又清晰明确的生存准则。在这个世界里，一方面，人们是“活脸的”；另一方面，人们又可以是不要脸的，是要“小处求活，败处求生”的。这一系列看似矛盾却又互相依存的生存准则的互相作用，构成了他笔下那些各有特点、丰富驳杂的文学人物。这个文化平原是李佩甫从现实平原生活中体悟得到的，可能是他对现实平原生活透彻观察之后非常到位的总结和归纳，也可能只是李佩甫的一家之言，实际上和现实平原并不一致。不过，这些显然并不重要，重要的是，他笔下的人物都可以遵循他的文学“平原”中的生活方式、文化规则来进行生活，从而呈现出他们自己存在的生活逻辑。正如李佩甫在谈《败节草》小说时提到的，“‘败节草’取自平原万千草类中的一株，它生长的过程与这里的土壤是有着密切关系的。天地很大，长在平原，一株草怎么能支住天呢？于是就有了各种各样‘活’的道理。世间的活法有很多种，这算是其中之一吧”①。如果说世界复杂，所以有了各种“活”的道理，那么李佩甫则是在他的文化平原中，给他的小说人物安排了带有平原文化特质的活法。借助他的文化平原，李佩甫也积极回应现实给予他的触动。他的长篇小说《羊的门》《平

① 李佩甫. 写给北中原的情书[M]. 郑州：河南文艺出版社，2020：218.

原客》等的形成都和现实生活事件有着密切的关系。《平原客》的核心情节和现实生活中的案例非常贴近。李佩甫在谈及自己长篇小说《平原客》的创作时也说，他一直关注平原上的一个副省级领导杀妻案，他也一直关注平原上的一个种花人，这个种花人培养了一个当市长的儿子，但是这个市长后来成了杀人犯。《平原客》的核心情节就是和副省长杀妻案有关。李佩甫说自己写这部小说写的是“一个特定地域的精神生态，也可以说是一部‘人民批判书’”①。从小说书写来看，李佩甫显然是把现实生活中的几个案例放到了他的文学平原中，然后，依照他这个文学平原的生存法则、生存逻辑，人性得以徐徐展开。虽然李佩甫明确说他这部作品是描绘“一个特定地域的精神生态”，但书中所呈现的人性、文化现象等未必能和现实一一对应，现实生活中杀害妻子的副省长的精神畸变过程，也未必如小说中所书写的那样。换言之，李佩甫所书写的，并不一定是对应现实最准确的，而是通过把这些人物放在他的文学平原中，令人信服地呈现了几个人物人性畸变的过程，从而带给读者以思考。

毋庸讳言，对于李佩甫来说，“平原”非常重要，找到属于自己的“平原”，是他从一个作家向优秀作家跨越的关键。在构建起自己的文化平原之后，他获得了从另外一个视角看世界的能力，从而可以源源不断地从自己的文化平原中汲取养料，滋养自己的文学之树。同时，他笔下的人物也在他的文化“平原”的文化逻辑中呈现出自身形象的独特性。当然，我们也可以看到，也正是李佩甫对他的文化平原不断建构的过程中，中原文化精神也在他的作品中日益凸显出来。

第三节　郑彦英：从秦川到中原

在新时期河南作家中，郑彦英是一个稍微有些特殊的作家。他的特殊之处在于，他出生、成长于陕西，后参军入伍，之后又转业到河南工

① 李佩甫. 写给北中原的情书[M]. 郑州：河南文艺出版社，2020：218.

作。相较多数河南作家出生、成长于河南，郑彦英的经历更为复杂。而且，有趣的是，郑彦英的这种个人经历在他的文学作品中也不自觉地呈现出来，他强调人性书写，早期作品中承载人性书写的小说人物的性格更带有陕西文化色彩，而后期作品中的人物性格，则更多地带有中原文化色彩。

一、秦地文化色彩与人性书写

郑彦英是一个对文化有着自觉意识的作家。从他早期的创作小说《秦川雨》、电影剧本《秦川情》等作品可以看出，地域文化对于这位作家有着深刻的影响。在这些作品中，作家直白、朴素地表达了他对三秦大地的情感。20 世纪 90 年代左右，郑彦英的写作开始发生转向。在笔者对他的一次访谈中，他谈到，在 1990 年左右，他开始更加注重在文学作品中表现人性。这一点从他在 20 世纪 90 年代左右发表的几个中短篇小说中可以得到清晰的印证：这一时期他创作的具有相当影响的中篇小说《西风》《黄道》《石胡笳》《秦腔》等都表现了人的某种强力性格，对人性做了深刻的发掘。这之后，郑彦英的创作更加义无反顾地向人性的纵深开掘挺进。且不说为了更深入地表达人性而设置的完全虚构的类似科幻小说的长篇小说《洗心鸟》，便是有着强烈现实观照情结的长篇小说《石瀑布》以及之后的长篇小说《拂尘》也都极为深刻地刻画了人性在财富引诱下的扭曲、变形。这两部小说的主人公的身份不同：《石瀑布》的主人公是一个没有多少文化水平的农民，而《拂尘》的主人公则是一个研究生。但郑彦英都写出了他们面对巨大财富时的灵魂震动、性格扭曲，写出了在金钱面前，无论文化水平高低，人性发生的复杂变异。毋庸置疑，这些小说对于人性都有着深入的开掘。

值得注意的是，虽然郑彦英从 20 世纪 90 年代左右开始更加注重对于人性的解剖和表达，但是，其小说早期所具有的强烈的地域文化意味并没有消失。当然，这种地域文化的表达不再像早期作品那样以一种直白的方式呈现出来，而是深蕴在作品人物的思想、行为方式中。而且，富有意味的是，通过对比郑彦英前后的作品我们可以发现，其小说的地域文化表达也有一个变化——从关中文化表达到中原文化表达的变化。

20 世纪 90 年代，郑彦英的小说开始转向对人性的开掘，考察这一时期的小说，我们会发现，在郑彦英所描述的强力人格背后，隐含着的是典型的关中文化精神，或者说，其小说创作初期所带有的关中地域文化影响还没有消散。小说《石胡笳》写的是秦地著名石匠段石匠的两个儿子骨肉相残的悲剧。段石匠的大儿子段大狮本来是段家石匠手艺的天然继承人，而且他聪慧伶俐，能够把段家的手艺发扬光大。但是小时候的一场意外事故使他双目失明，二儿子二狮成了段家手艺的继承人。但是段大狮盲眼不盲心，他还是学成了段家的石匠手艺，而且技艺比二狮更为精通。段石匠去世之后，二狮因为嫉妒大狮，对其进行精神侮辱。大狮不堪侮辱，离开段家，在外面成了一个著名的石匠。小说的最后是二狮因嫉妒而用毒药害死了大狮。小说写出了人性的险恶：因为名声、嫉妒，兄弟也可以相残。同时，也写出了人性的善良：仅仅因为大狮是丈夫的哥哥，二狮的妻子端午就对大狮有着无微不至的关怀，甚至在自己受了二狮的利用，无意中害死大狮之后，毅然舔食毒药，选择与大狮同死。人性的复杂在这个小说中得到了淋漓尽致的展现。但是，这部小说最让人震撼的显然是段大狮的强力人格。在心灵受到伤害的时候，他突然把胡笳吹到了极致，悠扬的胡笳乐曲中，呈现的是大狮的倔强和刚硬。这部小说不仅写出了二狮人性的阴暗和狠毒，还通过对大狮胡笳演奏的书写，端午勇于赴死的书写，呈现了秦地人物性格的刚烈和正直。另外，郑彦英同期的其他小说，如《秦腔》等，也都是在表达作家对人性思考的同时，呈现着富有秦地色彩的强力人格。

在这些小说中，郑彦英把秦地传奇与人物的强力人格完美地结合在一起，从而塑造出一系列令人难忘的人物形象，表达了他对人性的思考。而且，仔细考察的话，会发现这些人物性格都带有强烈的关中文化色彩。关于关中人的性格，有一首打油诗非常形象地概括了出来：八百里秦川尘土飞扬，三千万人民乱吼秦腔，捞一碗长面喜气洋洋，没有调辣子嘟嘟囔囔。换言之，三秦大地，多的是豪强性格，多的是草莽英豪。所以，当郑彦英转向对人性的开掘的时候，那些带有关中文化色彩的人性就自然成为他笔下倾注的对象，《石胡笳》中的段大狮，《秦腔》中的圣豹、圣虎等人物身上呈现的人性，显然都带有三秦文化的痕迹。在郑彦英写出这些小说的时候，河南评论家何向阳就曾经对他的这些作品和河南另外一位著名作家李佩甫的作品做了比较："与李佩甫以写现实解体回视部族文化不同，郑彦英近期小说比之李氏心态的拒斥、眷恋，表现出一种更为明确的动作感与指向性，《西风》《黄道》还可看出作者评价时的两难，但到了《石胡笳》与《秦腔》则将一种原始力量写到极致，矛盾阴影减弱的同时，掩不住的则是对一种与现实孱弱对立的强力与精神的敬畏、怀念，这种仰慕之情甚至不惜对历史发展中恶的因素的肯定。这种区别应归结于影响两位作家人格结构的遗传基因、地域，文化，中原文化积淀的深厚与沉重和关中地貌所对应的旷达、粗粝性情比较起来，后者更易抛开思辨而选择极端。同是关中秦川地域的杨争光的小说，也透露出了这种气息。"①

二、中原文化影响下的人性挖掘

《西风》《黄道》《石胡笳》《秦腔》都创作于 1990 年左右，距离郑彦英定居河南不过十年左右的时间。如果说十年不足以改变一个人的文化认知的话，那么二十年也许就够了。我们有理由相信，长期的河南定居生活，改变了这个关中汉子的某种文化认知。在郑彦英的《在河之南》中，他这样说道："从 1981 年到现在，我已经在河南的土地上生活了 21 年，来河南的时候我 28 岁，现在已经 49 岁了，我生命中最好的年华都在河南，自然而然地，我对河南有了缠绵的亲情。于是就常常闭目静坐，观察、抚摸装在我心中的河南。观察带有审视、研究的意味，而抚摸就纯

① 何向阳. 部落与家园——近年小说的一种文化倾向[EB/OL]. [2007-06-04]. http://www.chinawriter.com.cn.

粹是情感使然。这种感情不断积聚，终于在新千年的晨曦里撞开欲望的闸门：写一组关于河南的文章！”①这是郑彦英在对自我文化心理的理性省察之后得出的结果。事实上，在这前后，在他的小说创作中，已经明显地出现了一种重要的文化转型：虽然没有改变他写人性、深入开掘人性的初衷，但是，他笔下的人物已经悄然发生了某种变化——不再是粗砺、豪强的关中大汉特有的人性，而是带有强烈的中原文化痕迹的人性。

谈到郑彦英对人性的发掘，不能不提他的长篇小说《石瀑布》。这部长篇小说的副标题是“一个中国新资本家的心灵史”，它延续了郑彦英20世纪90年代以来一以贯之对人性的深入开掘，写出了一个幼年备受侮辱、嘲弄和蔑视，形同流浪儿的普通农民发家成为亿万富翁之后心灵的扭曲，表现了人性在财富面前的复杂性。小说的主人公林连长从出生起就没有了父母，他是吃着百家饭、穿着百家衣长大的。但是，这样的环境也使得他变得狡黠多智，在少年时期，就采用非常手段骗奸了支书的女儿，从而大大改善了自己在村子里的地位。接着，他又开矿，开采黄金发了大财。小说真实地写出了这样一个具有典型的中国农民特征的亿万富翁的特殊情状：在外表上，他要藏富，即使是亿万富翁了，他还总是戴着破草帽，用脏兮兮破编织袋子运大宗的钱，从而骗过了所有人的眼睛；他不相信其他人，不相信现代公司制度，所有事情都是亲力亲为，所以他大搞黄金走私赚钱，却从来都是单兵作战。他不怕苦累，亲自包揽财务收支，不让任何人沾钱，甚至连他的妻子都不知道他有多少钱；他不相信银行，喜欢如同传统的老农一样储存金钱，所以他的钱也绝不存入银行，而是筑密室、修暗道存贮起来，他甚至直接存金锭，闲来敲击一番，如闻仙乐，而且他喜欢嗅地下室里人民币特有的气息，他喜欢摸钱，“那快感超过了抚摩女人的手”。小说展现了这个新型资本家过人的能力，他幼年备受侮辱、嘲弄和蔑视，形同流浪儿的生涯反而锻

① 郑彦英. 在河之南[M]. 郑州：中州古籍出版社，2003：4.

炼了他的能力。在他身上，有股愈挫愈锐的机灵劲和泼皮式的流氓气，所以村人都说他“心眼很稠”，“想干的事没有干不成的”。他身上有着典型的中国式农民的精明，他把诡诈与忠厚结合得天衣无缝，他熟谙农民的心理，所以他总能利用这些心理，总能抢在别人前面发财，又总能制造他吃了大亏的假象。在他身上，充分表现出了一个乡村能人灵敏的嗅觉和小生产者的精明。对于小说中的主人公林连长，已经有很多评论，认为他是中国新型生产关系形成初期中国式亿万富翁发家史以及心灵史的典型代表。应该说，这些评价大体不错，林连长这个人物形象的确具有某种普遍性的中国人的性格特色。但是，在我看来，林连长这个人物形象与其说是典型的中国式亿万富翁的发家史和心灵史，毋宁说是典型的河南富翁的发家过程以及心灵史，因为这个人物的身上有着太多的中原文化特色。

毋庸置疑，林连长这个人物形象带有极为鲜明的中国农民的特点：他的不露富、狡黠以及暴富之后的迷失等。但是，仔细考察此人的性格特点会发现，他的身上已经褪去了郑彦英早期小说中典型的秦地汉子的刚硬豪强的强力性格，相反，带有了某种阴柔坚韧的特点。这些特点，不能不说是中原文化滋养的结果。对于中原文化特色，一直致力于表现中原文化精神的著名作家李佩甫，在他的作品《羊的门》中曾用“绵羊地”这个词来形容。小说中，作家借助主人公呼国庆之口解释了这个词的意思：“从民俗学的观点来看，这是一块无骨的平原……从根本上说，人是立不住的，因为没山没水，就没有了依托。可这里有气。”①显然，“绵羊地”这个词是李佩甫对于中原文化精神的某种概括，而“无骨有气”则是这种精神最重要的表征。“无骨”是因为这里的地理环境。虽然中原地区是中华文明的发源地，土地肥沃，但这里长期以来又是兵家必争之地。在漫长的中华文明历史上，逐鹿中原成为历代枭雄的理想，这样直接导致中原地区饱受兵灾匪乱之祸，也是中原文化背景形成的一个重要

① 李佩甫. 羊的门[M]. 北京：华夏出版社，1997：20.

因素，人祸。提到中原地域文化的形成和特点，不能不提从中原境内穿过的黄河。黄河是一条孕育了中华文明的母亲河，但同时它也是一条不断带来灾祸的河流，历史上多次决堤，每次决堤都给黄河两岸的百姓带来灭顶之灾，形成了中原地区需要不断承受的天灾。在天灾人祸不断循环的骚扰之下，这个地域、这块平原就成了“无骨”的平原，“挠挠者易折”，刚硬豪强是无法在这块土地上生存下来的，所以，这里没有秦地汉子的刚硬豪强。但是，这里又是“有气”的，所谓“有气”，是因为在这块平原上生存的人，都需要有一种坚韧之气才能够生存下来。三千年充满灾难和战乱的生存环境，使得每一个在这块平原上生存的人都必须有一种韧气。所以，这块平原的文化特点就是阴柔坚韧。这种阴柔坚韧看似弱小，但是却又强大无比，刚硬豪强绝对无法在这块土地上生存下来，而阴柔坚韧却可以战胜一切灾难，最终顽强地生存下来，甚至不断发展壮大。这是这块平原的文化特征，和陕西秦地文化截然不同。倘若我们了解中原文化的这种“绵羊地”特点，再看郑彦英笔下的林连长，会发现，林连长已经是一个典型的中原汉子了。

林连长发家的特点，可以用“软弱”两个字来形容。当他看中承包金矿可以发家致富的时候，他和作为村支书的岳父张黑蛋合演了一出双簧戏，以一种软弱、受损害的姿态承包了金矿。即便后来林连长成为富翁，他仍然成天戴着一个破草帽，用脏兮兮的编织袋装钱，这里面既有中国农民不露富的性格特点，也是林连长特有的示弱方式——他以这样软弱的姿态，消解来自外部可能有的任何对他的伤害。“绵羊地”孕育的中原文化的一个重要特点是“无骨有气”，林连长表面呈现的软弱，显示了此人的“无骨”，但是，此人软弱的背后却是硬气，又可以说是“有气”的表征。从林连长幼年放猪，在每头猪身上写上主人的名字，到后来为了发财所做的各种示弱表现，我们可以发现，这个原本在娘娘峪社会地位最为低贱的流浪儿，在软弱的表象掩护下，完成了对娘娘峪的精神统治。事实上，林连长这个人物同郑彦英《拂尘》中没有露面的石大龙具有某种精神上的同源性。小说中的石大龙在小说一开始就死亡了，但是，通过石雨辕等人的回忆，我们可以看到，石大龙虽然在富裕之后成为当地的一个重要人物，但是在事业遇到困境的时候，他不惜以女儿的身体为代价来获得事业的发展机会，他也是以一种软弱的姿态完成了资本的原始积累。

林连长、石大龙这些人物形象，同郑彦英前期小说中的大狮、二狮、黑圣、圣虎、圣豹等人物完全不同。虽然作家创作的初衷是深入开掘人在复杂社会状态下的复杂人性，但是，在不同的文化背景下，作家笔下的人性也呈现出与其文化背景所对应的一致性：当他深受关中文化影响的时候，他塑造出来的人物带有粗砺豪强的性格；当他深受中原文化影响之后，他所塑造的人物则脱离了原本的粗砺刚直，背后隐含着强硬的阴柔坚韧。显然，作家本人的文化背景和文化认知的变化，深刻地影响了他笔下人物的塑造。郑彦英小说中人物形象的变化，形象地说明了地域文化对作家、对文学作品潜移默化的影响力。

第三章

经验、立场与叙事

第一节　张宇：我有一支笔　足以慰风尘

张宇的写作内容颇为复杂，有早年写的乡村小说，有政治文化小说、心理小说、警察小说，还写过潘金莲和足球圈里的事情，甚至，还跑到了南极，之后写了一个非虚构作品《对不起，南极》。对于张宇这些内容庞杂的小说，我们似乎又能从中提炼出一条始终贯穿的主线，那就是，作家始终关注着人如何在这个世界上生活。就张宇的具体写作来说，他早期的作品，如《土地的主人》《河边丝丝柳》等小说，基本属于没有找到自我表达主旨的写作，作品也没有非常明显的特色。按照张宇的说法，这些作品属于习作，不能代表张宇的写作水平。对于张宇来说，1985 年是一个很重要的年份。这一年，张宇发表了中篇小说《活鬼》，不仅让他在文坛声名鹊起，也初步形成了自己的小说理念，即小说创作的关键是“要把生活心灵化和小说化”①。张宇还指出，小说是往小处说，“我把自己的作品分成三类，大说小说和中说。我当然不敢用这样的框子去框别人，只是觉得自己走过了从大说过中说到小说的路。小说

---

① 孙荪. 小说就是小说——由张宇的小说观看张宇[J]. 时代文学，2000，12(4)：70-74.

就要写成小说，不能大说和中说"①。张宇所谓的往小处说，不是说主题必须要小，而是强调从自身感受出发，"在我的认识里，大与小是这样区别的，直接干扰社会行为和直接进行一种或多种宣传的话语应该是大说或者是中说，而只是描写生活体会和心灵体验的个性话语应该是小说"②。"汲取别人的营养是极重要的，但不要在自己的身上长别人的耳朵和鼻子，那就是非驴非马，四不像了。要把自己和别人区别开来，这区别便是创造，便是风格，便是生命。走得愈远愈有出息。"③这显然为我们理解张宇小说的内在逻辑提供了一把钥匙，我们发现，张宇之后的小说创作，无论是政治文化小说，还是心理存在小说，甚至到他后来的非虚构写作等，其实都是在实践着他自己的小说观，他的作品都以非常强烈的自我感受为基础，表达着个体与世界的紧张关系，呈现着小说化的生活和心灵体验。如果做一个不恰当的比喻，把生命过程比喻成一场旅行的话，那么，张宇就是用他手中的笔来书写他在这场旅行中的精神体验，来安顿自己的生命。

一、《活鬼》：对人与世界关系的关注

张宇初期的创作是围绕农村生活展开的。他密切关注农村现实生活的变化，并对之进行近距离的审美观照和表现。他的处女作《土地的主人》写于我国广大农村农业生产责任制萌芽的时期，并对这个现象进行书写。这一时期的其他作品，如《脊梁》《金菊花》等，可以说都是这种创作模式的典型。张宇初期创作的另一个重要题材是对新生活的歌颂，如《夏夜，在小河边》《月上西墙》《河边丝丝柳》《青草叶儿》等，这些小说轻柔甜美，书写了充满诗意的新生活。虽然张宇在最初的创作中已经表现出沉重与轻柔两种笔墨，但是，总的来说，他最初两年的创作并没有

---

① 孙荪. 小说就是小说——由张宇的小说观看张宇[J]. 时代文学，2000，12(4)：70-74.

② 张宇. 困惑五章[J]. 青年文学，1995，14(11)：4-10.

③ 张宇. 小说的迷[J]. 文学知识，1986，6(2).

找到最适合自己的表达方式。从创作对象来看，他遵循的仍然是当时创作的主流思想——紧密追随外部不断变化的社会状态；从创作观念来看，他仍然遵循的是主题先行的方法。其写作的动力来源于社会现实问题的推动，而不是自身对生活的独特感受。“那时的张宇，创作的基本动机还是现实问题的推动，如他当时所说‘新形势下的农民在想些什么？在干些什么？怎样表现他们？他们身上有哪些是美好的闪光的东西？哪些是消极的东西？这一连串问号像一个个秤钩钩一样勾住我的心。’这些话语，在当时是很普遍的，大家和小家都在这样说，很难说为张宇所独有。”①所以，这一阶段的创作无法代表张宇的创作实绩。这也是张宇后来说自己之前的小说都是“大说”或者“中说”的原因。

《活鬼》成为张宇创作的转折点。这部小说是张宇的成名作，也是他的代表作。小说 1985 年发表后，立刻引起了广泛的反响。这部小说通过讲述一个名叫侯七的中原农民在乱世中颠沛流离的一生，塑造了一个放射着奇异的艺术光辉的人物形象——“活鬼”侯七。侯七可以说是中国传统文化精华和糟粕的集合体，也是一个超越了正与邪、具有高度生活性的人物。他不问正邪，不拘礼法，手段灵活，算计精到，能屈能伸。以生活好作为自己唯一的生存指向。这个人物的性格特点是狡黠、富有民间智慧，又能顺应时代变化不断调整自己面对生活的姿态。这部小说被认为呈现了民间生命形态的丰富性，体现了民间生命力的韧性和顽固。

侯七的两句话最能够表明他的人生态度，也代表了典型的中国农民的生存特征：一句是“闯人物”，另一句是“人到啥时候说啥时候的话”。前一句话表明侯七们虽浑浑噩噩但是又力图改变现状的强烈欲望和生命活力，后一句话则表明侯七们在长期的艰难生活中形成的委曲求全却又坚韧顽强的心理状态，而具体以什么状态生活则根据外部情况的变化来

① 孙荪. 小说就是小说——由张宇的小说观看张宇[J]. 时代文学，2000，12(4)：70-74.

定。当他得意时，可以当威风凛凛的团长；当他落魄时，也能有滋有味地摆地摊，做起小生意，完全收起当年当团长时的威风。虽然外部行为可以随着处境的改变而改变，但是侯七的中心性格并没有改变，那就是待人处世的精明和对于利害得失的巧妙算计。这种生活态度也造就了侯七的生存传奇：当解放大军就要进城的时候，他乘机大发横财，却又暗中留下退路，最终成为革命干部；当他被划作“右派”时，别的“右派”都痛不欲生，他却可以扔掉“脸皮”，自得其乐地生活，靠被批斗挣工分。甚至，在“十年动乱”中，他还可以大挣画领袖像、印红袖标的钱。审度时势，随遇而安，侯七的人生传奇非常真实地体现了中国农民的处世特征。当然，小说也写到了侯七身上蕴含的正面的中国文化特质，比如他对两个妻子的有情有义，做生意发财致富以后捐出大笔款项，为大家兴办公益事业等。可以说，侯七的身上，处处体现着中原大地千百年来延续下来的思想、文化影响。张宇作为在中原农村土生土长的作家，十分准确地把握住了中原农民的特点，塑造出了侯七这样一个富于艺术灵性和深刻哲学文化意蕴的艺术典型，对于我国当代文学无疑是一个创造性的贡献。

《活鬼》这部小说给张宇带来了巨大的声望，甚至张宇自己也被称为“文坛活鬼”，很多人在分析小说主人公与作家的相似性。“可以说，侯七就是张宇心中的‘叛徒与流氓’，一个让他欲罢不能的人格投影。”张宇有一句话一直挂在嘴边：“都说我狡猾，我的狡猾伤害谁了？我只是用在了生活中的‘逃跑’上。我绝不和一切游戏规则对抗，那样太傻。人最重要的，是牢记自己要做什么’。听了总想笑，感觉倘若侯七在世，他的辩白当与此无异。真是越说越侯七了。”①研究者也从张宇对侯七这个人物的塑造及偏爱的角度，分析指出这个形象的不合理，以及张宇与他笔下这个人物形象的关系，“侯七能历经劫难而不倒，除了其机灵之外，还要多亏作者赐给他的‘幸运’。比如他在‘文化大革命’中能让揪斗他的

① 李丹梦．论张宇的文学转型[J]．小说评论，2011(4)：51-57.

造反派给他记工分，着实匪夷所思……作者在构思侯七的一生时，设定了一个严格的底线：即侯七的算计只用于自保而不伤及他人。在反右中被朋友王建出卖了，侯七不仅不回击，反为对方开脱，仗义得有点过头，像是金庸笔下的韦小宝了……正是这有意无意的回避，泄露了张宇对侯七的'感情'。"①关于侯七与作家之间的关系，张宇后来也做了承认，他指出："《活鬼》是我灵魂里的东西，也是我对中国文学的质疑，我觉得之前那些农民形象不是真的。"②之前的农民形象是不是真的，我们姑且不论，但是，张宇承认《活鬼》是他灵魂里的东西，其实就强调了小说中侯七的生存感受，也正是张宇的生存感受。更值得我们思考的是，在《活鬼》创作前后，张宇提出了他的小说观念——他强调小说要书写作家个人的生命感受，要把作家个人的生活小说化。在我看来，《活鬼》正是张宇对自己小说理念的一次实践。小说中侯七在社会挤压下艰难求生的书写，说明这个时候，张宇灵魂里非常关心的问题就是个体和社会的矛盾。具体来说，就是每一个个体在生存的过程中，都会在一定程度上和社会产生矛盾，社会可能会挤压个体的存在空间，就如同侯七在小说中的遭遇一样，他的左冲右突，终究还是被社会所控制。那么，在这种情况下，个体应该如何存在？这就是张宇在侯七这部小说中做出的思考。

侯七已经成为当代文学中一个非常鲜明的文学形象。对于这个人物，我们当然可以分析其中蕴含的中原性格、中原文化等，似乎小说的价值就在其深度上。但是，毋庸置疑的是，这个人物形象之所以能够如此有特点，引起大家的关注，主要是因为他身上的鬼气，即他如何灵活面对世界的挤压，从而让自己游刃有余地生活在这个世界上。如果说《活鬼》之前的小说，张宇都是在寻找社会主题，用自己手中的笔主动去迎合社会需求的话，那么，《活鬼》显然打开了张宇创作的新大门。从这

① 李丹梦. 论张宇的文学转型[J]. 小说评论，2011(4)：51-57.

② 孔会侠. 在南极忏悔——张宇访谈[J]. 南方文坛，2014(1)：121-126.

部小说之后，他创作了一系列此类作品，创造了一系列侯七之类的人物。如《老三》中的基层干部李老三，对中国传统文化颇有研究，于是，他也善于利用传统文化的缝隙，创造条件来开展工作。他的很多做法看上去不符合原则，但是，却又符合当时的社会现实，不这样做，工作便无法进行。《国公墓》则是围绕一个古墓的兴废展开书写，国公的后人绞尽脑汁与政府机关斗智斗勇，最终成功地保护了祖先的大墓，让其成为国家文物保护单位，而且还为自己牟取了一些私利。小说中的魏少文，深得中国官场文化、政治文化之真谛，并且能够有效利用这些文化为自己服务。长篇小说《晒太阳》塑造了一个浸透着传统文化却又充分世俗化的人物杨润生，他是农民的儿子，却当上了县长。他受过现代高等教育，但是在工作和生活中，却又必须按照和现代高等教育不一致的乡土中国的法则做事。

《晒太阳》饶有意味地展示了杨润生在官场的一些心得体会，从他的心得体会中，我们可以看到作家对于现实人际关系的琢磨。对于搞好人际关系，杨润生的体会是，首先不害人，这样主要任务就成了防备不被人害，这就会容易得多。人不犯我，我不犯人，人若犯我，我就走人。能逃跑就是重大胜利。无论对谁，都不提意见，没有意见，对谁都是好脸色。即便人家看不惯自己，对咱没有好脸色，那是人家的事儿，咱还要给人家好脸色。这样一个巴掌拍不响，时间长了，人家就不会对你再有意见。如果对方还是对你有意见，和你过不去，别人就会对他有意见，和他过不去。为了应付别人，他慢慢就会对你没有意见了，因为他对别人又有了意见了，推陈出新了。关于如何当领导，杨润生也有自己的心得。做一把手的，不能向上级诉说二把手不好，因为那等于说自己无能，等于在汇报自己。汇报工作也好，汇报别人的情况也好，打小报告也好，其实都是在汇报自己。别人汇报你，你再去汇报他，只是让上级领导知道你们有矛盾，显不出你的水平。要扭转这种局面，就要反其道而行之，你说我的坏话，我偏要讲你的好话，这样事情才会逆转。事情就是这样，你去讲别人的坏话，人家偏认为不坏，你去讲别人的好话，人家偏认为不好。

从杨润生的心得体会中，我们可以看出几个特点。首先，其官场心得体会明显是自保性的，而不是攻击性的；其次，其心得体会，明显可以看到对人性的深刻体会和认知，或者可以直白地说，是基于对人性之恶的认知；最后，其体会明显是一个聪明人审时度势，利用对人性的认知来实现自我利益。这几个特点，仔细看来，和侯七显然高度一致。事实上，从李老三到杨润生，我们可以看出，这些小说人物都是侯七那样的人，张宇写出了这些人在不同情况下，是如何最大限度地保护自己的利益，并且游刃有余地生活在这个世界上的。这些人物很多都是官员，所以，这些小说常被称为政治文化小说。其实，对于张宇来说，以官员为书写对象或许并非必然。之所以采用官员作为书写对象，只是因为他此时对于官场生活更为关注，也更为熟悉。究其本质，这些小说和《活鬼》在内在精神上是一脉相承的，都是呈现个体如何对抗世界，即个体在外部世界的挤压之下，如何在逼仄的生存空间中，最大限度地保护自己的利益，并且获得更大的物质收益。而且，这些人物在精神底线上有着一致性，即聪明才智都是用于自保，而不是害人：侯七这个人物的底线就是不害人，《晒太阳》中的杨润生给自己制定的生活底线也是不害人。显然，这些人物都是张宇把生活小说化、心灵化的产物，都是张宇对个体和现实社会关系的持续思考。如果说侯七是张宇灵魂里的东西，那么杨润生、李老三一样也是张宇灵魂里的东西。所以，我们可以说，张宇不但对侯七过于偏爱，对后来这些人物也不乏偏爱。也正因为如此，这些小说的批判性就显得不足：“作者在这种得与失的权衡中，态度未免过于暧昧。特别是那些描写官场生活的小说，尽管作者把那种自私自利的算计和勾心斗角的策略揭露得淋漓尽致乃至触目惊心，然而我们却很难从中体会到一种厌恶和鄙视的意向。”①

对于张宇这一时期小说中的人物，如侯七、李老三、魏少华、杨润

① 曹增渝. 乡土的精灵——论张宇[J]. 上海文学，1988，36(12)：28.

生等，既往的很多评论都对他们进行了深度分析，指出这些人物身上兼具现代性与传统农民性，也指出这些人物身上的封建性因素与农民文化心理不可分割的联系。其实，在我看来，这些小说更带有精神史的意味，显示了作家在这一时期困惑、思考的对象。小说主人公明显的农民智慧等，其实不过是张宇特有的对抗世界的方式而已。从他对侯七的偏爱，从他在《晒太阳》等小说中对这种生存技巧的总结来看，张宇显然对自己的这些发现非常得意。或许，我们可以说，从侯七到杨润生，张宇的这种政治文化书写，这种“活鬼”类人物的塑造，其实正是他对自己应对自身生存困境经验的一种总结。显然，这个时候，作家思考的中心一直都是个体和世界的对抗，这些小说主人公看似非常自得的人生经验的总结，看似非常成功的在俗世中左冲右突，其实正表现出了作家与外部世界的精神冲突。这些小说也是作家自身与外部世界矛盾的小说化表现。

二、《软弱》：与自己和平共处

20世纪90年代以后，张宇的小说发生了巨大的变化，他连续发表了《乡村情感》《没有孤独》《枯树的诞生》《城市逍遥》《大街温柔》《自杀叙述》等一系列小说，在这些小说中，侯七式的具有强大行动能力的主人公消失了，出现了更多的精神型主人公形象。这些新的小说人物与前期小说人物形象构成了有趣的对比。以鲁杰(《没有孤独》)与侯七(《活鬼》)这两个人物为例，我们可以看到张宇小说的巨大变化。首先这两个人是具有可比性的，他们都是农民出身，都来自大山。其次，他们都是从农村走出去，然后又回归农村。此外，这两个人还有一个共同点，即对自己都有着强烈的自信。侯七在乡下一文不名的时候就幻想出人头地；鲁杰则是在国民党败逃时坚持留在大陆，因为他觉得自己对国家非常重要。这两个人物的区别也非常明显，侯七的一生，始终是在外部空间的挤压下努力求生，很少有更高尚的精神追求；鲁杰则从来没有考虑过求生的问题。从山村走出来的鲁杰，留洋获得三个博士学位，曾在剑桥大学担任教授，又在十里洋场的大上海最大的化工厂当过总化验师和副总经理，他的一生都在追求科学，都在追求精神上的满足。国民党败逃之时，鲁杰为了精神追求，放弃了离开大陆的机会。但是，因为他曾经在旧政府任职，所以他科学报国的愿望并没有得到实现，反而是不断地被送进牢房，被劳动改造，失去了进行科学研究的权利。毫无疑问，对于鲁杰来说，理想和现实之间有着巨大的差距，不过鲁杰并没有被现实击垮。支撑他的，是他对科学的热爱和依恋。无论是坐牢，还是回乡改造，他所考虑的都是自己的科学研究问题。即便在社会中他一度是被打压的对象，但是他从来没有感到孤独，因为他内心始终存在一个坚不可摧的科学王国。和自己的科学王国在一起，他就不会孤独；和自己的科学王国在一起，他就可以坚守自己的精神阵地，不平庸，不流俗。虽然他的一生坎坷多难，但是他从来没有为外部的生活困境所焦虑。在科学之光的照耀下，他始终拒绝平庸，保持着内心的丰盈和平静。相比较侯七这个人物在社会上为了求生而左冲右突，从而带有一些滑稽的色彩，鲁杰这个人物则因为始终保持对科学的关注而具有了神性的光芒。

当然，在张宇这一时期的创作中，鲁杰并不是唯一。《城市逍遥》中的鲁风，是一个有着强烈自尊的乡下人，进入城市之后四处碰壁。在这个环境中，他迷恋上了盆景艺术。因为专注于盆景，他不再在意出身于城市的有文化的妻子的冷眼，不再在乎社会对他的鄙视。他通过专注于盆景艺术建构了自己的精神大厦，实现了自己人生境界的超越。《枯树的诞生》中的“我”，在工作单位中无法建构和谐的人际关系，但当他迷恋上盆景制作之后，也超越了单位中的俗世烦扰，让自己的精神进入了一种平和的状态。《自杀叙述》中的张老大，在现实生活中是一个残疾人，无法独立谋生，需要村人的帮助才能生活，但是当他进入象棋的世界之后，他成为这个世界中的王者，他的精神独立而强大。显然，20 世纪 90 年代之后，张宇的中篇小说发生了巨大变化，他小说中的人物不再纠结于自己所失去的，也不再急于在社会上得到什么，而是专注于自己的精神追求。通过这种方式，他消除了个体与社会的紧张关系，也消除了个体的焦虑，呈现出一种和谐平静的意象。

从张宇的小说看，此时这些小说主人公与社会紧张关系的消解，主要依托于两条路径，一种是如《没有孤独》中的鲁杰那样，偏执地坚守一种更高的精神指向，通过坚守，忽略社会与自身的矛盾和碰撞，也让自己的精神处于平静和谐之中。《乡村情感》中的郑麦生也是这样。他早年参加革命，一度是非常有前途的军官，但是在革命成功、要享受成功果实的时候，他却解甲归田，过着贫穷的生活。客观而言，这个人物，因为其经历，应该和社会存在更多的紧张关系。但是在《乡村情感》中，我们看不到个体与社会的紧张，以及个体内心的挣扎，而是呈现出一幅和谐感人的画面。之所以如此，是因为郑麦生如鲁杰一样，有着更高的精神追求，这种追求让他不在意个体的得与失，也让他超越了现实生活中个体与社会的紧张。另一种路径则是主人公承认自己的软弱，接受自己的软弱，然后去有意寻找自己的精神支撑点，从而达到对现实社会的超越，在《枯树的诞生》《软弱》都是这样的小说。在《枯树的诞生》中，作为作家的“我”在自己圈子里并不如意，但是，寄情于盆景之后，“我”有了新的朋友圈子，也有了自己的精神寄托，从而实现了精神的平静。《软弱》中的于富贵，在小说一开始就以软弱者的形象出现，从家庭地位来说，他是乡下人出身，与城里人出身的妻子相比，天然的处于弱势地位。从工作角度来说，他是一名反扒警察，在整个警察队伍中也处于鄙视链的下游。于富贵接受这一切，没有试图反抗。相反，他意识到了自己的软弱，意识到自己喜欢反扒警察这个职业，而且自己存在的价值完全依赖于小偷。然后，他完全寄情于自己的工作。通过接受自己的软弱，并寄情于自己喜欢的事情，于富贵超越了软弱，超越了个体与世界的矛盾，与世界和解，与自己和解，保持了内心的平静。相比较张宇政治文化系列小说中主人公与世界关系的紧张，主人公的焦虑来说，这些小说通过接受自己，接受世界，从而实现了与世界的和解，与自己的和解。在《晒太阳》中，杨润生曾经感慨自己的生活很累，但是只能这样走下去。事实上，这种生存状态也是张宇政治文化系列小说中人物的普遍生存状态。但是在《乡村情感》等小说中，这些主人公突然都与世界和解，在精神上进入了平和的存在状态。

张宇此时小说中主人公精神的变化，也是张宇自己精神的变化。或者说，张宇小说中主人公的精神状态，也是张宇的精神状态，或者他想要努力达到的精神状态。1994 年，张宇写了一篇文章《与自己和平共处》。在这篇文章中，他表达了外部世界刺激带给他的焦灼，以及自己对这种焦灼的努力克服。后来，张宇也谈到了自己写这篇文章时的感受："我主要就是跟自己关系搞不好。我在 1994 年写了《与自己和平共处》，就发现与自己保持一种什么关系很可怕。跟自己是什么关系很重要，跟自己关系太紧张的话会很痛苦，我选择了这样一个载体一个语言，就是跟自己和平共处，不要太认真了。"①从张宇后来的述说来看，在 1994 年，他的确是在真诚地面对自己的问题，并且寻求解脱的方法。在这篇文章中，张宇谈到了诸多带给自己困扰，让自己无法和自己和平共处的问题，比如金钱问题。在对金钱进行了一番富有思辨意味的分析之后，张宇总结说："我个人认为，金钱这种东西很圆，不好把握。看着是物质，但只要超出我们的生存界限，就完全切入了精神。既然都是精神活动，我何必放弃熟练的精神活动去从事陌生的精神活动呢？说句玩笑话，我已经是专业作家了，何必走出书房跑到商场去当'业余作者'呢？"②从文章中可以看到张宇的真诚。不过，也正如何向阳所说："作者虽坚定到步步清除，但仍可感受到他所受的压力之重，他仍然能将这个'别人'当做庞大的敌人去说它，恰恰证明了张宇离真正摆脱它仍有一段距离，它仍是作家需要提示自己解决的一个问题。"③那么，在小说中不断书写这种精神型人物，或许也正是张宇为了与自己和平共处，不断做出的努力——他通过不断书写这样的人物，表达此时自己心中对这种

① 孔会侠. 在南极忏悔——张宇访谈[J]. 南方文坛，2014(1)：121-126.
② 张宇. 与自己和平共处[J]. 青年文学，1995，14(11)：16-17.
③ 何向阳. 小说张宇[J]. 时代文学，2000，12(4)：77-82.

价值的认知，并最终强化这种价值的意义，从而最终与自己和平共处。之所以说张宇这种精神书写是和自己和解，还因为张宇自己也说过，此时的写作依然是遵从内心的，张宇说："在好几年前一段时间里，忽然觉得自己的写作出了毛病。先是对自己的写作产生怀疑，不想一下子就发展到甚至全面否定自己的写作的程度了……于是我就不再迷恋别人了……这时候，个人体验的大树忽然从心里生长出来了。我好像明白，不论是说话方式，还是说话内容，学习别人只能是一个过程，最终只能依靠个人对这个世界的个性体验，才能够对这个世界发出自己的声音。"①张宇一直在强调个人体验对个人写作的价值，在《与自己和平共处》中，他再次强调，在关于写作方法的选择上，自己虽然有过困惑和动摇，但最终还是选择了强调个人体验。那么，这显然也就说明鲁风、鲁杰、郑麦生等人的体验，正是作家个人此时的个人体验，或者说，是作家想要得到的精神状态。

所以，综上，我们可以得出结论，20 世纪 90 年代之后，张宇突然放弃个体与社会紧张关系的书写，进入精神书写，其实是他对自己生命进行思考的结果，也是他自己的精神历程的呈现。换言之，张宇此时的创作，从 80 年代个体与社会的对抗，变成了对小说主人公精神的发现和强调。那么，这背后其实是张宇力图超越当下社会现实的困扰，实现自己精神的超越，与自己和平共处的努力。

张宇的小说观，以及他对自己小说观的坚守，让他的小说带有个人心灵史的意味。他把自己关于生活的困惑、关于生活的理解、关于如何应对社会，以及如何在这个世界安身立命的感受写进了小说，所以，他的小说也呈现了他心灵变化的过程。从张宇的各类文章中可以看出，他是一个很敏感的人，也是一个不容易平静、不容易与自己和平共处的人。通过把自己的生存感受写进小说，某种程度上，他的小说承担了帮助他解决生存焦虑的功能。提及张宇的创作，还有一部非虚构作品不得

① 张宇. 与自己和平共处[J]. 青年文学，1995，14(11)：16-17.

不提，那就是《对不起，南极》。在这部书中，张宇敞开胸怀，对自己的人生、对曾经困扰自己的问题进行了回顾和解答。正是在这部书中，张宇关于世界、关于人生的认知进入了一个新的层面。他重新审视自身、审视人类、审视这个世界，重新认知了人与自然的关系，也超越了之前小说中所呈现的各种困境。从精神脉络来看，这部书其实是张宇之前小说表达的精神的进一步升华。张宇曾在《与自己和平共处》中不无揶揄地说起王鸿生对河南作家的评论："他在编辑一套什么丛书时就发现了，在'社会关怀'、'个人关怀'、'终极关怀'三大关怀选集里，我们河南作家的作品在他看来只能够入选'社会关怀'，而入不进另外两大关怀里。他虽然没有说明，我们一听就明白这三大关怀就数'社会关怀'层次低下，言外之意别说我们没能进入'终极关怀'，连'个人关怀'都还没有开始呢。"①那么，《对不起，南极》的出版，是否可以认定张宇已经完成了终极关怀的书写呢？

第二节 邵丽：一种立场 两种经验

邵丽并不算是一位高产作家，在20年的创作生涯中，她只出版了2部长篇小说，以及几十部中短篇小说。不过，邵丽的小说虽然数量不多，但是就小说的叙事内容来看，却颇为丰富多样。邵丽创作初期，叙事题材主要集中于两性情感，但是很快，她就拓宽了创作视野，在她笔下，既有对底层生活的描述，尤其是对底层女性生活的呈现（如《明慧的圣诞》《马兰花的等待》等），也有对当下城市化进程的反思（如《城外的小秋》等），还提出了当代人的生活质量问题（如《王跃进的生活质量问题》等），更有对当下社会问题的冷峻反思（如《第四十圈》《刘万福案件》等）。虽然邵丽小说的叙事题材颇为丰富，但是就其表达内容来说，主要呈现的还是两种经验，即时代中国经验与个体生命经验。从邵丽的写

① 张宇. 与自己和平共处[J]. 青年文学，1995，14(11)：16-17.

作历程来看，她关于这两种经验的书写基本上经历了三个阶段。

一、从底层到官场——时代中国经验的复杂呈现

对于当代中国的作家来说，这也许是最好的一个时代，也可能是最坏的一个时代。在当代中国，我们正经历着极为复杂的社会状况，一方面，社会财富得到极大的丰富；另一方面，穷人和富人之间的财富差距也变得越来越大。社会财富的剧烈增加并没有天然地带来社会的和谐，相反，因为财富分配不均，社会中充满了各种各样的矛盾。同时，中国社会的发展也高度不均衡。在很多大城市、一线城市，居民已经生活在现代或者后现代状态之中，而在一些偏远山区，很多人还生活在前现代时代。由于时代的剧烈变动，社会生活中充满了各种戏剧性的事件，而这些充满戏剧性的事件，又极为形象、生动地诠释着我们这个时代的某种特质。所以，某种程度上，对于作家来说，这是一个最好的时代，因为这个时代给作家提供了太多的写作素材。但是从另外一个角度来看，对于作家来说，这也许是最坏的时代，因为这种时代特质反过来也对作家的写作提出了更高的要求。一方面，因为我们已经处于发达媒介时代，所以作家的书写必须要有能力超越发达媒介带给大众的无所不在的媒介故事——这并不是一件容易的事情；另一方面，要想更好地表达这个时代，也要求作家深入时代，切实地体验时代跳动的脉搏，只有这样，作家才能够真正体会到这个时代的精神，表现出这个时代的特质。

从邵丽的写作可以看出，显然，邵丽是有着明确地表达这个时代的自觉。邵丽最早的小说更多是对夫妻、男女两性情感的关注，但很快，她就转向了对时代复杂经验的体察和呈现。邵丽的小说从不同角度切入，表现着我们这个时代的复杂境况。从写作题材来看，邵丽的写作涉及底层写作、官场写作，写到了中国的城镇化。当然，如果从女性主义立场出发的话，我们还能看到邵丽的很多作品——如《马兰花的等待》等——中浓郁的女性意识。显然，邵丽涉及的这些题材都和当代中国有着密切的关联，她的这些作品也都是对当代中国经验的复杂呈现。而

且，值得注意的是，邵丽的这些中国经验书写，都是以她自己独特的视角切入，呈现了媒体僵化视角之外的独特经验表述。当下如火如荼的城市化进程在媒体的叙事中，是国家现代化的必然路径。从某种程度上说，这是正确的。但是，这种统一的媒体叙事口径过多地承载了宏大叙事的立场，而忽略了社会个体对城市化进程的认可。邵丽的小说《城外的小秋》就表达了对城市化进程的反思。小说中的小秋是一个带有某种寓言性质的女孩，虽然她父亲在城市当医生，收入不菲，但是她却不喜欢城市，在城市就生病，而回到乡下奶奶身边，则立刻活蹦乱跳。不幸的是，小秋所在的村庄也要被拆迁了，小秋永远地失去了自己的故乡、自己的土地。小说关注了个体生命在城市化进程中的独特感受，也对城市化进程中城市的野蛮扩张进行了独特的反思。

20 世纪 90 年代以来，随着国家改革的深化，社会创新机制进一步被激活，社会迸发出巨大的创造力，庞大的社会财富也在这个过程中被创造出来，中国人的物质生活得到了巨大的改善。当然，在这个过程中，一些负面问题也暴露出来，最典型的便是社会的贫富分化问题。底层文学在 21 世纪以来的兴起，其实也是中国作家对这个时代问题的关注。作为一个致力于呈现时代中国经验的作家，邵丽的目光也关注到了底层民众这个群体的存在问题。不过，邵丽的底层书写并没有雷同于一般的底层书写，去比苦难、比血腥，而是去关注人，尤其是底层女性的精神存在，从而让我们对她们不仅仅是怜悯，而是有更多的同情和理解。

《明惠的圣诞》《马兰花的等待》《木兰的城》等小说，都是围绕底层女性的悲剧命运展开的，而细查悲剧的起因，明惠、马兰花、木兰这些底层女性，只不过是想要过上或者体面或者温暖、有爱的生活。但是，她们的努力最终却给她们带来了悲剧。当明惠高考落榜在村子里备受歧视时，我们能够理解明惠想要出人头地、摆脱当下困境的精神动力。或许，正因为有着强烈的要过好自己生活的愿望，明惠才义无反顾地选择了暗娼这条路。当然，明惠做暗娼还有一个非常重要的原因：她其实并没有更好、更多的选择。她不过是一个乡村丫头，没有文凭，她不可能进入体制内，从而在稳定的前进中获得自己想要的尊严。她也没有启动资金来从事商贸行当，来获得体制外的成功。作为一个一无所有的乡下女孩，急于成功的明惠，似乎除了拿自己的青春和肉体做交易外，别无他途。马兰花也是如此。当她付出了多年的青春却被暴富的丈夫毫不留情地抛弃的时候，当她仍然渴望爱与被爱的时候，我们能够理解马兰花做出外出打工这个决定，也能够理解她在深圳那近似不正常的举动，比如花光微薄的薪水为自己购置行头，比如用自己的全部收入来维持每天下班后在茶馆里那一杯茶的体面。她只是不想让自己被抛弃，不想让自己成为一个弃妇，不想让自己成为一个可怜的被遗弃的对象。在这样的情况下，马兰花的坚持和等待，在某种程度上，其实是做给自己看的，她通过自己的一系列举动，给自己一个继续生活的希望。她自己的坚守，本身就像一个悲剧。但是，即便如此，这种等待和坚守，恐怕也是马兰花摆脱自己生命悲剧的唯一选择。在这样的情况下，当之后的悲剧发生时，我们又怎能忍心去责怪马兰花呢？

《木兰的城》中的木兰，似乎和明惠以及马兰花有所不同。木兰这个单纯而美丽的女孩，在包工头田东临温情的攻势中沦陷了，义无反顾地离开了自己的丈夫王小山。按照一般的逻辑，木兰的未来似乎不会太乐观。而且，木兰在离开王小山追随田东临而去的时候，对自己的未来是有所打算的。其实，她的选择也事出有因。从来就没有享受过父爱、在父亲的殴打辱骂中成长起来的木兰，是那样渴望温情和爱。这个温情，王小山并不能全部给予她，事实上，和王小山在一起之后的木兰很快成了一个小大人，她还需要照顾很多东西。因此，当田东临的温情到来时，木兰沦陷了。一个长期缺少爱和温暖的人，为什么不可以追求自己想要的爱和温暖？从这个角度来说，木兰生命道路的选择，其实也非常有限。

《明惠的圣诞》《马兰花的等待》和《木兰的城》中的这些底层女性，只不过是想过上自己想要的生活，而且，她们想要的生活也不是不切实际、异想天开的，她们只是想要有爱、有温暖的生活。为了这样的生活，她们努力地寻找、奋斗、拼搏。但是，她们的努力就像扑向火焰的飞蛾一样，最终走向灭亡。为了自己想要的生活而努力，最终却走向了生活的反面，让生活变得更加糟糕，不能不说这是意味深长的悲剧。我们不能说这些渴望幸福却又制造出悲剧的底层女性错了。事实上，这些底层的生命就像在黑暗中不断转悠的飞蛾一样，她们渴望温暖如同飞蛾渴望明亮。当她们发现一丝温暖或者微弱的希望之光时，也会如同飞蛾扑火一样，坚决而毫不犹豫地冲过去。每个人都有过上好生活的权利，我们显然无权责备她们。但是，当她们走近她们发现的唯一的温暖时，才发现这不是单纯而明亮的温暖。她们在苦难和黑暗中寻求许久的温暖，只不过是飞蛾寻找到的火，在温暖她们的同时，也会把她们毁灭。我们当然可以责备她们的举动太过于轻率，她们太不自爱等，但设身处地地思考一下，除了她们所做的，她们还能做什么呢？

尤为值得注意的是邵丽的官场小说。新时期以来，描写中国当代官场、官员的这类小说出现，而且产生了较大的影响。不过，这些传统的官场小说往往更多强调身处官场的人如何实现升迁，伴随这个升迁过程的是各种所谓的官场黑幕。其中一些官场小说，还重点描述官场中的权钱交易等。换言之，官场类小说似乎已经被限定在一个框框之内，这也使得官场小说逐渐成为一种类型小说。影响比较大的，带有明显严肃文学气息的《沧浪之水》等，在某种程度上，也没有完全超出这个模式，它也是书写主人公如何折节从而让自己不断向上攀升的过程。从这个意义而言，邵丽的官场小说打破了这种已经僵化的范式，提供了一种新的关于官场、官员的叙事方式。在邵丽笔下，官员们也是普通人，也有普通人的七情六欲。比如《挂职笔记》中的祁副县长，作为主管计划生育的副县长，他的工作作风粗暴，但是很有成效，很快使他们县的计划生育工作达到了优秀级别。但是，这个人的工作和自身观念完全不一致。虽然他的工作是主抓计划生育，而且干得很好，可是当他的儿子只得了一个女儿的时候，他坚持要求儿子再要孩子，终于给他生了一个孙子，当然他也因此丢掉了副县长的职位，可是他却怡然自得。官员们每天考虑的不仅是如何升迁，他们也有自己的工作压力和家庭困难。《人民政府爱人民》中的刘副县长主管信访工作，他的工作压力很大，又似乎没有什么进步的空间。为了阻止老驴上访，刘副县长拖着刚刚做完手术的病躯辗转千里。当然，小说交代了，刘副县长之所以如此拼命工作，一方面，这是他的工作所在，职责所在；另一方面，他还有很多私人问题，比如孩子工作、父母安置等问题困扰着他，需要他努力工作来获得某种解决的可能性。事实上，相比较传统的官场小说，邵丽的官场小说给读者呈现了不一样的官员形象和官场形态。当然，邵丽的官场小说也并非主旋律式地歌颂官员、褒奖官员，毋宁说，邵丽是把官场当做一个特殊的观察场所，从这个场所来观察中国。某种程度上，中国的官场是一个非常特殊的场域。因为中国的政治体制问题，这个场域集中着太多的权力，但是同时也集中着太多的社会矛盾以及社会民生问题。在中国语境中，社会困难——无论什么样的困难都会向政府集中，“有困难，找政府”成为大家的共识。如《人民政府爱人民》中的老驴，在自己考上大学的女儿丢失以后，他不是反思自己的无能造成家贫，最终导致女儿失踪，而是一遍遍地上访，向政府索要自己的女儿。于是，在官场这个独特的场域中，邵丽书写了太多中国特有的经验与现象：这里有对中国底层民众无奈的观察，如《刘万福案件》《第四十圈》等；有对官员无奈的表述，如《人民政府爱人民》等；有对时代的敏锐批判和忧思，如《第四十圈》等；有对基层官员基本生态以及处理手段的反思，如《挂职笔记》《刘万福案件》等；有对官员自我身份的思考，如《我的生活质量问题》等。总之，邵丽的官场小说突破了传统官场小说模式化的窠臼，让官场也成为她呈现关于中国的认知的一个有效场域。

事实上，从邵丽的挂职系列小说以来，其小说创作的相当大篇幅都在呈现各种各样的世相与问题，这些世相与问题的呈现，反映在题材上，是邵丽小说题材的多样化。正如上面所说的，既有对城市化进程的反思，也有对底层女性精神状态的考察，还有对时代矛盾的集中观察和批判等。总而言之，这纷繁复杂的题材书写，呈现的是邵丽对时代的集中反思，是她对中国经验的集中呈现。

二、从两性到人生——个体生命经验的总结

从邵丽小说的书写内容来看，其小说大体以 2006 年为界，前后有着明显的变化。2006 年之前，邵丽的小说更多表述的是婚恋及两性间的心灵世界，着重呈现一种个体生命经验。2006 年之后，邵丽的小说明显开始更多关注世相，强调对社会现象的呈现。2012 年以来，邵丽的写作在关注世相的同时，重新强调了对生命本身的思考，对个体生命经验的总结和呈现，不过，此时邵丽小说关于生命经验的呈现和总结不再局限于夫妻或者两性之间的情感，而是更多地关注个体生命与命运的碰撞。

邵丽早期的小说主要呈现夫妻两性情感间的生命经验。某种程度上，夫妻关系引发的情感应该是极为丰富的，关键看作者是否有能力对生活中微妙、细腻的情感进行敏锐捕捉。邵丽显然具有这个能力，她早期的小说创作以细腻的笔触展现了种种似乎无法言说的微妙情感，尤其是男女之间、情人之间、夫妻之间的微妙情感。《迷离》中的李铁，他迷恋上安小卉，仅仅是因为她似乎没有谋生能力而沉浸在自我中的迷离状态。但是，等安小卉凭借自己手中的笔也成为一个小名人的时候，已经成为副市长的李铁则开始迷惑，觉得自己似乎完全没有理解过自己的妻子。这种新的认知影响了他对安小卉的感觉，这种感觉反过来又影响了安小卉的正常状态，最终导致这对夫妻的正常生活完全瓦解。安小卉刻意表达出她对李铁的关心，但越是刻意，就越是与李铁熟悉的、喜欢的迷离状态不符合，结果反而导致两人越走越远，以至于李铁提出分手。但是，当李铁分手的要求提出来，安小卉接受这种状况之后，又呈现出李铁喜欢的那种迷离状态，于是，他们的关系又恢复了正常。《长命百岁》中的王璐瑶和丈夫丁宋的关系已经濒临破裂，如果仍然按照他们既定的生活节奏前行，可以预见的结局就是他们分开。这个时候，意外发生了，丁宋的父亲重病、死亡，让他们重新并肩战斗，在这个过程中体

味人生的意义。最后，父亲的去世反而让这对共同经历了哀伤的夫妻突然找到了最初的爱情。在《生活痕迹》中，金地因为丈夫简平的一次外遇而无法原谅他，两人虽然没有离婚，但是显然已经找不到继续生活下去的理由——感情越来越疏远，可就在一次去香港的旅游中，站在青马大桥上，面对着夜色中的香港，他们之间突然又萌发了美好的感觉。

在这些小说中，邵丽着重描写夫妻之间微妙的情感，作为局外人，当然无法理解为什么一起在青马大桥上欣赏夜色中的香港，就能够让一对感情濒临破裂的夫妻重新找到相爱的激情，也无法理解为什么妻子展现出她成功的一面时，丈夫会觉得陌生甚至想要离开。事实上，这正是夫妻情感的复杂性所在。人的情感本身就是复杂的，无论多么高明的高科技也无法侦破人的情感的奥秘，一对相爱的男女的感情就更为复杂。在对这些夫妻之间的情感生活进行描述的时候，邵丽似乎只是淡淡地讲述他们琐屑的日常生活，并没有刻意用太多语言来表现、渲染、分析他们的情感，但她对于男女之间的关系却又挖掘得非常充分，对于夫妻感情面临破裂时的撕裂紧张感，能够写得十分到位，恰到好处地表达了某种微妙的、无法言说的心理和感觉。

2012 年以后，邵丽小说中关于个体生命经验的描述就不再局限于夫妻两性之间的关系，而是更多地强调个体生命与命运的碰撞，以及个体生命在生命过程中如何处理自己与他人的关系。2013 年，邵丽出版的长篇小说《我的生存质量》就是表达作家生命经验感知的一部重要作品。从时间跨度上来说，《我的生存质量》思考了祖孙三代人的命运和生活，这三代人又正好处于中国巨变的特殊历史时期，于是，这三代人的生命似乎就有了特别的厚度，因为这里面既有改朝换代的重大历史变革，又有“文化大革命”这样特殊的历史时段，还有当下这种带有后现代特质的生命轨迹。对祖孙三代历史命运的思考让叙述者更加明了生命的意义，以及如何对待生命本身。当然，更触动叙述者本人，让叙述者产生更明确的对生命意义思考的，则是她自身的命运遭际——正是自身命运的跌宕起伏与大起大落，让她更多地思考人生、思考命运，最终与生活和解。

对于叙述者来说，她原本活得并不够通透豁达，正如她自己所说："说实话，在没有经历过足够的挫折和疼痛之前，我这人远远不够通透，尤其是在家庭生活方面，常常敏感地在一些事情上纠结。"从这样的话可以看出，生命对她来说，充满了令人恐惧或者难以释怀的事情。《我的生存质量》在某种程度上，就是叙述者面对生活，一步步地从斤斤计较到豁达大度的转变过程。当然，支撑这种转变的，是叙述者对世界态度的变化。事实上，斤斤计较可能是我们普通人面对世界最普遍的处理方式，那么，要摆脱这种生活姿态，首先就需要放下，放下念念不忘的事情，放下愤愤不平的事情。毫无疑问，对于所有人来说，放下是和这个世界和解的第一步。但是，和世界和解并不是简单的事情。如果说在丈夫敬川出事之前，叙述者所纠结的不过是和丈夫之间的关系的话，那么，在丈夫敬川出事之后，世界都向她露出了狰狞的微笑。正如小说所叙述的：

> 某一天，周围的一切依然如故，所有的人都在按照自己固有的方式生活，只有你从生活的链条上突然滑落了，坠入一个你认为永远不会落入的境地。你不知道问题出在哪里。你在想，那些看起来并不那么重要的事情，就像一副牌，你漫不经意地出错了一张，结果，后来的一切都不一样了——所谓命运，无非是这样一种东西：除了死亡的结果是你预知的，其他的一切，在没有发生之前，你都无法知晓，甚至一点先兆和口信都没有，但又必须硬着头皮去经历它。①

这种境况，是叙述者所面临的全新境况，她将面临之前从来没有遇到过的种种可能让她难以承受的态度、眼光和境遇。这种新状况，在关于周健、陈琳的描述中集中展示了出来。如小说所叙述的，在某种程度

① 邵丽. 我的生存质量[M]. 北京：人民文学出版社，2013：3.

上，敬川对周健是有恩的，周健职位的获得有赖于敬川的帮助。而陈琳和叙述者又是闺蜜，他们两家一度关系非常亲密。在敬川出事之后，周健本来有可能帮助到敬川——如果他把和敬川共同经历的事情向组织说清楚的话，敬川有可能无罪。但是，敬川出事后，周健和陈琳立刻远远地逃开了。他们害怕敬川的事情牵连到自己。这种行为当然也是这个世界上最为常见的一种生存法则的体现。显然，周健和陈琳并非个例，他们是带有广泛代表性的。甚至在某种程度上，我们每个人身上都藏着周健、陈琳的影子，如同叙述者在彻悟之后的自我剖析，当自己恼恨周健、陈琳的时候，自己原来对待一个曾经对自己有恩的落难的省领导夫人又是什么样的态度呢？

如果说叙述者之前和现实生活格格不入的话，那么敬川出事，让叙述者和现实生活的关系紧张到了极点。但是，就在这个极点上，叙述者突然呈现出对生活的更为深刻的理解。敬川出事，虽然让叙述者和生活的关系紧张到了极点，但是反过来，又促使叙述者认真思考生命、思考命运，最终放下这一切，放开往事，放开对当下最担心事情的紧握，敞开胸怀，以坦然的姿态面对生命，接受生命。受到重创，反而给叙述者一个重新思考的契机，她没有因此沉沦，陷入怨天尤人的境地，反而在这样的状况下，浴火重生，放下执念，获得了心灵的解放。因为放下，所以能坦然地面对敬川出事之后带给她的一切，甚至把这当做生活的恩赐，呈现了豁达高远的心灵指向：

> 我，一个再普通不过的小女子，靠着一点天分和努力，该见识的都见识了，该得到的也都得到了，还能对命运祈求什么呢？没有读过万卷书，万里路却是早已行过；没有惊天地泣鬼神的遭际，但也不是不声不响偷偷地品尝生命的滋味。剩下的事情也都有剩下的办法：我最为担忧的母亲，有妹妹悉心照顾；过去令我百般不如意的女儿，经历过家庭的这次劫难，竟是如此的成熟。
>
> 至于敬川，我相信他在任何情况下都会有自己独特的人生——

如果我对女儿的爱无法表白，那我对他的爱现在则是脱口而出，我想让所有的人都知道我们正是因为有爱才有坚实的今天和未来。回首往事，只有经过生命中的那道窄门，才能体会到生活中的细枝末节所蕴含的意……①

归根结底，面对生活斤斤计较的生存姿态，就本质而言，不是热情地拥抱生活，不是和生活和解，而是要和生活较劲，要和生活赌气。当然，很多成功人士的成功可能也来自这种对生活不服输、不认输的较劲心态。但是，对于一个生存的个体来说，这种较劲其实让他失去了很多生活的乐趣，无法以平和优雅的姿态来面对自己的生活。这样，即使他可能通过和生活较劲获得了很多，但与此同时，也会失去很多。就如同小说中的叙事者，在对丈夫感情的疑神疑鬼中生活，即便她最终保住了和丈夫的婚姻，但是，这种婚姻最终也会在她的疑神疑鬼中变质，变得徒有其表而失去其中最为纯真的感情。只有以豁达的姿态面对生活，放下心心念念不能忘怀的东西，生活、世界才会向我们呈现其阔大多元的景象。其中最重要的是，找到最适合自己的生命存在方式。

2017年邵丽发表的小说《大河》就写出了叙述者关于生命的纠结和认知。小说中的叙述者“我”在和丈夫结婚之后面临着一系列的问题，她深爱自己的丈夫和孩子，但却又和自己的婆婆在生活的各个方面都有着矛盾，她靠着隐忍和克制才保证了婆媳之间的和谐。相比她生活的隐忍和沉重，她的朋友林鸽是一个相当自由、洒脱的存在，无论是在婆媳关系上还是在夫妻关系上，林鸽都处于主动地位。在这个时候，叙述者又发现丈夫似乎有了婚外情。愤怒之下，叙述者开始了和丈夫的冷战。但是，冷战带来的不是快乐，原本家庭中，和丈夫、孩子之间温暖的亲情被冷漠代替，每个人都开始小心谨慎，甚至包括孩子。在这个过程中，通过和婆婆的交流，叙述者终于放下了心结，她发现，生活的本质不是

① 邵丽. 我的生存质量[M]. 北京：人民文学出版社，2013：293-294.

在于每个人的生活都一样，或者说有一个生活得特别好的模板，关键是“每个人都应该找到更适合自己的那个自己”。显然，这也是作家对于生命经验的另外一种把握和认知。

当然，与生活和解，把生活中所有的苦难、挫折都当作糖果来品尝，并非意味着软弱，意味着对生活逆来顺受。事实上，这只是一种面对生活的姿态，一种豁达的心态，它还包含着一种面对生活的韧性和坚强。邵丽的小说《赤足走在田埂上》，把这种生活的韧性和刚强非常形象地呈现了出来。《赤足踏在田埂上》发表在《芒种》杂志 2014 年第 2 期，是《我的生存质量》出版之后的一篇小说，在笔者看来，这篇小说在某种程度上是作家对《我的生存质量》中所表达的对生活理解的一种延伸或者补充。小说描述了一位聪明的女性面对生活的态度。这位女性在和丈夫共同生活期间，她的整个生存姿态是柔软的，以自己的柔软衬托丈夫的刚强，把家庭经营得十分幸福。当外面传满了关于她丈夫有情人的风言风语时，她选择了信任丈夫。但是很不幸，因为她丈夫经营的事业被人嫉妒，遭人陷害，最后被公安机关逮捕并判刑。在这样的重大打击面前，一向刚强的丈夫软弱了，劝她放弃他原来经营的事业。她虽然也遭遇了挫折——在丈夫被判刑之前多方奔走但最终没有奏效，但她仍然坚决地要把丈夫的事业进行到底，即使面临很严酷的竞争。这部小说的结尾也富有深意。女子在清明节时去祭奠逝去的父母。在往回走的时候，她发现自己的一只鞋跟在田垄里崴掉了。于是，“她索性把鞋子脱下来，在手上提溜着。赤足踏在田埂上，春天的土地凉凉的，软软的，让人有说不出的熨帖和伤感。那时候她觉得，就是没鞋穿也没什么大不了的。真是没什么大不了的”。这段话显然富有隐喻的气息，没有鞋穿光脚走路没有什么大不了的，既指向了当下的现实场景，也隐喻了女子的现实境遇，以及她对现实境遇的态度。小说中的女子在此时遇到了她人生中最重大的困境——丈夫因陷害入狱，丈夫曾经的生意伙伴开始掠夺他的财富，毋庸置疑，这样的生活不像糖果一样甜。可是，关键是女子的态度，她没有在问题和困难面前退却、倒下，也不是以逆来顺受的姿态在严酷的生活面前束手无策，而是以坚强的姿态面对苦难的生活，面对考验。而且，在面对这样严酷的生活考验时，她的态度也是轻松的，即便没有鞋穿也没有什么大不了的。显然，这是《我的生存质量》中作家所表达的生存理念的一种延续或者补充。面对生活，不是放弃抗争，把苦难的生活想象成糖果，从而自欺欺人地咽下去，而是勇敢地直面生活中所有的问题和残酷，把这所有的苦难都当做生命的恩赐，以面对糖果的姿态，勇敢地咽下这所有的苦难。

无论是早期小说中对夫妻两性情感的强调，还是近年来对个体与命运、个体与他人关系的认知和表达，邵丽的这些小说都在强调一种生命存在的经验认知。通过这样的书写，作家呈现出了她关于生命的理解，关于生存的理解。

无论是对当下中国经验的总结和表达，还是对个体生命存在方式的感悟和认知，其实都和邵丽的写作立场密切相关——她一定是要关注现实的，她的作品一定是要指向现实的。邵丽自己曾经说过："一个时期以来，我一直尝试用各种文体写作，尝试着离真实的生活远一点，更深地潜下去，不暴露作者的面目和思想。但我觉得我的尝试失败了。我是吃着现实主义的面包长大的，而且甚爱这一口儿，我一直深信略萨说过的另外一句话：'文学是人们为抵抗不幸而发明的最佳武器。'但是，在当今的语境之下，一个作家并不比刘万福们更有能耐，谁能逃离自己的'文化模板'而恣意独舞呢？"①

现实主义的面包影响着邵丽选择了现实主义的写作指向。对个体生命经验的总结、对人的精神世界的关注，指向的是对人性隐秘的探索；对底层的关注、对官场的书写，指向的则是对这个社会的认知。简言之，邵丽的自白其实是在表明她的写作立场：她的作品一定是从现实中生发出来的，也一定是对现实的回应，她的写作是一种及物的写作。毫无疑问，邵丽的作品也证明了，永远指向现实、永远针对现实发言并力

① 邵丽. 玉碎[M]. 郑州：河南文艺出版社，2013：102.

图对现实作出某种回应，是她一以贯之的写作立场。正是对现实主义立场的坚守，邵丽的创作才会孜孜不倦地阐述着时代中国经验、个体生命经验，呈现出她对时代、对个体生命的最本真的认知。

第三节　乔叶：小说与经验

传统现实主义中所谓“小说就是对现实的反映”这种观点，在当下似乎已经越来越多地受到作家们的反对了。以《洛丽塔》蜚声世界的大作家纳博科夫曾说：“我们应当时刻记住，没有一件艺术品不是独创一个新天地的，所以我们读书的时候第一件事就是要研究这个新天地，研究得越周密越好。我们要把它当做一件同我们所了解的世界没有任何明显联系的崭新的东西来对待。”①“文学是创造。小说是虚构。说某一篇小说是真人真事，这简直侮辱了艺术，也侮辱了真实。其实，大作家无不具有高超的骗术，不过骗术最高的应首推大自然。”②中国作家王安忆也强调：“小说不是直接反映现实的，它不是为我们的现实画像，它是要创造一个主观的世界。”③相较于传统现实主义中认为某部作品是对现实的真实反映之类的观点，这种看法在认知上毫无疑问是深入的。但是，这并不意味着文学与现实无关，事实上，文学作品和作家的经验密切相关。或者在某种程度上可以说：文学作品都是作家经验的产物，都和时代现实息息相关，都是在作家个人经验和时代经验的基础上腾飞起来的。

一、时代经验影响下的文本表达

从广义的角度，现实几乎无所不在地笼罩着文学。一般我们可以认

① ［美］纳博科夫．文学讲稿［M］．申慧辉，等，译．北京：生活·读书·新知三联书店，1991：1.

② ［美］纳博科夫．文学讲稿［M］．申慧辉，等，译．北京：生活·读书·新知三联书店，1991：4.

③ 王安忆．小说课堂［M］．北京：商务印书馆，2012：5.

为，脱离现实的文学，和时代脱节的文学，往往是没有价值的文学。米兰·昆德拉曾经用一段形象的语言表述了时代、现实对于文学产生的巨大影响，“堂·吉诃德起身进入一个在他面前广阔敞开的世界。他可以自由地外出，也可以在他高兴时回家。早期的欧洲小说都是些穿越世界的旅行，而这个世界看上去无边无际……他们生存于一种没有始终的时间和没有边界的空间之中，介身于一个前程未可限量的欧洲之中。……在巴尔扎克笔下，这条遥远的地平线已经像一片风景一样消失了。它消失在那些现代组织和社会制度(警察、法律、金钱和犯罪的世界、军队、国家)背后。在巴尔扎克的世界里，时间……已经动身乘上了被称为历史的火车。这列火车坐上容易，下来就难了。……再往后，对爱玛·包法利来说，这条地平线缩成了一点，看上去像是道屏障，历险是那屏障之外的事，从而渴求变得不堪忍受。外部世界失去的无限性被灵魂的无限性取代”①。昆德拉形象地展示了小说和时代、现实的关系。现实社会的发展、社会制度以及种种精神现象都在对时代的小说造成深刻的影响。所有的小说都带有特定时代的烙印。当然这种时代的烙印未必是作家自觉的，而不过是作家对生活的一种本能观察。正如昆德拉所说，从爱玛·包法利以后，外部世界的冒险对于小说来说已经成为历史，之所以如此，不是因为作家自觉地扬弃传统的外部世界冒险小说，而是因为现代发达技术已经消除了所有外部探险的空间，剩下的只是对人类自我灵魂无限性的探索。不需要从塞万提斯到福楼拜那么长远的时间跨度，其实很短的时间距离都会在不同时代作家的文本中有清晰的表现。这种时代经验对小说家的影响，王安忆曾经做过一个有趣的比较。王安忆以出生于20世纪50年代的河南作家李佩甫发表于1990年的作品《无边无际的早晨》，出生于20世纪60年代的作家王大进发表于2003年的《远方的现实》，以及出生于20世纪70年代的河南作家乔叶发表于2004年

① ［捷］米兰·昆德拉. 小说的艺术［M］. 唐晓渡，译. 北京：作家出版社，1993：7-8.

的《紫蔷薇影楼》为例，分析了时代与个人经验对于小说的影响。王安忆指出，《无边无际的早晨》通篇都在写一个“恩”字。围绕这个“恩”，小说展现了中原腹地淳朴的乡村人际关系，小说中的人们虽然物质生活条件很苦，但是还带有强烈的精神浪漫性。但是在王大进的小说中，在描述一对原本幸福，却因为物质条件而最终分崩离析的夫妻时，女主人公姚美芹虽然有伦理焦虑，但还是做了老总的二奶，其丈夫虽然明知妻子是别人的二奶并感到屈辱，但是又因为需要妻子带回来的钱而假装不知，“壮烈的悲剧被零割了，割成琐碎的世俗故事。新时期文学中那些旷世的激情场景不再有了，取而代之的是尴尬人生”①。而在乔叶的《紫蔷薇影楼》中，《远方的现实》中女主人公的伦理焦虑完全消除了，小说主人公刘小丫做了五年小姐，做小姐于她并不是难堪的，或者随时会遭受良心谴责的，事实上，在回归日常伦理生活之后，她还时常留恋做“小姐”时期的快乐时光。相比较王大进笔下的姚美芹，这是另一个截然不同的人物形象。对于这种差距，王安忆做了分析，“乔叶写作的年代，新时期文学已经走过一系列思想解放阶段：伤痕，反思，寻根，先锋——文学与政治意识形态的关系松弛下来，脱缰掉头，从某种程度上，似乎与五四新文学接上了轨。作为女性写作者，因历史身份的遗存，处于边缘的位置，先天与社会主流保持距离，心理上就有更大的自由度，所体察的世态人情也有可能更加切入肤表，进入核心”②。换言之，从姚美芹出卖肉体需要承担道德伦理的重负，到刘小丫反而时常回忆做“小姐”的快乐生活，这种巨大差异来自作家现实生活体验的差异。20世纪70年代出生的乔叶比20世纪60年代出生的王大进更多地体察到了现代生活在这短短几年中带给人的巨大精神变化。时代经验与个人经验混合着来到作家的笔下，从而形成了王安忆所列举的几部文本之间极为有趣的差异。

① 王安忆. 小说课堂[M]. 北京：商务印书馆，2012：200.

② 王安忆. 小说课堂[M]. 北京：商务印书馆，2012：201.

很多小说文本往往不自觉地呈现了时代经验，反过来，作家在写作时，特别是在指向过去时代的写作时，往往也要强调对文本所表现的时代经验的真实描写。《断背山》的作者安妮·普鲁克斯在讲述《断背山》的写作和被拍成电影的过程时，特意说到她写故事之前做了一个调查："我和一位羊倌谈话，以便确认我所描写的 20 世纪 60 年代早期，可以有一对白人牧童看护羊群，这一点是符合历史事实的。"小说不是历史，没有对历史真相负责的义务，那么，作家为什么如此强调历史细节的真实性？这是因为，小说并非凭空捏造的虚构游戏，而是必须建构在时代经验基础上的想象空间。唯有建构在时代经验的基础上，小说才能建构起一套合理的虚构逻辑，从而满足挑剔读者的苛求。当然，对于优秀的作家来说，表述普遍的、众人皆知的时代经验还是不够的，他必须能够敏锐捕捉到大众还不清晰但又已经客观存在的时代经验，并将之表述出来。《红楼梦》之所以伟大，在我看来，其中一个很重要的原因就在于作者在封建王朝尚处于康乾盛世的时候，就已经看到了距离这个王朝不远处的衰败。在这方面，乔叶是一个对时代特殊性极其敏感的人，她的很多小说就表现了这个特殊时代的独特中国经验。例如，在《人民文学》推出"非虚构"文本的时候，乔叶就全方位地描述了河南一个城市在拆迁时政府与村民双方博弈的过程，大胆而独特地呈现了这个时代这个国家最为独特的一种社会样态，同时，也展示了这个时代知识分子的精神历程。

就以上述的《紫蔷薇影楼》来讲，虽然描述女子为了生计或者为了更好的生活而卖身的小说在当下并不少见，但这些小说大多具有特殊的底层文学气质，力图呈现生活的某种无奈。乔叶却避开了这个关于底层的话题，她关注的是这个时代女性关于性道德方面的伦理价值观的变化。刘小丫本来也可以不做"小姐"，她可以在工厂做工，后来也通过陪人观光挣到收入。但是，在金钱的刺激下，刘小丫还是入行做了"小姐"——这个转变并不难。乔叶没有把她写得悲愤压抑，而是很简单——小丫认识到："想当初在中山保安的骚扰她都受得了，为一个月八百块钱！"那么现在有更大价码的情况下，为什么不可以出卖呢？更何况，小丫有现实的生活压力，“虽然上面有两个哥哥，可她知道那都是靠不住的，成了家越发看出来了。末了还得她贴着心给爹娘养老送终。想到爹娘小丫就干得分外敬业，一点儿含糊也没有。用爹娘给的身体去挣钱，既能给自己攒个本儿，等到将来爹娘七病八痛的时候，也能放开手脚尽尽心，她觉得这也是一种孝顺”。有这样一个经历做铺垫，一切转变似乎都顺理成章了。刘小丫做“小姐”很愉快，当然也是在很小心的情况下。后来刘小丫之所以回到正常生活状态，并非对“小姐”生活的极度厌倦或者被压抑，而是出于现实的生活考虑。首先，做“小姐”是青春饭，这个生意做不得一辈子，没有谁一辈子称作“小姐”的；其次，无论到哪里，这都是一个不体面的行业，所以这一行必须在外乡做；最后，做“小姐”安全系数低，有患病的可能——小丫当机立断放弃“小姐”生涯，就是被一个小姐妹突然患病死亡给吓住了。虽然小说中的刘小丫从来不后悔自己的“小姐”生涯，“没有那段资金积累，她就不会有今天。她不后悔”。但是，刘小丫还是为这段生活付出了代价，比如说，她失去了寻找爱情的权利——她找的丈夫不是她最喜欢的，而是她看中的能和她一起过生活的。可以说，刘小丫做“小姐”是出于现实生活的考虑，不做“小姐”，回归正常生活状态也是出于现实生活的考虑。小说展现了在缺乏父荫依靠而又想要过上理想生活的情况下，这一代人是如何完成人生最初资本的原始积累，同时也呈现了这个时代性道德伦理观的变化，以及实际、实利的风气是如何深刻地影响着我们的生活。这是对我们这个时代特殊经验的深刻表达。

二、个体经验与文本独特性的建构

对于小说家来说，时代经验是极其重要的，可是个人经验同样不可或缺。复杂的时代可以带给人更多的感受和经验，从而刺激作家产生更好的文学作品，所以，中国古代有“国家不幸诗家兴”的说法。王安忆也强调中国当代文学最宝贵的特质是生活经验：“这是不可多得，不可复制，也不可传授的写作。它源自中国社会的激烈变革，每个人置身其中，共同经历着起伏跌宕，这就决定了新时期文学的写作者多是有着丰富的阅历……中国新时期文学传统中的作家，就像是一片肥田，水土特别丰饶。”①毋庸置疑，复杂多变的时代给我们的日常生活带来了更多的戏剧性，也更多地冲击着我们的思想。但是，这并不意味着生活在一个复杂、变革时代的作家天然就可以成为优秀的作家。的确，丰富多变的时代变革能够带给作家很多创作冲动，但是这也需要作家具备提炼生活经验的能力。如果作家缺失了深入体验生活的能力，就无法认识到这个时代的复杂性，自然也就无法表现出这个时代的复杂经验。同样，对于优秀的作家来说，他总是能从普通的日常生活经验中提炼出自己的独特感受，从而在文本上呈现出自己复杂的生活经验感知。在优秀作家笔下，这种可能和时代的复杂性无关的个体经验感知，同样可以具有打动甚至震撼人心的力量。

当然，和其他文体相比，小说、诗歌在表述个人经验方面有其特殊性。这种特殊性就在于，小说、诗歌更强调表达的含混和暧昧性。与其他应用性文体以及散文要求中心突出、主旨明确不同，小说像一个贵族一样拥有特权——它的表达可以是，或者说最好是含混的、暧昧的、不清晰的、语焉不详的。它可以表达一团迷雾、一种语焉不详的感觉，而没有明确指出这种感觉、这个迷雾究竟是什么的义务。其实，这种表达在相当大程度上切合了我们对这个世界的认知。在生活中，我们的世界的确有很多时候，对很多事情，或者生活本身的认知就是一种感觉，一种萦绕于胸却又无法清晰表达的东西，一种含蓄而氤氲的氛围。当其他文体要求我们必须对生活做出某种清晰表达时，虽然我们可以做到，但是这样做的后果是，我们那种含蓄复杂的感觉被阉割了，很多氤氲不明的东西在我们做出清晰表述的时候被切割掉了。这其实是另一种语言的不精确。但是，小说和其他文体的要求不一样，小说就是要表现这些无

① 王安忆. 小说课堂[M]. 北京：商务印书馆，2012：186.

法言明的模糊感知。事实上，如果一部小说的主旨可以用一句话、一个词来清晰地、完全地概括和表达的话，我们可以断言，这个小说一定不是优秀的小说。如果一个作家的作品总是可以用一句话完全概括其主旨，那么这个作家显然也不适合做一个作家。诚如昆德拉所言，小说就是要告诉人们，生活比你想象的要复杂。从这个角度而言，一般来说，指向历史的小说相比指向当下的小说更不容易写好。因为小说的写作需要经验，就像安妮·普鲁克斯一定要强调在20世纪60年代确实有白人羊倌存在，才能开始写《断背山》一样，作家指向一段历史之前，需要先获得这个时代的基本经验。但是，这对写好一部小说来说还远远不够。事实上，在具体的写作过程中，作家还需要把自己代入那个历史时期，设身处地地以自己的生存经验为基础，感知那种环境下人面临很多事物的反应。虽然人性是共通的，但是中间隔了几百年、上千年的历史，作家即便能让笔下的人物在他的那个时空得体地活动、思考和说话(其实这个过程已经代入了作家的个体生活经验)，但是这些人物的行为和语言往往会显得过于明确和单一，作家无法产生当时那个历史空间中当事人对周围事物、生活的那种无法言明的含蓄模糊的生命感觉。这往往导致历史小说的主旨过于鲜明，但是却缺乏更丰富、更耐人咀嚼的东西和感受。

乔叶的文笔是琐碎的，不厌其烦的，颇适合表达那种氤氲不明的东西。在我看来，乔叶最好的小说当属《最慢的是活着》和《打火机》。它们之所以好，就在于表达出了特殊的、无法用简单语言概括的，但是又和很多人共通的，那种复杂、暧昧的人生经验。《最慢的是活着》是乔叶获得鲁迅文学奖的一部中篇小说。这部小说似乎和时代大潮无关，变革的、复杂的时代仅仅是一个故事背景，故事就静静地在“我”和奶奶这祖孙二人之间展开。小说中的祖母有重男轻女的思想，所以，作为女孩子的“我”从一开始似乎就不被祖母喜欢，小时候“我”和祖母的关系是对抗的。但是，随着“我”成长，当“我”成为一个成年女性，在外边经历了委屈压抑之后，“我”开始越来越理解祖母，后来开始自觉地按照祖母的建议行事——比如找女婿，开始和祖母建立了微妙而又亲密的关系，直到祖母去世。小说从“我”小时候敌视而又不自觉地依赖祖母写起，直到成年后更加理解祖母，成为祖母能分享女性隐秘经验、带有亲密朋友性质的贴心亲人。小说没有跌宕起伏的情节，整部小说似乎只是叙事者对着读者娓娓道来，叙说她的祖母，讲述她和祖母关系的变化，讲述她对祖母认知的深入，讲述她和祖母之间的祖孙亲情。祖母经历的几十年光阴和祖母与“我”之间关系的微妙变化，就在这叙述中静静展开。在这展开的光阴中，有历史的动荡和变革，有血亲关系的复杂心理感受，有生命的承续，有对命运的承受，有生命的坚韧与豁达，也有女性之间秘密分享的生命隐秘体验。它能带给我们很多东西，但我们似乎又难以用简单的语言将之概括出来。

相对来说，《打火机》的主旨似乎更加纯粹一些，讲述的是女性的成长与变化。小说中的余真虽然是一个女孩，但是从小就很野，还和8个男孩组成了一个所谓的“九英党”，整天勾肩搭背，还学会了喝酒，活脱脱一个小太妹。但是，在她十六岁那年，生活发生了变化。一个晚上，在回家的路上，她被强暴了。经历了突发事件的余真，把这件事埋在了心底，但她开始发生变化。她退出了“九英党”，开始勤奋学习，发誓要考上一个很远很远的大学，深深埋葬过去的一切。考上大学之后，她的风格和之前截然不同：长发披肩，长裙飘飘，穿“淑女屋”“素衣坊”风格的衣服……见人时嘴角微微上挑，笑不露齿。最生气时也只是用手端着下巴，绝无恶声。她举止优雅，言语明净，安恬祥和，细腻体贴，诚挚可靠，能迅速赢得大多数人的信任。她结婚之后，因为所有得体、聪明的举动，职业顺利，家庭幸福。她所有的过去，她所有的野和坏，都被她隐藏起来，连她丈夫也不知道。但是，乔叶写了一个意外事件：她到北戴河休假，遇上了他们系统省里最高领导胡厅长，而胡厅长偏偏是一个拈花惹草的高手，他偏偏看上了余真。而且，他一眼就看出了余真在表象的清纯背后的野和坏。于是，他开始挑逗余真，余真则艰难地同时与胡厅长以及她身体内部潜藏着的“坏”做着斗争。这部小说关注的是女性的成长心理体验，看上去似乎相对简单一些，但在这个相对单纯的主旨中，乔叶其实也写了太多的暧昧不明的东西，比如女性的隐秘体验、女性的成长、男权社会中女性内心的疯狂以及本能的压抑，等等。

毫无疑问，《最慢的是活着》和《打火机》这两部小说基本和时代经验无关，更多的是一种个体经验的表述。但是，无论是个体经验还是时代经验，其实都是作家经验在文本中的表达，当然也不能截然区分开来。因为，时代经验往往借助作家个人经验体现出来，而作家的个人经验也或多或少带有时代的影子。所以，作家的写作离不开经验，但重要的不是表达时代经验或是个体经验，而是呈现经验的复杂性与共通性。《最慢的是活着》和《打火机》之所以优秀，就在于它们呈现出了经验的复杂性与共通性。在这方面，乔叶显然有她的理论自觉。无论是个体经验的表述，还是时代经验的表达，她总是在特意强调经验的复杂性，即便如《拆楼记》这样文学艺术性相对较差、社会纪实性相对更强的非虚构小说，乔叶也力图写出社会和个体的复杂性。小说围绕拆迁，把农民的诉求与利益，官方的意图与困境，以及当事官员的压力与纠结都呈现了出来。在这个事情上，乔叶没有写出绝对的黑与白，而是写出了众多利益纠缠的灰色地带，从而也呈现了相关当事人精神的灰色地带。即便是《紫蔷薇影楼》这部带有很强时代印记的小说，乔叶在呈现时代复杂精神嬗变的同时，也指向了人性自身。小说中的刘小丫，在被一个当年的嫖客窦新成认出来并胁迫着发生性关系后，“她也才知道：自从遇到窦新成之后，在心里的最深处，原来自己也很想。往事一幕幕被挑开了，一场场的疯狂，一场场的无耻……”人性的黑暗面和复杂性在这里被乔叶无情地剖开了。

小说和经验密切相关，这是因为小说的构思往往来自作家的生活经验。可以说，没有经验就没有小说。同时，在小说书写过程中，经验也对小说的成败极其重要。无论小说的最终指向是什么，都要从紧贴现实的经验出发，一层层逻辑推进，达到最终目的。经验就是小说想象空间腾飞的基础。同时，在具体的书写中，小说中人物的语言和行为，都与现实经验有着密切的联系。我们都有现实经验，但能否把这些经验转化为小说，转化为优秀的小说，就是衡量一个人能否成为一个作家，能否成为一个优秀作家的重要区分点。优秀的作家总是能够敏锐把握到时代的独特经验，能把自己体悟到的复杂暧昧的经验含蓄蕴藉地表达出来。在我看来，乔叶就是这样一个优秀的作家，经验在她笔下绽开了驳杂绚烂的花朵，摇曳多姿，光彩夺目。

第四章

时代、社会与叙事选择

第一节　张一弓：时代变迁中的“变”与“不变”

20 世纪 80 年代初，张一弓凭借他的中篇小说《犯人李铜钟的故事》强势登上文坛。之后，他又创作了《张铁匠的罗曼史》《春妞儿和她的小嘎斯》《黑娃照相》等一系列小说，连续获得全国优秀中篇、短篇小说奖。可以说，张一弓刚登上文坛，便产生了巨大的影响。不过，很快他便沉寂下来。在 80 年代后期，他虽然也发表了几个中短篇，但是都没有产生很大的影响。一直到新千年，他出版了长篇小说《远去的驿站》，重新宣告了当初那个优秀作家的归来。不过，观看《远去的驿站》，我们会发现，这部小说在写作手法、表达内容等方面，和 20 世纪 80 年代初期张一弓那些引起重大反响的小说已经有了巨大的不同。如果我们把张一弓在 80 年代的创作作为他创作的开端，把他的《远去的驿站》作为他创作的结尾的话，我们可以发现，在这时代的变迁中，张一弓的创作既有他一开始的坚守，也有最后的超越。今天，我们在拉长的时空中重新审视张一弓的创作历程，审视张一弓创作中的“变”与“不变”，或许也能帮助我们更好地理解作家创作与时代的关系。

一、时代变迁与张一弓的求“变”

新时期伊始，张一弓凭借《犯人李铜钟的故事》等一系列直击社会问题、书写当下社会状况的小说冲上文坛，并且迅速成为当时代表性作家之一。但是，正如有论者指出的：“等待着‘文革’后主流文学作家的，并非一条铺满鲜花的大道通衢。随着时代的前进和历史的转折，他们将不得不面对探索文学和通俗文学的双重挑战，不得不在革命传统和历史失误、文学创新和流行时尚、大众需求和审美惰性之间做出审慎的分辨和艰难的选择。”①具体来说，张一弓是在新时期的第一个文学浪潮中一举成名的，他的写作立场，艺术表达方式、表达内容等都非常符合第一个文学浪潮的要求，这也迅速把他推向了当时文学的潮头。但是，文学的变革是迅速而猝不及防的，随着新时期第二个文学浪潮——“八五”文学新潮的到来，张一弓被突然出现的文坛新秀挤出了文坛的中心。这当然也意味着，张一弓遇到了巨大的艺术挑战——他所习惯的艺术创作方式似乎突然落伍了，而改变自己的艺术创作方式从来都不是一件简单的事情。对于自己遭遇的困境，张一弓很早就意识到了，并且也开始认真思考，试图做出改变，“他在认真地思索，想百尺竿头更进一步，将自己的创作提高到一个新的高度。在苦恼中思索，在思索中苦恼。‘我的写法是否过时了？是否文学召唤了我又抛弃了我？是否时代变化太快，不再需要我为它呐喊了？’他又在怀疑和否定自己了”②。站在历史的高度，反观20世纪80年代初期文学思潮的变革，我们会发现这里的确有明显的时代变革的影响。新时期伊始，旧问题亟需清算，新现象亟需关注，社会百废待兴，很多问题需要解决。在这个时候，实现社会变革的需求是压倒性的需求，社会上各个艺术门类都需要为这个问题服务。而且，文学艺术为社会变革服务不是某一个机构硬性的命令，而是社会全体民众自发的要求。这也是为什么20世纪80年代初期一篇小说可以引起社会轰动的原因。张一弓的小说聚焦于社会问题，急切地表达着作家

① 曹增渝. 用激情和理性浇铸当代英雄——兼论张一弓对主流文学的意义[J]. 小说评论，1992，8(4)：29-34.

② 张宇. 张一弓的命运之神[J]. 中国作家，1985，1(2)：207-208，213.

对过去问题的批判，对新生活的向往，以及对当时社会问题的关注和分析，这种书写正好切中了时代的脉搏，所以，那个勇于承担、富有英雄主义气息的“犯人”李铜钟才能引发全国众多读者的共鸣。但是，随着社会的发展，文学也慢慢地要归位于文学本身，社会对小说的社会性要求逐渐弱化，而对小说的艺术性要求则不断上升，这也就导致张一弓的创作不知不觉中偏离了时代的中心。简言之，张一弓没有变，但是时代发生变化了，于是，张一弓就落伍于时代了。要想赶上时代，张一弓必须对自己的创作作出必要的变化。

张一弓的创作历程，就是他不断求变的过程。张一弓做出的第一个改变是创作导向和叙事话语的转变。为什么写小说？对于张一弓来说，这原本并不是一个问题。他一开始就非常清晰地确定了自己写作小说的动机，那就是为社会服务。“我不是说，我在每一篇习作中都要表现重大的社会矛盾冲突，并在这种矛盾冲突中塑造出英雄人物和社会主义新人的形象，但在我的创作指导思想和总的倾向上，我将尽力掌握生活中的美、丑对立及其在斗争中互相消长的辩证法。”①从张一弓的表述中，我们可以看到，他明确地把自己的写作和社会需要勾连起来，即自己的写作就是为了表达社会重大现实。所以，对于他来说，把握好社会重大的矛盾冲突，并且有正确的立场，就是写好作品的首要前提。对于创作中社会价值和艺术价值的关系，张一弓也做出了自己的选择，他说：“生活是至高无上的权威。如果一定要对文学从属于什么的问题作出毫不含糊的回答，那么，我会毫不迟疑地说，文学从属于生活。这儿所说的生活，是人民群众创造历史的社会实践。”②从张一弓的表述中，我们可以看到，“一是他对文学的社会价值关注超过对其审美价值的关注，二是他对表现社会生活和群体命运的兴趣超过对于表现个

① 张一弓. 听从时代的召唤——我在习作中的思考[J]. 文学评论，1983，25(3)：29-33.

② 曹增渝. 用激情和理性浇铸当代英雄——兼论张一弓对主流文学的意义[J]. 小说评论，1992，8(4)：29-34.

体心灵的兴趣”①。

对于所要表达的重大社会问题，张一弓也有一个集中的关注，那就是农村问题、农民问题。他对于表达农民问题有着强烈的使命感：“我从16岁就开始思考‘三农’问题……我要为改变当代农民的命运而呐喊。”②正因为有如此清晰而鲜明的立场，张一弓对自己的创作要表达什么、要呈现时代的什么，也有着清晰的把握：“我总在提醒自己：要追随时代的步伐，为正在经历着深刻变革的我国农村做一些忠实的‘记录’。如果说，《犯人李铜钟的故事》记录了我对我国农民一段严酷的历史命运的痛苦思考，那么，《赵镢头的遗嘱》则试图记述在新的历史条件下，我国农民表现出来的充满智慧和勇敢的历史主动性，他们对适合我国国情的建设社会主义农村新道路的发现，以及他们为了肯定自己的发现而进行的斗争；《张铁匠的罗曼史》《寻找》《瓜园里的风波》则是农民刚刚赢得一个新的历史命运，而又负载着旧有的历史忧伤的亦喜亦惧的心理状态的纪实；《黑娃照相》仅仅是一个即兴的‘人物速写’，写下了‘过去他身上留下的穷乏所形成的心理的和外表的印痕与被生活唤醒的对物质和精神的生活不断增长的需要之间的矛盾’，以及他对美好未来的确信；《流泪的红蜡烛》是迅速变动着的农村现实生活传递给我的一个使我喜悦而惆怅的新的讯息，这是一幅富裕和愚昧掺杂一起的色彩极不协调的图画，它反映着现实生活中新出现的物质生产有了较大发展而精神生活依然‘贫困’的矛盾……我还应当提一提《最后一票》，这个短篇是从政治生活的角度，记录了农民在民主革命时期曾经被唤醒的、此后都被遗忘了的、在新的历史条件下被重新激发出来的民主要求的第一声呐喊。”③

---

① 曹增渝. 用激情和理性浇铸当代英雄——兼论张一弓对主流文学的意义[J]. 小说评论，1992，8(4)：29-34.

② 苗梅玲. 孤独的身影与浪漫的灵魂——张一弓访谈[J]. 东京文学，2012(4)：23-30.

③ 张一弓. 听从时代的召唤——我在习作中的思考[J]. 文学评论，1983，25(3)：29-33.

一个作家，对自己的小说分别表现了哪些问题、回应了哪些社会关切，认知如此明确而肯定。这就非常雄辩地说明，此时的作家张一弓，首先是一个社会问题的认知者，是一个自觉把回应社会问题作为自己创作指向的写作者，更带有社会科学家的气质。而且，从张一弓的表述中，我们可以明显看到，在某种程度上，张一弓是以问题小说的姿态来面对自己的书写，也确实是把自己当做了时代的秘书，“巴尔扎克说过：‘从来小说家就是自己同时代人的秘书。’当我写了《犯人李铜钟的故事》以后，才不无惶恐地意识到，我是在力不从心地做着这样的秘书工作了。”①

把自己定位为时代的秘书，关注时代重大问题、关注时代变革中的重大事件，就成为张一弓创作的自觉选择。由于他很早就从事农村报道工作，对农民有着特别的关注和情感，决心为改变农民的命运而呐喊，所以，他对时代的重大关注又集中到了农民、农村问题上。以上可以说是对张一弓早期创作的一个简单归纳。我们也可以看到，新时期伊始，由于国家和社会层面对极左年代清算的需求，以及农村改革运动轰轰烈烈地展开，张一弓的这些基本创作指向与其对应的叙事话语正好与时代精神相契合，这也让他站在了时代的潮头。但是，随着“八五”文学新潮的到来，时代对文学的要求也在发生变化，对文学内涵的政治要求在减弱，对其艺术创新的要求在提高；对文学的社会价值的要求在减弱，对其文学价值的要求在提高。这样，在新的时期，张一弓原有的带给他文学荣耀的叙事指向，反过来成为他前进道路上的障碍。事实上，在20世纪80年代后期，张一弓就开始了自己艰难的文学转型之路，他先后发表了《死吻》《都市里的牧羊人》《夜惊》《孤猎》《黑蝴蝶》《都市里的野美人》等中短篇小说。这些作品和之前的叙事有着明显的区别。对于张一弓来说，此时叙事的转型不仅仅是叙事指向的改变，还包括叙事话语的转变。他在20世纪80年代前期发表的小说，采用的是“政治——社

① 张一弓. 听从时代的召唤——我在习作中的思考[J]. 文学评论，1983，25(3)：29-33.

会”话语，小说围绕社会热点事件展开。但是在“八五”文学新潮之后，文坛流行的是寻根文学、现代派小说、先锋小说，这些小说的叙事话语都明显脱离了既往的“政治—社会”话语范畴。所以，对于张一弓来说，小说叙事的转变同时包含着创作导向和叙事话语的转变，这显然并不是一件容易的事情。事实上，张一弓所遭遇的问题，也是当时他那一代作家所遭遇的普遍性问题，这些作家在80年代中后期成功完成话语转型的，并不多见。对于自己的创作困境以及自己面临的问题，张一弓有着清晰的认知，所以，在进行新的艺术探索的时候，他才会说自己“如同一个胎位不正的产妇”，正经历着“难产的折腾”。① 的确，张一弓在当时经历了难产的折腾，从20世纪80年代后期一直到新千年开始，张一弓也就创作了上述有限的几篇中短篇小说而已。但是，经历了《死吻》《孤猎》《夜惊》等小说不是非常成功的叙事探索之后，我们发现，到《远去的驿站》，张一弓已经成功地脱离了原来习惯的“政治—社会”话语范式，以对生命的关注切入历史，去书写个体生命在历史风云中的沉浮。小说关注的是消失在历史尘烟中的普通个体生命，表达的是对个体生命的尊重，这和张一弓早期强调关注、书写社会重大政治事件相比，有着巨大的差距。

张一弓小说叙事做出的第二个变化是对小说艺术表达方式做出了自己的调整。张一弓早期的小说颇受欢迎，这和他小说的叙事方式密切相关。有论者分析了张一弓早期写作的特点：“他对生活中不同寻常的事件具有特殊的敏感和兴趣，善于抓住它们作深入开掘、提炼为起伏多变的戏剧性情节……构成张一弓小说戏剧性情节的矛盾冲突，常常是十分尖锐的。他喜欢把人物放在这样的矛盾冲突中来表现，他的作品往往一开篇就进入何去何从的抉择关头，并且很快让矛盾激化，使他的人物在生死攸关的关键时刻表现出精神上的强有力和高尚的道德情操，从而唤起读者的正义感和崇高感。”②这种书写方式让张一弓的小说带有很强烈

---

① 张一弓. 猎人在捕猎沉重的人生[J]. 中篇小说选刊，1988，8(1)：16-29.

② 刘思谦. 张一弓创作论[J]. 文学评论，1983，25(3)：20-28.

的戏剧化色彩，也能在短时间内引发读者的崇高感，从而对读者产生情感的影响。但是，这种书写也有其局限性，即可能会为了戏剧化效果的需要，影响人物塑造的合理性，从而影响人物形象的塑造。例如，之前很多文章都分析过的赵镢头之死这样一个情节安排。作家为了安排小说情节的高潮，给读者带来强烈的情感冲击，在小说结局安排赵镢头自杀。但是赵镢头并没有必死的理由，所以这个情节并不合理。这样的处理，显然就影响了赵镢头这个人物形象的塑造。另外，这种对戏剧化高潮场面建构的强调，也决定了张一弓的小说会采用一个封闭的叙事结构，因为只有在这样一个封闭的结构中，围绕一个核心的矛盾进行不断渲染，才能够建构出戏剧情节的高潮。但是，这同样会带来一个问题，即表达内容会受到叙事结构的限制，作家无法在小说中呈现更为丰富、驳杂的东西。

对于自己创作艺术上存在的问题，张一弓也非常清楚，他在谈及自己小说创作的时候，一方面强调了情节对他小说的作用："内容决定形式。在重大的社会矛盾冲突中反映不断变化着的现实生活，从而把批判精神与高昂理想结合起来的要求，使我不敢小视情节的作用。"但是，另一方面，他也意识到自己在这方面存在的问题："对特异事件和外部情节结构的偏爱，也无疑是我习作中的一个局限。它不仅限制了我在更为广阔的生活领域里选取素材的可能性，而且不能使我对人物的心理状态做出直接的透视，揭示人物内心的真实，这就损害了人物的丰满性和生动性。因此，在《黑娃照相》《寻找》等习作中……吸收西方小说中心理结构的方法，以打破这种局限……我也没有勇气离开外部的情节结构……"①从张一弓的表述中，我们可以看到，作家虽然意识到创作中存在的问题，但是却没有找到一种很好的具体解决方式，这也是张一弓之后陷入长期困惑和难产的原因所在。不过，从他的长篇小说《远去的驿

① 张一弓. 听从时代的召唤——我在习作中的思考[J]. 文学评论，1983，25(3)：29-33.

站》我们可以看到，上述小说艺术上存在的问题显然都得到了有效解决。在这部小说中，张一弓不再追求情节的戏剧化，而是煞费苦心设计了一个散文化结构，从而完成了对更为广阔的叙事内容的包蕴。张一弓自己说：“最大的挑战就是长篇小说用了散文的结构。我所要写的三个主要人物父亲、舅父、姨父的生活原型，在实际生活中是没有纠葛的……我又遇到了新的问题，就是必须用虚构的故事把本来无纠葛的三个人物纠葛起来……后来才想到，干脆不要这个撑起一部长篇的故事框架，就靠第一人称的作者用自己的回忆，而且用他童年和老年的两个视角来贯穿，这就是现在的散文化结构。”①《远去的驿站》的这种结构安排，让作家可以相对自由地在情节主线中安排更多的情节，从而涵盖更丰富、驳杂的生活，这是张一弓对他过去小说结构的一次有效突破。

事实上，完成从紧密围绕情节构建封闭的故事到打破封闭叙事结构这样一个叙事变化的，不仅仅是张一弓一个人。20 世纪 80 年代初期的小说叙事基本遵循的是经典现实主义叙事方法，强调在一个封闭的叙事空间内完成对一个完整事件的叙述。但是，随着现代主义等叙事方法开始对小说叙事产生巨大影响，作家们越来越多地意识到封闭的叙事空间会直接影响小说表达的广度和深度，所以，从 80 年代中后期开始，很多作家开始抛弃传统的封闭物理空间叙事。这种转型对于张一弓来说更为艰难，因为他之前小说的成功，都是建立在封闭叙事空间的构建之上的，而他在 21 世纪伊始的《远去的驿站》的成功，也说明了他艰难转型的成功。

总的来说，张一弓的写作有着强烈的理性色彩，他用理性来捕捉对时代具有重大意义的事件，并将之结构成小说。他的敏感、理性以及社会价值优先的文学立场，在新时期之初是他小说的优势，这个优势也成就了他以反思文学蜚声文坛。但是，随着时代的变化，曾经的优势反而

① 苗梅玲. 孤独的身影与浪漫的灵魂——张一弓访谈[J]. 东京文学，2012(4)：23-30.

成了他小说创作的劣势，成为阻碍他前进的障碍，张一弓在艰难跋涉中，终于超越了这些局限，并成就了新的自己。

二、求索中的坚守

张一弓并不是一个故步自封的人，虽然《犯人李铜钟的故事》取得了巨大的成功，但他并没有停止在艺术的道路上精益求精。有论者曾经指出张一弓早期小说变化的过程："张一弓创作的这种融汇倾向是渐次自觉发展的。《犯人李铜钟的故事》在政治思想上的开拓精神与艺术手法的循规蹈矩所造成的不协调，便是初期创作这种不自觉的标志；后出的《春妞》《流星》则显示了作家在艺术融汇上的长足进步……张一弓感知生活和表现生活的方式在悄悄发生变化。由单线条的自然主义的感知方式和叙述方式，逐渐走向立体的经验结构和叙述结构。"①如果说早期张一弓小说叙事的变化还局限于在"政治—社会"话语范畴内对具体叙事手法进行调整的话，那么在80年代后期，张一弓创作的《夜惊》《孤猎》等小说则完全脱离了"政治—社会"话语范畴，以一种带有寓言色彩的故事表达自己对社会的认知。所以，纵观张一弓的创作史，我们可以发现，它就是张一弓不断超越自己、不断发展变化的历史。不过，张一弓的小说书写也一直坚守着一些基本特质，这些特质既是张一弓前期小说成功的重要原因，也是他《远去的驿站》获得成功的关键。

张一弓的小说始终保持有英雄主义、理想主义情怀，这是张一弓小说的重要特质，也是他的小说总能带给人感动的重要原因。尽管《犯人李铜钟的故事》取得了巨大的成功，但是，这并不妨碍批评家们不断指出这部小说在艺术上的诸多缺失。至于《犯人李铜钟的故事》之后的作品，更是不断被批评家指摘。如有人认为，张一弓小说中的人物形象不够鲜明，"继'李铜钟'之后，逐渐忽视了人，忽视了有性格的人的塑造"。连《张铁匠的罗曼史》《赵镢头的遗嘱》这样的小说，人物也是有问

---

① 陈继会. 张一弓：寻找与超越[J]. 当代作家评论，1987，4(4)：98-102.

题的，“活动在这里的人物一个个仿佛提线木偶，任你呼之即来挥之即去”①。也有人指出，张一弓小说中的人物，“人物思想与性格的基调十分鲜明和强烈，然而却缺乏应有的性格的丰富性与复杂性，人物有足够的力度却缺乏丰富的内涵和精微的分寸感”②。应该说，这些分析都有其合理性，我们今天来重新审视张一弓早期小说中的人物塑造，的确存在一些问题，不过，这并不影响这些人物带给读者巨大的感动。无论是李铜钟，还是赵镢头、张铁匠、高山兰、郭亮、春妞，这些人物都有着引发读者感动的巨大力量。之所以如此，是因为作家成功地把自己的英雄主义和理想主义情怀嫁接到了他笔下的主人公身上。李铜钟勇于承担责任，宁愿冒着入狱的风险也要打开国库，取粮食给乡亲们的行为是英雄行为；赵镢头以死明志，用自己的生命为乡亲们的利益发出自己的呼喊是英雄行为；张铁匠不向命运屈服，不屈不挠地寻找自己的妻子，春妞儿拒绝命运的安排，冒着流言蜚语和各种困难坚持学开车走出自己的新道路，同样也带有英雄主义的气息。或许这些人都是普通人，但是他们一往无前的努力，毫不犹豫的坚守，无所畏惧的承担，都有着典型的英雄主义色彩，能够带给读者以感动。这也是张一弓小说虽然被诟病有概念化倾向，过于理性化，但依然具有打动人心力量的原因所在。

张一弓之后虽然在努力寻找新的写作道路，但是，这种英雄主义和理想主义的情怀却始终在他的作品中存在。他在创作转型期创作的中篇小说《孤猎》，表现了英雄的困惑，《夜惊》则暗示了民族英雄意识的退化，并表达了对此的悲哀。他的长篇小说《远去的驿站》虽然只是回忆历史中的一些普通人物，但这些人物身上也都带有英雄主义的气息。小说重点叙述的几个人物中，父亲是一位大学教授，也是一个典型的浪漫主义者和理想主义者，在全民族抗战的时候，他却执着地寻找流失在民间

① 周桐淦. 失去的和缺少的——读《听从时代的召唤》致张一弓同志[J]. 文学评论，1983，25(5)：57-60，26.

② 周桐淦. 失去的和缺少的——读《听从时代的召唤》致张一弓同志[J]. 文学评论，1983，25(5)：57-60，26.

的古典乐曲。他的行为不被人理解，甚至被公开谴责为“商女不知亡国恨，隔江犹唱后庭花”，但是他却始终坚持自己的选择。父亲或许是一个普通人，他没有成为一个抗战英雄，但是他对自己事业的坚守，让他具有了英雄主义的气质。大舅孟诚是一个国民党员，但并不完全遵守国民党纪律，而是成为共产党的同路人。他在抗日战场上奋勇杀敌，却不为任何政治集团所喜欢。他虽然为革命、为抗战付出了很多，最终却被自己信任的同志暗杀于乱草丛中。这个人物不是传统的英雄形象，还带有几分自由主义的气息，但是其精神也有英雄主义的特质。姨父贺胜则是主动参加革命，出生入死，小说还着重叙述了姨父三次与死神擦肩而过的传奇经历。姨父为了理想积极参加革命，无论是在精神上还是行为上，都符合英雄的要求。这三个主要人物，他们对自己选择道路的坚守，在国家危亡之际勇于承担责任，都让他们具有英雄主义的气息。另外，小说中的薛姨、王疯子等人物，也带有英雄主义和理想主义的气息。正是这种英雄主义和理想主义情怀，给这部小说增添了浪漫主义的因子，带给小说动人的力量。

张一弓小说中始终保有的另外一个特质是对社会、历史旋涡中个体生命的关注，体现了他积极入世、忧国忧民的创作立场。正如有论者指出的：“张一弓继承的是中国古典文学中积极入世忧国忧民的传统，‘五四’新文学中关心普通民众命运的人道主义传统……对于张一弓……来说，文学不只是一种审美创造，而且是参与社会生活的一种方式，是他的社会政治热情通过另一个突破口的宣泄和迸发。所以，张一弓常常‘心甘情愿地写一些可能速朽的文学’，甚至宁可把自己的一些作品称作‘一个驻队干部在八十年代初期的文学记录’。”①张一弓的这种文学立场在他早期的文学创作中表现得非常明显。他关于李铜钟的书写，关于赵镢头、黑娃、春妮儿的书写，固然有为社会的某种问题或者某种新动向

① 曹增渝. 用激情和理性浇铸当代英雄——兼论张一弓对主流文学的意义[J]. 小说评论，1992，8(4)：29-34.

发言的指向，是他参与社会生活的一个方式，但是，毋庸置疑，这些人物的塑造也表明了作家对社会变革中独特个体生命的关注和认同。这种书写是指向历史、社会中的个体生命，对之进行关怀的人道主义立场的表现。然而，张一弓的这种书写立场在“八五”文学新潮后受到一定影响。80年代后期，张一弓放弃了自己习惯的“政治——社会”话语操作，不去书写社会中的具体问题，不去针对社会中具体的某类人发言，而是创作了《夜惊》《孤猎》等明显带有寻根倾向的小说。《夜惊》讲述农民打窑洞打出来一个大禹的石雕。村民们不知道这是大禹，但是却都觉得这个石雕高大俊美，是理想的“人样”。但是，接下来，女人们由这个石雕的高大俊美而纷纷不满意自己的男人，男人则由此发现了自己的丑陋，并痛恨石雕，且砸碎了石雕。后来外村的石匠告诉他们，这是大禹的石雕，村民们又开始懊悔自己忘掉了祖宗。《孤猎》写一个曾经捉过200多只豹子的英雄猎手和一个寡妇相爱，可是他觉得这个是不对的，为了克制自己的欲望，他离开了寡妇，离开了这个地方，结果导致这个地方遭野兽肆虐。猎人得到消息后重新回到这个地方，却发现寡妇已经和一个只会打兔子的猎人离开了。失去爱人的猎人冲进狼群和野狼搏斗，最终被狼吃掉。从叙事风格来看，这两篇小说和张一弓既往的写作有着巨大的差异，其中虽然也包含有张一弓英雄主义的情怀，但是却缺少对时代、对社会影响下具体生命的关注。然而，这种书写更像是张一弓的一次创作实验，并没有成为他后续的写作方向。在《远去的驿站》中，我们发现，张一弓对普通民众命运的关注，对历史、时代旋涡中个体生命的关注这种叙事特点又重新回归。小说中的父亲、姨父、舅舅，以及王疯子、薛姨这些人，在历史动荡的年代做出自己的时代选择，为了民族的复兴而奋斗，然而，他们或者不被人理解，被人嘲弄，或者直接成为历史的牺牲品。这些个体生命在历史中的悲喜剧的展开，显然能带给读者更多的关于历史、关于人的存在的思考。

如果以《犯人李铜钟的故事》作为张一弓创作的起点，以《远去的驿站》作为张一弓小说创作的终点的话，我们会发现二者之间巨大的不同。但是，这巨大的不同不是一天形成的，而是张一弓在不断地变动、调整中，一步步完成的。从张一弓创作的坚守中，我们其实可以发现，张一弓最擅长、最有情怀的表达，依然是在历史、社会旋涡中的个体生命，依然是人和历史、社会的碰撞。这或许也说明了张一弓的文学立场，归根结底，他的文学是要表达人生的，是要为表达人生、社会服务的。

20世纪80年代初期，张一弓突然在文坛成名，并且产生了巨大的影响。但是，从80年代后期一直到21世纪，他似乎从文坛消失了，没有作品出现。张一弓的消失，自然和他担任作协主席以及创办《热风》杂志有关，但是，恐怕也和他没有找到最适合自己的小说表达方式，没有解决好自己的创作转型有关。从《远去的驿站》我们可以发现，张一弓已经成功地超越了自我，更新了自己的话语方式，让自己的写作进入一个新的境地。从张一弓的坚守与超越中，我们可以看到文坛大气候、时代变化对一个作家创作产生的巨大影响，亦可以看到一个优秀的作家在时代转型过程中，为了不落伍而做出的巨大努力。当然，从张一弓的坚守与超越中，我们也可以看到作家天然的气质与价值立场，最终决定作家前进的方向。

第二节　乔典运：在“小井”中映照国民性

乔典运以其文学创作而引起文坛瞩目，但我们必须认识到，在农民作家乔典运之前，先有一个农民哲学家乔典运存在。乔典运对生活、人性深刻而透彻的思考，使他的作品具有一种震撼人心的力量。

乔典运是一个农村知识分子，这个身份让他在极“左”时期大吃苦头。他曾描述过他当时的生存状态：“三十多年来，我一直在一个小村子里生活，与群众同欢乐共患难。多数时间里，我处于生活的最底层，比当时的四类分子的处境还要差得多……理所当然我成为打击的重点。我常说，全大队的四类分子应该感谢我，因为我承包了全大队的一切打击，才使他们得以幸免。”①这种生活给了乔典运无尽的苦难，也加深了他对乡土生活的体验与感知，使他“有机会认识了活生生的社会、认识了活生生的人。虽然……没有读过一本纸印的书，但却天天在读无字的书”。② 正是这“无字的书”，使他形成了对世界的看法和对生活深刻而完整的理性洞见。农民哲学家乔典运紧紧抓住了国民性批判的主题，并以自己的创作，构成了新时期文坛耐人寻味的“乔典运现象”。

一、从讴歌到批判

在新时期，乔典运的写作发生了很大的变化，但乔典运的写作并不是从新时期开始的。早在20世纪50年代初期，带着翻身农民的喜悦和激情，乔典运就开始了他的创作。在那时的作品中，他热情地讴歌土地改革、合作化以及公社化运动，讴歌新时代的各种新风貌。这些作品曾经给他带来荣耀，也成为他在“文化大革命”中遭受厄运的主要原因。虽然乔典运为他的这些作品付出了巨大的代价，但从艺术的角度看，乔典运这些作品的确没有太大的价值，正如有论者指出的，他的这些作品“题材面窄，作品里的矛盾冲突单一化，局限在先进与保守的斗争上。虽有对生活真实的记录，却缺乏对生活独特的发现；虽有动人的事件，却缺乏生动的个性刻画。他对生活的认识和评价，主要是靠事件去直接印证某一观念和政策，而不是用人物性格的塑造来体现新鲜的思想”③。当然，这不是乔典运一个人的问题，而是那个时代比较普遍的问题。当时，文艺创作与政治的关系被简单化理解，直接配合政治运动或者图解政治的文艺作品被解读为好的作品，这直接导致了当时创作的公式化、概念化，也影响了乔典运等年轻作家的文学认知。

极“左”年代所遭受的批判显然影响了乔典运对生活的认知，他所遭

① 乔典运. 乔典运文集(第五卷)[M]. 郑州：河南人民出版社，2016：111.

② 乔典运. 乔典运文集(第五卷)[M]. 郑州：河南人民出版社，2016：112.

③ 雷达. 对生活的独特发现——漫谈农民作家乔典运的创作[J]. 奔流，1980，24(4)：26.

遇的人性之恶、生活之恶，让他放弃了对生活的单调讴歌，而开始以审视的眼光来重新观照生活，观照人性，正是在这样对生活重新审视的过程中，一个真正具有文学价值的乔典运才逐渐凸显出来。在中国当代文坛，乔典运被公认为国民性批判的代表性作家，这是因为，乔典运在对生活重新审视的过程中，发现了人性中更多的复杂面，并将之呈现出来。真正成功的作家总能发别人所未发，拿出富有自己特色的东西。在新文学史上，鲁迅第一个塑造了被虐杀了精神的悲剧农民形象，赵树理率先塑造了新农民形象，描写了他们灵魂的觉醒和精神的解放。而乔典运则塑造了被扭曲了灵魂的农民形象。在看似表现历史倒退的人物塑造中，恰恰显示了乔典运对事物的敏锐洞察力。由于中国封建社会历史漫长，农民思想中的历史因袭重负不可能在短期内解除干净。赵树理写的新农民形象，也只是在特定时期，受革命影响被时代大潮挟裹前行的农民，他们思想中的封建因袭并没有真正去除干净。乔典运敏锐地发现了深藏于农民灵魂中的封建意识，实施了对国民劣根性的批判，表现了对扭曲国民性格的社会因素的警醒。在时隔半个世纪之后，他再次提出了改造国民灵魂、重塑民族性格的重要课题。从乔典运小说书写的过程来看，他对国民性批判主题的寻找经历了一个逐步深入的过程。

从乔典运的创作轨迹来看，他是在对极左路线进行深层反思的过程中逐步探寻到了这一主题。极左路线的盛行给国家、民族带来了深重的灾难，抛却政治因素，肯定有一些民族自身的弱点在里面推波助澜。在他探索的初期，乔典运把这些问题归因于个别坏人。他认为大多数群众是好的，只是由于少数坏人上蹿下跳，“一个老鼠坏了一锅汤”，才造成极左路线的盛行。这些坏人多为以权谋私的基层干部和农村的流氓无赖等，此时，作家笔下的好与坏、善与恶、正与邪都是截然对立的，抨击坏人成为他当然的创作指向。应该说，乔典运的这种创作思维模式还是以前思维模式的惯性滑动，作家虽然想尽力开掘主题，但由于没有找到合适的切入点，他只是在问题的答案上留下了一道浅浅的划痕，却无法破解它。

短篇小说《驴的喜剧》就是这样典型的二元对立模式。小说中有三个反面人物：油嘴猫、国舅爷、队长，正面人物则是德成和其他全体社员。这三个反面人物借极左路线之势把持了生产队的一切。小说的线索是驴的归属及命运，以德成得驴、失驴、复得驴的故事，展现了极左路线从盛行到消亡的过程。作家认为，极左路线能得以推行，显然与油嘴猫、国舅爷之类的农村无赖的推波助澜有很大关系，于是，他以犀利的笔锋来勾画这些人的丑态，对他们极尽嘲讽。由于对极左路线为何盛行及其危害的认识并不深刻，所以作家对问题的解决也持乐观态度。他把油嘴猫、国舅爷等农村无赖同极左路线划等号，把二者的命运也看成同步的，认为没有农村无赖之类的坏人，极左路线便无力推行，反过来随着极左路线的消亡，油嘴猫之类的害群之马也自然会失去他们的统治地位，那么一切也就变好了。于是，这一时期，作家创作的感情基调是明快的，对丑恶的讽刺也是嬉笑怒骂式的调侃，作品充满了对美好未来的展望。当然，此时乔典运对个体道德进行批判的小说，有一些颇有艺术感染力，比如小说《活鬼的故事》，讲述县委梁书记在“文化大革命”时被打倒，在极其困难的时候，需要一瓶香油做药引子。梁书记求助于他一手提拔的部下老金，但是老金这个时候紧跟着造反派走，冷冷地拒绝了梁书记的要求。而和梁书记素无交往的木匠夫妇，不忍心看到梁书记的遭遇，于是把自己藏起来的仅有的一瓶香油给了梁书记。怕梁书记伤心，再受到打击，他们也没有对梁书记说明老金对他态度的真相。可是，“文化大革命”结束之后，梁书记官复原职，老金却恬不知耻地默认当年梁书记收到的那瓶香油就是他送的。小说描绘出了木匠夫妇的善良，梁书记对老金的信任。但是，小说越是呈现出普通人善良、单纯的一面，老金这种人的可恶和无耻也就更让人痛心和愤怒。小说在艺术构造上显示了乔典运塑造人物的功力，也能让人对现实生活中这类人物展开反思。不过，从对极左路线的反思和批判角度来说，这部小说显然在深度上还是有所不足，依然是建构了一个善恶二元对立的结构，把问题归因于个人的品行。

二、乔典运小说国民性批判的几个维度

随着对极左路线反思的深入，乔典运发现，事情并非简单的善恶二元对立。极左路线的盛行，不是少数坏人的上蹿下跳就能导致的，归根结底，普通群众的推波助澜才是关键。更加可怕的是，群众的推波助澜并非内心之恶所导致，很多时候是出于单纯或者愚昧。乔典运自言，他曾经爱自己身边农民的一切，“爱他们的勤劳，爱他们的厚道，更爱他们对党忠诚不渝的品德。甚至对一些人身上的缺点也觉得可爱，认为这些缺点从另一个侧面证明了他的天真、单纯。可是，‘文化大革命’纠正了我的这种偏爱……鲜血教训了我，使我明白了一个道理：忠诚固然是可贵的，但盲目的忠诚则是可怕的。单纯虽然可爱，但单纯加上愚昧就可怜了。”①所以，如果对历史进行反思，仅仅反思历史中个别坏人的作为，是无法达到足够的历史深度的，并不能从根本上改变群众的愚昧和自私，而“愚昧者的真诚是可怕的，比见风使舵的人更可怕，因为他们没有私心杂念，一旦为一种错误的思想所支配……什么不通情理的事都干得出来，而且危害更大”。② 同时，乔典运也发现，反思必须触及文化。“……文化上不接受新东西不行。在现实生活中，一些古老的僵死的东西还在统治着活人。人们习惯于要么当奴隶，要么当奴隶主，要么治人，要么治于人。”③为了讲清楚文化对人的制约问题，乔典运还讲了他现实中遇到的事情：“我曾遇到这样的事：有两个人一起去卖红薯干，由于付款员算错了账，其中一人多得了一百元钱。另一个人心里就气，眼红，要把那钱分开，自己也得一半。回村后，村里人得知此事，都认为不能让他独占了这个便宜，硬逼这人搞了平均主义才算了事。”④虽然

① 乔典运. 乔典运文集(第五卷)[M]. 郑州：河南人民出版社，2016：153-154.

② 乔典运. 美人泪[M]. 郑州：黄河文艺出版社，1989：2.

③ 乔典运. 乔典运文集(第五卷)[M]. 郑州：河南人民出版社，2016：18.

④ 乔典运. 乔典运文集(第五卷)[M]. 郑州：河南人民出版社，2016：18.

农民有着愚昧的单纯，有文化心理上的劣根性，但乔典运也知道“他们的缺点和错误绝不是天生的，不是他们内心滋生的，而是历史造就的，是历史把他们扭曲了”。① 这样，乔典运改变了其创作重心与角度，开始从历史文化视角来剖析普通人的日常行为，对其进行解读，发掘国民劣根性的病灶。

文化是人类社会肌体的遗传基因，由于生存环境的影响，我们每个人都受到传统文化或精华或糟粕的熏陶，成为传统文化延续的载体。传统文化总是在适当的时候显出它们的力量，控制一个文化群体的行为，使其呈现为一种集体无意识。由于文化具有对人的本能、个性进行加工及改装的功能，乔典运从历史文化角度着眼，抛舍了纷繁、芜杂的生活具象，将批判的锋芒直接指向国民灵魂的深处。乔典运的国民性批判大体可以分为两类：一是对封建残余意识和极左路线所造成的扭曲灵魂的批判；二是对长期处于小私有者地位所造成的愚昧、自私心理的批判。

中国有着漫长的封建历程，这使封建意识成为不少人灵魂中根深蒂固的东西。虽然封建制度被废除，但奴性，封建意识中最具特色的东西，由于意识形态的难以规范性，仍以集体无意识的方式延续。在极左路线盛行期间，权力的滥用对奴性起到了强化作用，原本潜伏在人们意识深处的奴性开始疯狂滋长，形成许多灵魂怪胎。乔典运从历史文化视角出发，挖掘国民劣根性病灶，他认识到封建残余意识对国民性的影响，进而敏锐地捕捉到奴性在其中举足轻重的作用。于是，他以奴性为突破口，集中阐释了封建残余意识和极左路线对普通人民灵魂所造成的扭曲和伤害。

《冷惊》是乔典运对造成农民灵魂扭曲的深层原因进行反思的代表性的作品。农民王老五种的韭菜长得好，人见人夸，王老五也将之作为自己的骄傲。他 60 岁生日时，五婆要割一点韭菜包饺子，“他不，坚决

① 乔典运. 美人泪[M]. 郑州：黄河文艺出版社，1989：2.

不，红着脸说：‘咱吃了算啥话？咱啥不能吃？咱吃了嗐了，吃可惜了，多好的韭菜叫咱之臭嘴吃了吃糟蹋了，叫人家有钱人吃了才是正吃’”①。作为一个劳动者，却说自己是臭嘴、吃自己种的好东西是一种糟蹋，显然，他并没有把自己摆放到主人公的位置上，受封建意识的影响，他自觉地把自己摆放到低人一等的奴仆位置。后来，王老五的韭菜被支书老婆割走，王老五在不知情的情况下大骂小偷，在得知是支书老婆所割后，态度又有了微妙变化：“王老五忽然升起了另一种感情，没有了对贼的气，没有了对贼的恨，亏心地埋怨道：‘咦，她咋不言一声哩，她要言一声我给她割割送去嘛，我跑几步腿算啥，咋能叫她费事，真是！’”②而后情节急转直下，王老五为无意中骂了支书老婆而懊悔不已，一再要求支书整他。支书不整他，他又疑神疑鬼、几至神经。最后在支书“整”了他一顿后，疾病才霍然而愈。这里王老五的种种表现，已不仅仅是受封建残余意识影响的结果，而是呈现为一种病态的奴性。小说也给出了这种病态奴性的来源：“王老五也坐了起来，想起下台的刘支书整人不眨眼的样子，不由得头皮都麻了，就说：‘也真是哩，变成了蝎子要不蛰人还算个啥蝎子！’”③从这里我们可以看出，王老五这种病态的奴性主要源于怕，是一种对权力的恐惧。《笑语满场》中的何老五，因为全大队每一家人都被原来的大队长于占山“炮制过”，所以，对于占山有种本能的恐惧，即便政府让村民民主选举大队长，他也坚持要选举于占山。因为怕挨整，所以便怕有整人权力的人；因为怕有权力的人，便在这些人面前卑躬屈膝，表现出十足的奴性。久而久之，这种病态的奴性已成为一种习惯。一旦自由民主了，他反而不习惯了，不适应了。借助王老五、何老五这样的人物，乔典运不仅告诉我们封建残余意识仍顽固地盘踞在人们的思想之中，也表达了他对滥用权力等扭曲农民

① 乔典运．乔典运文集(第一卷)[M]．郑州：河南人民出版社，2016：20.
② 乔典运．乔典运文集(第一卷)[M]．郑州：河南人民出版社，2016：23.
③ 乔典运．乔典运文集(第一卷)[M]．郑州：河南人民出版社，2016：32.

性格的社会因素的警醒。

如果说《冷惊》《笑语满场》等小说侧重于对权力所催生的奴性的反思和批判，那么乔典运的《村魂》《刘王村》《问天》等小说则反思了封建因袭对农民精神的固化。《村魂》中的张老七，把上级所有的话都奉为圣旨，一丝一毫也不能改变。他当队长的时候，村子遭灾，公社老王来催缴公余粮，张老七不顾村民的要求，坚决服从上级政策，硬逼着村民全部上缴公余粮。后来公社修油漆路，老王又过来要求各家各户砸石子，且每块石子都要砸得像手指那样大小。但是几乎没有社员按照他的要求来做，因为大家都已经学会把上级“讲得比铁还硬比钢还强”的话，听得“比风还轻比棉花还软”。老王知道大家会把他的话打折扣，所以故意把拳头大小的要求说成是手指大小。全村只有张老七严格按照老王的要求，把石子都砸成手指头大小。为了让砸的石子符合要求，张老七把手指都震肿了，手背都震裂了，最终却在验收的时候被判定为不合格。张老七的悲剧就在于他的愚忠——只要是上级要求的，不管多难他一定要做到，只要是上级说的，那就一定是对的。正是这种愚忠，让他既令人发笑又让人同情，既让人尊敬又让人嫌弃。他老老实实地替群众办事，却脱离了群众；他忠心耿耿地替上级服务，却被上级嫌弃。如果说《村魂》中只有一个张老七带着沉重的封建残余，那么《刘王村》中则几乎全村人带有这种封建残余。小说中的刘老大曾经为刘王村作出贡献，他为缺水的刘王村在饮马坑挖出了一口井，这让全村人都对他感恩、尊敬，一直持续了二十年。后来，村里的王三赖打出了机井，比饮马坑的水更清，大家担水也更方便。但是，当听说刘老大因为大家都去王三赖家担水而情绪不好，导致病危时，全村人都觉得自己良心无法承受，于是，又都去饮马坑担水了。显然，刘老大的这口井不仅映照出他的人性，也映照出刘王村人沉重的精神负担。

同一民族的文化在发展中既有普遍性或同质的一面，也有因生存环境、社会地位及生产方式等差异而形成的特殊性或异质性，从而形成一些亚文化群。农民作为一个群体，由于生产方式的限制，他们必须居住在远离作为社会政治、经济、文化中心的城市的农村，同时，由于在漫长的封建社会中，封建统治者们长期采用愚民政策，这就造成了农民这个文化群体的愚昧。在正确的政策引导下，农民天性中淳朴、善良等善的一面会压制住这些恶的东西。但一旦政策出现偏差，农民失去了正确的引导，这些恶的东西就会发挥作用，使农民成为恶势力推波助澜的力量。

在小说《无字碑》中，作家以群像的方式集中展示了国民劣根性的种种令人触目惊心的表现：为了自己不被整，村民就拼命去整别人；为了证明自己清白，村民就拼命说他人不清白，甚至不惜以邻为壑。正是他们的愚昧和自私，既害了别人，又害了自己。作为个案，《从早到晚》中的陈老汉非常值得剖析。陈老汉一开始是以正直的形象出现。作为一个虔诚的"革命者"，他当然知道"反革命"意味着什么，知道和"反革命"接近意味着什么，但他还是毅然挺身而出，帮"反革命"老王解决了困难。而数年后，他却为村支书调戏妇女的丑恶行为辩护，说老百姓娶那么漂亮的婆娘本来就不应该，所以，发生这样的事情，不能怨支书。陈老汉在危难时刻帮助老王，是出自善良的人对处境悲惨者的怜悯，同时，也因为他赤贫的经济处境使他无后顾之忧。他并没有什么可失去的，所以可以凭良心行事。但后来不同了，当他有了一定私产，日子"要多美有多美"时，为了不失去"美伤了"的生活，他本能地与能打破他这种日子的力量对抗。于是，当他面对任何一个善良的人都会为之愤怒的丑恶行径时，他却故意回避了正义、良心，从传统的封建意识角度去理解，从而让自己心安，也使自己沦为恶势力的卫道士。由于愚昧，他并不知道对恶势力的妥协、退让只能让恶势力更加嚣张，最终可能使自己成为下一个受害者。通过陈老汉这个人物，乔典运实现了对农民深层文化心理的观照，表现了农民灵魂中历史因袭的重负。

乔典运的国民性批判小说在叙事模式上颇具特色，它是以立意为先，以意摄事。作品中的人物并非独立、鲜活的个体，他们的一切行为都是为了更好地表达作家的思想。如同巴尔扎克笔下的人物总是为某一种激情所燃烧一样，乔典运笔下的人物也摒弃了人性的复杂性，被某种国民劣根性所左右，并带有一种病态的疯狂色彩，如王老五(《冷惊》)的奴性，刘老大(《刘王村》)的精神惰性，张老七(《村魂》)的盲目的真诚，等等。这种背离人性复杂性的写法，恰恰使乔典运的小说超越了生活具象，从而具有了一种文化寓言的特征。这也有利于小说更好地表达作家的思想，将问题放大到足够让人警醒的地步。

乔典运曾经写过一篇散文《我的小井》，在这篇文章中，他非常冷静地分析了自己在写作上的劣势，比如说，文化素质比较低、家居深山、交通不便、信息不灵，等等。但是，乔典运也指出，这种生活也给了他一个真正深入生活的机会：“当人们全不把我当成一个人时，当人们认为我不能对他们有丝毫的不利影响时，他们竟然当着我的面商量如何盗窃集体，商量如何炮制某个人，甚至当着我的面研究如何往死里整我。当然，还有更多的好人，他们也常常当着我的面商量如何玩弄上级，对付错误的命令和瞎指挥，商量如何破坏一场斗争会……使我有机会认识了活生生的社会，认识了活生生的人。”①由此，乔典运认为，自己的生活中虽然没有汪洋大海，只是一口小井，但是在这小井中也能看到日月星辰，感受岁月更替，一样能写好自己的作品。从乔典运的创作来看，他的确经营好了他的小井。或许小井映照的天空是狭窄的，比如乔典运小说的题材主要围绕农村中的人物展开，但是，通过这个小井，他却映照出了生活的深度和人性的深度，也完成了他的国民性批判。

① 乔典运. 乔典运文集(第五卷)[M]. 郑州：河南人民出版社，2016：112.

第五章

先锋与中原

第一节　李洱：在日常生活中发现知识分子

李洱的作品数量不是太多，其中不少作品和知识分子没有关联，比如长篇小说《石榴树上结樱桃》，中短篇小说《现场》《斯蒂芬又来了》《平安夜》《奥斯卡超级市场》等，甚至他的长篇小说《花腔》，虽然塑造了一个理想的知识分子形象，但是严格说起来，这部小说更多是对历史的反思，而不是对知识分子的书写。虽然李洱写了很多和知识分子关系不大的小说，但是我们一提起李洱，还是会本能地想到他的知识分子书写，如《导师死了》《午后的诗学》，现在也会想到《应物兄》，甚至会觉得李洱就是写知识分子小说的。对于这种情况，我们只能有一种解释，那就是李洱的知识分子书写给我们留下了深刻的印象，形成了他独特的风格。

一、日常生活叙事与知识分子悲喜剧的展开

李洱是一位具有高度理论自觉的作家，他曾经谈到作家的不同类型，一种是如莫言、阎连科，以及国外的拉什迪和马尔克斯等这样的作家，他们在今天这个时代仍然可以源源不断地讲出动人的故事，其故事多表现为记忆与现实的冲突、历史与当代生活的冲突。另一类作家则是对表达当代生活更有兴趣，如李洱所说：“他们的记忆被现实冲垮了，

在他们的个人经验中有着更多的当代内容，他们对生活的理解是在这个时代形成的。”李洱对自己做的判断是，他的中短篇小说往往侧重于后者，而长篇小说则往往侧重于前者。① 的确，李洱的中短篇小说都是在书写当代生活。不过，他的长篇小说《应物兄》虽然蕴含记忆与现实的冲突，但是，小说书写的中心依然是当代经验的个人表达。从李洱的书写方式来看，他的当代书写没有跌宕起伏的动人故事，而是日常生活琐屑细节的展示。在《午后的诗学》中，我们看到的是费边关于日常生活滔滔不绝的言说；在《二马路上的天使》中，是叙事者“我”来到郑州之后两天时间内的琐屑生活状态；在《应物兄》中，我们看到的也是应物兄的社交以及种种生活状态的书写。显然，在日常生活琐屑事物的呈现中，李洱完成了他对当代知识分子的书写。对于自己这种书写方式的困难，李洱也有清晰的认知：“写日常生活，其实是险中求胜，当然能不能求得一胜，那还得另当别论……如果你既想让人物的活动、他的思想，在日常生活层面上展开，又要能够写出他对某种有价值、有意义的生活的追寻，那么你其实就是在挑战汉语文学的限度，对写作者来说，如果你想写得好，写得真实可靠，还要写得有意义，有那么一点穿透力，你必须拥有一种开阔的视野，必须小心翼翼对各种材料进行辨析，在各种材料之间不停地腾挪，你必须付出艰深的心智上的努力。”②那么，进行日常生活叙事既然有这样的困难，李洱为什么还要坚持这样的书写方式呢？

在笔者看来，日常生活叙事的展开，背后隐含着作家对这个时代的认知，以及作家对知识分子命运的理解。无论是马克思书写《资本论》，还是陈独秀、胡适等人发动新文化运动，或是李大钊等人在中国传播共产主义思想，知识分子都是在历史的转折中，在朝向他们希望的历史方向的努力中，凸显了自己巨大的存在价值。他们处于历史困境之中，朝

---

① 李洱，梁鸿. 虚无与怀疑语境下的小说之变[J]. 当代作家评论，2008(3)：63-75.

② 李洱，梁鸿. “日常生活”的诗学命名与建构[J]. 渤海大学学报：哲学社会科学版，2008(3)：54-68.

着他们希望的历史方向做出自己的努力，也由此书写了知识分子的宏大叙事。但是在今天，知识分子曾经希望的巨大的乌托邦梦想已经实现，历史希望原则在今天已经破灭。在这种时代语境下，知识分子已经天然地失去了表达宏大话语的空间。

同时，今天的知识分子还面临一个专业化问题，学院化体制的扩张，使得知识分子从传统的人文知识分子日益转变成各个领域的专业从业人员。在某种程度上，知识分子已经失去了发表和行业无关的独立言论的合理性。李洱认识到了这种状况："传统的老式知识分子，'铁肩担道义，妙手著文章'的知识分子，那种传统意义上的'立法者'的形象，消失了。但如果他们有幸活到今天，除了极个别的人，大多数人，只要他一露面一开口，人们看到的不是别的，而是一个牢骚大王，抬杠派，不识时务者，不合时宜者……这个时代的知识分子，越来越变成手艺人，满嘴新词的手艺人，与卖烧饼的、磨剪子的差不多了。"①但是，与此同时，知识分子毕竟具有广阔的视野，对于时代、对于自身有着更为清晰的把握和理解，对于自己应该成为一个什么样的人也有着清晰的估量。这样也就构成了一个新的矛盾，即作为专业从业者的知识分子的现实与对自身期望之间的矛盾。时代的巨大变革和知识分子面临的时代空间的巨大变化，导致知识分子的形象与现实生活之间出现了巨大的错位。在日常生活中，知识分子遭遇的挑战不仅仅是现实与自身期望之间的矛盾，还有日常生活对其理想、立场的磨损。对此，李洱自己有清晰的认知，他说"日常生活是个巨大的陷阱，它可以轻易将人的批判锋芒圈掉。它是个鼠夹子，使你的逃逸和叛逆变得困难重重"②。换言之，日常生活中利益的诱惑和对危害本能的规避，都可能和知识分子对自身的定位发生矛盾。这或许就是李洱强调日常生活叙事书写，在日常生活

① 李洱，梁鸿．"日常生活"的诗学命名与建构[J]．渤海大学学报：哲学社会科学版，2008(3)：54-68.

② 李洱，梁鸿．"日常生活"的诗学命名与建构[J]．渤海大学学报：哲学社会科学版，2008(3)：54-68.

叙事中呈现知识分子的原因。事实上，从李洱的知识分子书写中，我们的确看到了知识分子在日常生活中生存的悲喜剧。

所谓日常生活书写，究其本质，其实就是把生活从象征体系和道德秩序中解放出来，小说主人公的行为已经难以和宏大叙事或者既定的象征体系勾连起来。具体来说，这种日常生活诗学具有以下两个显著特点：首先，核心故事情节的消失。小说不再紧密围绕一个核心事件展开叙述，而是看似拉拉杂杂地呈现日常生活琐碎、平庸的一面，小说被主人公的日常生活细节所淹没。其次，导向性很明显的象征体系的消失。一般情况下，小说在塑造主人公的时候，往往会把主人公塑造为某种象征体系或者道德体系的代言人，导致小说中的诸多细节都和象征体系或者道德体系紧密勾连，似乎主人公的生活都是围绕某个特定的象征体系展开。不过，在李洱的知识分子书写中，主人公的行为不再和明显的象征体系有关。围绕小说主人公展开的众多生活细节中，很难一一对应地和一个明显的象征体系构成呼应，没法直接地从叙事中看到明显的价值导向。某种程度上，我们可以说这是把日常生活还给了小说主人公，即每一个人的生活都是琐碎的、个体化的，以及没有明确价值导向的。这些叙事特征，在李洱的知识分子叙事中可以明显看到。《午后的诗学》中的费边，一张嘴就是诗学，就是学问，可是他的生活并没有因为他口中的学问而构成清晰的意义价值体系，小说絮絮叨叨地讲述了费边和杜莉如何开始恋爱、如何进入婚姻，以及在这个过程中，为了杜莉的前程，费边如何去求人，还讲述了费边和同事的矛盾、杜莉的外遇等。《导师死了》是以旁观者的视角，讲述了导师不幸的婚姻以及在学术圈挣扎前进的过程。《喑哑的声音》讲述了孙良在济州讲学时的一场艳遇。《二马路上的天使》讲述了叙事者“我”来郑州见巴松，帮助解决他面临的爱情难题。这些小说看似都有一个故事框架存在，比如《午后的诗学》围绕费边的婚姻展开，《喑哑的声音》有一个孙良寻求外遇的框架，《二马路上的天使》有一个帮助同学解决恋爱难题的框架。但是，小说叙事并没有紧密围绕这些框架丝丝入扣地展开，而是借助框架不断展现各种似乎无关的生活细节。如《二马路上的天使》，小说虽然围绕“我”帮助解决巴松的恋爱苦恼展开，但是却用大量篇幅讲述另一个同学张起的生活细节。长篇小说《应物兄》虽然有一个迎接儒学家程济世回国的整体框架，但是充斥其中的却是主人公应物兄以及他身边人的日常生活细节。正是在这种对日常琐事不厌其烦的叙述中，小说如浮世绘般地呈现了当下知识分子的日常生活图景。

但是，仅仅浮世绘般呈现知识分子看上去杂乱无章的生活显然不是作家的表达诉求。正如李洱所说：“如果生活是杂乱无章的，那么小说的表现形式最好是杂乱而有章的。这当中肯定包含着隐蔽而复杂的文学转换。”①显然，李洱有意以一种日常生活诗学的方式展开关于知识分子的叙事，呈现知识分子看似杂乱无序的生活，自然还是要以一种“杂乱而有章”的方式呈现当代知识分子的生存状况。从李洱笔下看上去杂乱无序的知识分子书写中，我们可以看到，因为小说强调书写日常生活，拒绝直接和某些宏大的象征体系、道德秩序勾连起来，所以，知识分子的行为也失去了某种崇高价值指向的庇护。换言之，知识分子只是一个普通的社会个体，不再隶属于某个宏大象征体系，这就使得知识分子的行为只能代表自己，而不能代表其他。作为个体知识分子，他们在这个时代如同普通人一样，都要面临生活的各种压力和诱惑，并做出自己的取舍。而这种取舍，正是对他们知识分子身份的一种考验。从李洱的小说来看，他呈现了个体知识分子在这个时代，在压力、诱惑下的行为，从而也呈现出了知识分子当代生活的悲喜剧。《饶舌的哑巴》中的费定，非常形象地阐释了当代知识分子中的失败者形象。某种程度上，费定在这个时代坚守了知识分子身份，他坚持认真给学生上课，对自己的专业充满热爱，拒绝拥抱高校外面的市场和金钱。但是，这种坚守带给他的只是无尽的失败：作为一个男人，他被自己的妻子所抛弃；作为一个大学教师，他被自己的学生

① 李洱，梁鸿．“日常生活”的诗学命名与建构［J］．渤海大学学报：哲学社会科学版，2008（3）：54-68.

所抛弃。他甚至沦为所有人嘲笑的对象。毋庸置疑，费定就是当代知识分子中一个非常典型的悲剧形象。李洱的小说中当然也有“成功”的知识分子形象，比如《应物兄》中的葛道宏、汪居常，《喑哑的声音》中的孙良等。这些人完全放弃了知识分子的价值和立场，将知识作为工具，用来猎艳，或者牟取名声和财富。他们彻底拥抱金钱和权力，表现出自己强烈的追求，并获得了世俗意义上的成功。不过，这些知识分子的“成功”，他们的喜剧，从某种程度上来说，其实还是悲剧。正是因为他们放弃了作为知识分子的道德坚守、立场坚守，才轻而易举地在世俗社会获得巨大的“成功”，这反而说明知识分子在这个时代的不合时宜。

李洱小说中应物兄(《应物兄》)、费边(《午后的诗学》)、吴之刚(《导师死了》)等知识分子形象，更是典型地呈现了当代知识分子的悲喜剧。这些知识分子，一方面，明确自己的知识分子身份，凭借他们的学识、认知能力敏锐地对周边世界发出批判；另一方面，他们却又在日常生活中不得不一次次地妥协，和日常生活和解，从而换取现实生活中的利益。这种关于自身认知和自身行为的错位，构成了他们的悲剧。如《午后的诗学》中的费边，这是一个典型的高级知识分子形象，他对日常生活充满精妙的分析，如小说中所说：“蜂一张嘴吐出来的就是蜜，我的朋友费边随口溜出来的一句话，就是诗学。”①他总是能用充满思辨的学理性语言对世界做出分析，他有清晰的自省能力，知道自己什么事情做得对或者不对。然而，为了能让妻子杜莉参加音乐比赛并获奖，他动用自己的关系，让副市长给市音协主席陈维驰打招呼，自己还跑到陈维驰家中，吹捧陈维驰。具有讽刺意味的是，在见到陈维驰之前，他努力寻找谈话的切入口，想到的是哈维尔关于陈词滥调的叙述。注意，此时关于哈维尔的记忆复活，并没有阻挡他为了妻子的利益去找陈维驰。在李洱的小说中，很多这样的知识分子生活已经高度分裂，他们的言辞和行为并不协调。一方面，他们对世界有着清晰的认知，对自己的知识分

① 李洱. 午后的诗学[M]. 济南：山东文艺出版社，2004：121.

子身份有着清晰的把握，在日常话语分析中也会强调他们的使命，并以此为出发点对世界展开分析和批判。但是另一方面，这并不影响他们在现实生活中为了现实利益或者压力而妥协。

这或许就是李洱以日常生活诗学来书写知识分子的重要原因，在这样的书写中，知识分子的失败显得滑稽可笑。如同费边和应物兄，对于他们的失败，我们似乎找不到宏大的理由，这种失败也无法带给我们巨大的悲剧感。费边努力给妻子杜莉找关系，帮助妻子一步步在音乐的道路上向上攀登，结果却导致妻子出轨。应物兄努力按照校长的要求，积极推进迎接儒学家程济世回国的工作，他似乎游刃有余地周旋在副省长、校长、大商人之间，但是最终在儒学院成立的时候却被边缘化了，最后还遭遇车祸，生死未卜。费边也好，应物兄也好，他们的行为都不是为了一个崇高的价值体系而努力，所以，他们的失败无法带给我们悲剧感。如果要给他们的失败找一个理由，那就是他们似乎有些迂腐，缺乏应对这个时代的能力。他们的失败，甚至带有滑稽、玩笑的痕迹。

二、被话语覆盖的日常生活及知识分子与世界复杂关系的展示

以知识分子作为书写对象，那么，如何书写才能最典型地呈现知识分子的内在特点，以及他们与世界的关系呢？从李洱的小说来看，他选择了用知识分子自身的语言来呈现知识分子。阅读李洱的小说，我们会有一种小说被知识分子的言说和话语充斥的感觉。尤其是他的中篇小说《午后的诗学》，小说中的费边等人几乎随时随地在对世界进行分析、判断，随时随地在面对这个世界发言。例如，给计划中的杂志命名这个场景，当别人提出可以取名叫“蛋黄”的时候，费边张嘴就来，对“蛋黄”这个词进行分析，“在所有的名字当中，我就觉得“蛋黄”比较有意思。蛋黄可以孕育新的生命。由蛋黄可以想到鸡蛋。任何事物都可以视为一只椭圆形的鸡蛋……”①在他关于“蛋黄”的分析被打断时，费边又顺嘴建

① 李洱. 午后的诗学[M]. 济南：山东文艺出版社，2004：126.

议将杂志命名为“分析”，然后，立刻又展开论述，对命名原因进行阐释：“所有人都在分析，什么都得分析。教师在分析学生，学生在分析校长；病人在分析医生，医生在分析医院；丈夫在分析妻子，妻子在分析情夫；人在分析枪，枪在分析人……”①从李洱的小说可以看出，呈现知识分子日常操纵的语言，以及书写知识分子与自己语言的关系，成为他塑造知识分子的主要手段。

知识分子应该是相对缺少行动能力的人，同时，知识分子也应该是最善于用语言来表达和伪饰自己的人。当然，语言和思想表达对于知识分子来说具有双重意义。一方面，知识分子的价值和魅力，知识分子的思想深度，只能通过语言呈现出来。从权力和资本的占有量来说，知识分子在这个世界上并不占据优势，而话语是知识分子唯一有优势的地方。对于知识分子来说，很大程度上，语言就意味着存在，不断地进行分析和表达是他们的存在方式。所以，知识分子需要经常输出语言。另一方面，话语输出也意味着危险，因为不假思索的话语输出可能会惹怒权力和资本，导致知识分子失去立足之本。《应物兄》中乔木先生要求应物兄少说话，也是从这个角度考虑的。《午后的诗学》中的费边无意中和系主任韩明交恶，导火索就是不受控制的语言。韩明当上系主任之后，对教师们严格要求，甚至要求大家认真参加歌咏比赛。于是，几个老师对韩明的这种莫名其妙的严格要求进行反抗。当韩明正在对教师的反抗进行镇压的时候，教师的话又触动了费边的思想，于是，费边的分析便不受控制地滔滔而来了：“这时候的费边，就像一条经过特殊训练的警犬，听到一点声音，闻到一点气息，就会条件反射地进行分析和判断……费边觉得自己的这套分析很有点味道，他不是一个自私的人，不想一个人独吞，就把它贡献了出来。”②这个不合时宜的分析和判断，滔滔不绝的言论，天然构成了对系主任韩明正在进行的政治话语的反抗，

① 李洱. 午后的诗学[M]. 济南：山东文艺出版社，2004：127.

② 李洱. 午后的诗学[M]. 济南：山东文艺出版社，2004：140-141.

也直接导致费边成为韩明镇压的对象。所以，对于知识分子来说，如何运用语言关系着他们在这个世界中的定位。李洱的小说也用恣意蔓延的知识分子的言语，呈现着他们自身以及他们与世界的关系。

李洱的小说《应物兄》一开始就设置了一个非常有趣的情节，来讨论知识分子的语言与生存之间的关系。青年时代的应物兄是一个多嘴多舌的人，当然，小说中的这种性格带有主人公对自我的一种反思和批判。因为他的多嘴多舌，还差点被学校开除。他的导师乔木先生不仅保护了他，而且给了他关于说话的忠告，乔木先生说他够机灵却不够精明，所以，话多是容易出问题的，“记住，除了上课，要少说话。能讲不算什么本事。善讲也不算什么功夫。孔夫子最讨厌那些人？讨厌的就是那些话多的人……管住了舌头，就管住了语言。舌头都管不住，割了喂狗算了”①。乔木先生对应物兄的建议，当然是作为老师对自己学生的爱护和保护。不过，对于应物兄来说，这却是对他面对世界方式的一个硬性转变。失去习惯性语言表达的应物兄，一度觉得自己的脑子也随着语言的沉默而停止转动了，直到有一天，他发现了自己独特的语言表达方法：“但是有一天，在镜湖边散步的时候，他感到脑子又突然好使了。他发现，自己虽然没有开口说话，脑子却在飞快地转动……他慢慢弄明白了，自己好像无师自通地找到了一个妥协的办法：我可以把一句话说出来，但又不让别人听到；舌头痛快了，脑子也飞快地转起来了；说话思考两不误。有话就说，边想边说，不亦乐乎？”②这种说话方式的改变，的确让应物兄的生存环境发生了改变，自从学会这种说话方式之后，“他还进一步发现，周围的人，那些原来把他当成刺头的人，慢慢认为他不仅慎言，而且慎思。但只有他自己知道，他一句话也没有少说”。这种书写在某种程度上是一种隐喻，暗示着知识分子的自我阉割、批判性的消失，以及对世俗权力的迎合。从《应物兄》中可以看到，应物

① 李洱. 应物兄[M]. 北京：人民文学出版社，2018：6.

② 李洱. 应物兄[M]. 北京：人民文学出版社，2018：7.

兄这种让语言在自己嘴里游离的方式，的确保护了他，他之后没有因为语言的不合时宜受到什么特别的打击，甚至还一度受到校长的重用，被书商包装成市场知名的学者。但是，我们也可以看到，应物兄其实失去了作为知识分子的锋芒，失去了对世界的批判立场。虽然他一句话也没有少说，但是，因为没有公开表达自己的勇气，他其实一句话也没有真正说出。究其本质，应物兄应该是一个具有知识分子情怀的人，他喜欢的知识分子是芸娘、文德能那样的人，但是他自己却因为对自己话语表达的限制，终究没有成为芸娘那样的人，而只是成为市场的宠儿，成为被权力利用后又被抛弃的棋子。所以，小说的这个设定呈现出，无论是应物兄还是乔木先生，他们都在控制自己的语言，进行自我阉割，以适应社会的人。他们的自我阉割，让他们能够获得稳定的生活和良好的人际关系，也让他们失去了对世界的批判能力，成为游走在权力和资本边缘的帮闲。

如应物兄这样的知识分子，是李洱知识分子书写中最多被分析的类型，其代表人物不仅有《应物兄》中的应物兄、乔木先生等，还有《无边的诗学》中的费边、《导师死了》中的吴之刚等。作为学术权威的吴之刚，为了报答常老，在学科话语内将自己的学术精神阉割，最终在权力、经济等多重话语的挤压下，用自杀来终结自己的生命。《无边的诗学》中的费边，看上去整天都在滔滔不绝地进行言说，但是他显然是一个具有明晰现实感的知识分子。除了无意中得罪系主任韩明之外，他总能将自己滔滔不绝的言说非常小心地控制在某个边界之内。他的言说一方面给他带来了表达的快感，不断彰显他的知识分子身份；另一方面，也没有危害到他自身的生存。甚至，他还有意用自己的言语为妻子牟取特殊利益。面对这个世界，这样一群知识分子，为了世俗的生存，主动阉割自己的精神和话语，争取让自己的行为、语言保持在一个安全的限度之内，这导致他们在很大程度上，除了语言，失去了对世界反应的能力。费边的妻子和别人偷情，他只能用语言含沙射影地反击；应物兄的妻子有了情人，他也完全没有反应能力。他们好像失去了回应这个世界的能力，特别是应物兄，连仅有的一次偷情，也完全是被动的。小说通过这群知识分子滔滔不绝的言说，写出了这群知识分子和世界的合流，也写出了他们和周边世界的潜在紧张。当然，这些知识分子滔滔不绝的言说，也显示出他们是一群日渐失去主体性的知识分子——他们不断对世界妥协，约束自己的语言，最终失去了回应世界的能力。最终，他们除了语言，一无所有。

在这些知识分子的书写中，李洱关于知识分子如何使用话语为自己牟取利益的书写颇有意味。在小说《喑哑的声音》中，主人公孙良是一个善于利用知识分子话语为自己牟取利益的人。孙良的同学当上济州师院的教务主任，邀请他去讲课。讲完课之后，济州师院的院长要宴请孙良，老同学给他交代见到院长应该说些什么，并告诉他，学院的院长其实是一个政客，还兼着副市长，喜欢附庸风雅。孙良说，你放心好了，我不会给你丢脸的，我知道怎么对付这种鸟人。从孙良的语气中，似乎可以明显看到他对这些官僚的不屑。然而，当见到他猎艳的对象，济州广播电台的女主持人时，孙良则说，他是应高市长的邀请来济州讲学的，上午还得去应付高市长的饭局。此时的孙良，显然把市长身份当作抬高自己身价的工具。从他对两人的不同语言表达中，我们可以看到孙良的两面性：在面对知识分子的时候，他的语言是清高的，他会很动情地讲人文精神，讲对世界的关怀，也会表现出对世俗权力、利益的不屑。在面对非知识分子群体的时候，他又会标榜自己和世俗权力的紧密关系，以此来抬高自己的身份。显然，在世俗社会中没有实际权力，只有一套熟练的知识分子话语的孙良，就是用这种方式，不断成功地完成猎艳和猎取物质利益的行动。小说《葬礼》中的华林教授，在得知朋友去世之后，他最先产生的情感不是对朋友去世的难过，而是对朋友妻子徐燕的想念，因为徐燕曾经是他的初恋女友。然后他在一本书上写下他对徐燕的安慰，他写道：

别哭了，当我们的亲属好友死的时候，我们其实应该感到快慰，因为我们有了令人安慰的保证——他们再也不会受今生今世之苦了；好吧，让我陪你一起哭吧，一想到人家把他放在冰冷冷的地下，我还是想陪你痛哭一场。

写得多好啊！他想，徐燕应该对我的安慰感到满意。这种话可不是一般人能写出来的。徐燕一定不知道，分号之前的话来自奥古斯丁的《上帝之城》，分号之后的话来自莎士比亚的《哈姆雷特》。有奥古斯丁和莎士比亚对她表示安慰，她确实应该知足了。她应该擦干眼泪，张开双臂，迎接我的大驾光临。①

从华林教授洋洋自得的语气中，我们可以看到，知识话语在这里完全被抽空了其原初的意义，而成为华林教授炫耀自己的工具。他通过炫技式地操纵这些知识话语，显示自己的与众不同，显示自己的卓尔不群，并最终完成猎取现实利益的目标。

如果说孙良、华林这些知识分子的日常言说显示了知识分子如何利用话语牟取个人利益，那么《饶舌的哑巴》中的费定、《二马路上的天使》中的巴松等人，则是用他们的语言，呈现了知识分子和世界的分裂，显示出知识分子所坚守的话语如何把他们隔离在世界之外。费定在收到妻子范梨花给他的带有威胁意味的绝交信后，做出的反应是专门写一封信，谈妻子信封中夹带的刀片上的错别字问题。当然，这符合他的身份，因为他是大学主讲现代汉语的讲师。不过，他的课程，学生并不喜欢，因为他坚持上够四节课，还喜欢上课时提问学生。妻子因为他不能适应商品经济时代，不能赚更多的钱离开了他，他的话语却并没有因为妻子的离开而发生改变，依然坚守着他的现代汉语话语，可惜的是，他的坚守最后也被学生所抛弃。巴松在郑州二马路上遇到了一个让他一见倾心的女孩，后来才发现这个女孩居然就是他班级上的学生。巴松不知道如何向女孩表达他的感情，只是不断向女孩强调应该努力读书、继续

① 李洱. 午后的诗学[M]. 济南：山东文艺出版社，2004：425.

攻读研究生。换言之，巴松的语言都是他专业体系内的语言，这导致他完全无法理解女孩对他的各种暗示。在巴松看来，这个女孩如同天使一样纯洁，但小说叙事中关于女孩肚脐眼的细节描写，其实暗示了女孩并不像巴松想象的那般纯洁无瑕，等待巴松的只能是一场悲剧。从这些小说中我们发现，无论是费定还是巴松，都是非常单纯的知识分子，他们生活在自己的专业话语体系之内，操纵的话语也都是自己的专业话语。他们在自己的专业话语之内游刃有余，但在和社会的欲望话语进行碰撞的时候，却没有能力接受社会话语。他们坚守着自己的专业话语体系，即便如费定那样被妻子抛弃，也不愿意改变自己。这暗示着他们和世界的对抗，暗示着他们被世界抛弃，成为这个世界世俗意义上的失败者。

显然，在李洱笔下，话语言说是知识分子最重要的存在方式，他们用自己滔滔不绝的语言，显示他们的存在，牟取他们的利益，或者显示他们的不合时宜。通过对他们语言的书写，李洱也完成了对知识分子当代存在状况的呈现，完成了知识分子存在方式的书写，也完成了知识分子与世界复杂关系的书写。

李洱写知识分子最早产生较大影响的作品是《导师死了》，小说通过对导师吴之刚教授的书写，完成了对知识分子的解构。对于这个小说，李洱也偏爱有加，他说："对它，我一直有着特殊的感情。从某种意义上说，它为我后来的写作，打开了一个全新的领域。我后来作品中的一些基本主题，比如日常生活、性与权力、知识分子的话语生活，等等，都由此而来。"①的确，从此之后，李洱开启了他以知识分子为题材的写作。从一开始，李洱就抱有对知识分子进行解构的目的。他用手术刀般精准的语言，通过对知识分子日常生活状态的呈现，通过对知识分子话语进行书写，呈现出知识分子的软弱、无能，呈现出知识分子与世界复杂而暧昧的关系，呈现出我们这个时代知识分子的存在形态，也消解了知识分子的神话。当然，从他对葛任(《花腔》)、双林院士(《应物兄》)这些人物的

① 李洱. 破镜而出[M]. 北京：中国社会科学出版社，2002：254.

塑造中，我们也可以看到作家对知识分子精神的期望和希冀。

第二节　墨白：现代主义、现实批判与诗性书写

墨白作为先锋作家闻名于中国文坛，不过，墨白又有着其他的创作特质：他热衷于乡土题材的写作，并由此创造出了他文学中的颍河镇；他有着强烈的批判现实意识，对曾经影响中国的乡土二元对立进行了犀利的批判；他也可以说是一个底层作家，作品中饱含着对底层生命的关注。墨白这些写作特点的多样化，其实正说明了墨白作为一个作家的丰富性。总的来说，现代主义的视野、现实主义的立场，以及带有诗性特质的书写，共同构成了墨白创作的多维层面。

一、现代主义与墨白对世界的认知和表达

墨白小说的先锋性在很大程度上源于他对于现代主义自觉的接受。现代主义的艺术手法，显然对墨白有着极为深刻的影响，甚至可以说，没有现代主义，或许就没有今天的先锋作家墨白。墨白在从事文学创作之前，作为一个艺术专业的学生，已经接触到了西方现代绘画艺术，包括巴比松画派的柯罗、米勒，印象派的塞尚、莫奈、雷诺阿，以及表现主义的蒙克，超现实主义的达利。之后，他准备进行文学创作之前，又大量阅读了纳博科夫、卡夫卡、加缪、卡尔维诺、福克纳、马尔克斯等人的作品。所以，墨白自己也认为："由于对西方绘画和文学的阅读，在潜意识里，现代主义认知世界的方法已经对我产生了影响。"①从墨白的小说叙事来看，现代主义首先影响了他认知世界的方式，让他看到的世界不再是自然的、合理的世界，而是从大众习以为常的日常生活中看到了荒诞和奇怪。墨白也曾经谈到，中国并不缺乏产生现代主义的土

① 刘宏志，墨白. 乡土情怀与现代精神——关于"文学豫军"对墨白的访谈[J]. 南腔北调，2019(7)：16-23.

壤，“在我们的现实生活里，实实在在地存在着滋生现代派文学的土壤……至少在20世纪50年代末，我们的现实生活就已经具备了产生现代派文学的社会因素，比如荒诞、暴力、无政府主义……已经构成了我们所处时代产生现代派文学的人文环境和社会土壤。我们生活的现代主义土壤，应该说先于西方现代派文学进入我们的生活之前就存在着，所以，中国新时期的现代派文学的产生，是自然的，也是必然的”①。不过，即便在“文化大革命”时期社会中已经存在许多产生现代派文学的荒诞因素，但是中国当代的现代派文学直到20世纪80年代后期，在西方现代主义文学作品在大陆流行之后才真正出现。这说明，生活在荒诞之中的人，如果缺乏发现荒诞的眼睛和能力，也一样无法认知到荒诞本身，而只能把荒诞视作正常生活。墨白对现代主义的接受，显然直接影响了他认知世界的方式。

在现代主义的视野中，世界就是荒原，“彻底否定了人与人之间的感情沟通……在现代派小说家的笔下，描绘的主要是以自我为中心、人与人之间极端冷漠和残酷的图景，甚至笼而统之地用这种情形来揭发整个人类”②。“在人与人的关系上，现代派文学揭示出一副冷漠无情、自我中心、人与人无法沟通的可怕图景。”③从小说主题的表达上，我们可以明显看到墨白小说与现代主义之间的关联。墨白早期的小说多和乡土生活有关，但他的叙事中却少有乡土生活的温情，而更多是日常生活苦难一面的呈现以及对人性残酷的表达。他发表于1986年的短篇小说《狂犬》以一条狗的视角描述了人性之恶；1987年的短篇小说《埋葬》，讲述的是兄弟两人在母亲去世之后为了争夺遗产而大打出手的故事；1988年的中篇小说《红房间》则是以两个人互相交谈的方式，解剖自我与他人，全面地呈现了人性的狭隘、阴毒以及狂热的占有欲望。可以说，墨白小

---

① 刘宏志，墨白. 乡土情怀与现代精神——关于“文学豫军”对墨白的访谈[J]. 南腔北调，2019(7)：16-23.

② 何永康. 外国现代派小说概观[M]. 南京：江苏文艺出版社，1996：10-11.

③ 袁可嘉. 欧美现代派文学概论[M]. 桂林：广西师范大学出版社，2003：9.

说中关于人性的呈现，大多是在呈现人性之恶。他后来的小说《讨债者》描述了一个讨债者在寒冷的冬天来到颍河镇讨债，结果却根本无法找到债户，迎接他的是所有颍河镇居民的冷漠。最终，无助的讨债者在雪天冻饿而死。墨白具有代表性的作品《光荣院》，则几乎是以小说的形式诠释了“他人就是地狱”，小说中的老金等人，作为孤寡老人，是这个社会的弱势者，生活在光荣院中，他们的生活费还受到光荣院院长的盘剥。但是，他们不去反抗院长，反而去欺负一直生活在光荣院中的虾米，他们之间也互相斗争。尽管墨白的小说主题多有变化，既有对城乡二元对立的激烈批评，也有对爱情、艺术等的审美欣赏，但毋庸置疑的是，几十年来，呈现人性之恶始终贯穿于他的小说叙事之中。这个小说叙事主题的坚守，显然和墨白对现代主义的接受密切相关。

墨白和现代主义更为明显的联系，体现在他对小说故事性的忽略与对小说讲述方式的强调。现代主义小说兴起的过程，就是小说中故事的地位不断下降的过程。进入 20 世纪以后，小说叙事发生了巨大的变化，被奉为经典的小说著作多是现代主义作品，如卡夫卡的《城堡》《审判》，普鲁斯特的《追忆似水年华》，乔伊斯的《尤利西斯》，福克纳的《喧哗与骚动》等，都和传统小说有着很大区别。相比传统经典现实主义小说，一方面，这些小说更加强调形式；另一方面，对故事有意疏离。同传统小说致力于讲述一个有趣或者感人的故事不同，现代主义小说似乎有意消灭小说中的故事，如《到灯塔去》《尤利西斯》等，更强调对精神世界的表述，而不是去构造、描述现实世界的冲突。有些小说虽然涉及人世沧桑的变化以及对人性的深刻表达，但在讲述的过程中，小说中的故事却被完全打散的时间切割得七零八落，以至于小说中的故事讲述似乎也消失了，如福克纳的小说《喧哗与骚动》，虽然里面饱含了人世沧桑，可是故事被分割成一个个碎片，似乎也很难将之缝合成为完整的对普通读者富有吸引力的故事了。按照托多罗夫的故事与话语二分法，在现代主义作品中，“‘故事’常常不同程度地失去了独立性，话语形式的重要性则得到增强”。①

---

① 申丹. 叙述学与小说文体学研究[M]. 北京：北京大学出版社，1998：23.

“在一些实验性很强的作品中(如乔伊斯的《尤利西斯》《为芬尼根守灵》)，对语言的利用和革新已成为作品的首要部分。如果说在传统现实主义小说中，话语和故事只是偶有重合，那么在现代派小说中，话语与故事的重合则屡见不鲜。读者常常感到不能依据生活经验来建构独立于话语的故事，有些段落甚至是无故事内容可言的纯文字‘游戏’。”①这些被奉为经典的现代主义作品代表了现代小说的价值取向，那就是小说叙事更加强调话语，强调叙事形式，而忽略小说的故事性，甚至，把故事看成反小说的。这种小说的出现，自然是作家艺术观念变化的结果，伍尔芙早在1908年就说：“小说情节并不重要。”②她还曾经为现代小说下过一个简单的定义：如果你读完了一本小说而可以并不困难地复述给另一个人，那么它就不是真正的小说，而只是一个故事。③ 伍尔芙是西方现代主义的代表作家，她的文学理念也代表了现代主义的文学理念。墨白的小说虽然没有如上述经典现代主义作品那样对故事情节非常激烈的背弃，不过，毋庸置疑，在墨白的小说中，情节的起承转合或者刺激紧张都不是最重要的。墨白不强调小说故事的有趣，一个重要的表现是，他几乎从未完整、不受干扰地讲述过一个故事。在他笔下，小说故事被撕裂成一个个情节碎片，然后依据某种线索，将这些碎片结合成一个整体。这种将事件撕裂后又重新组合的小说，不再严格按照物理时间顺序叙事，而是构成了一个在时间上被打乱并重新建构的艺术整体。墨白对自己的叙述特点非常清晰，他一篇小说的名字就叫《尖叫的碎片》，小说中的时间也被切割成一个个碎片，从这个题目可以看出，他也在强调时间的碎片特质。我们很容易把这种状况理解为作家的故弄玄虚、技巧至上。可是，仔细分析这些小说中的故事，我们会发现，墨白并非先构思好一个有条理的整体故事，然后像洗牌一样把这些情节打乱再重新组

① 申丹. 叙述学与小说文体学研究[M]. 北京：北京大学出版社，1998：23.

② Virginia Woolf. The Common Reader, First Series[M]. London: The Hogarth Press, 1962: 55.

③ 耿占春. 叙事美学[M]. 郑州：郑州大学出版社，2002：20.

合。实际情况是，墨白小说中展现的东西太过于复杂和繁琐了，他已经没有办法再按照严格的物理时间把这些事件排序然后再一一展示。小说《尖叫的碎片》是叙事者"我"给女友江嫄讲述他写的一个小说，当然，我们后来明白，这虽然是"我"写的小说，但小说中的主人公其实就是"我"本人。这样，小说就涉及了"我"和"我"的小说中女主人公雪青的故事，"我"和江嫄的故事，雪青的家族故事，雪青和丈夫的故事，雪青和她的第二任丈夫陈的恩怨情仇，当然，还包括两个神秘的死亡——雪青的儿子和雪青的第二任丈夫都死于刹车失灵。小说利用这种碎片化的讲述，涵盖了极为复杂的叙事内容，但是，毋庸置疑，传统小说建构精彩、刺激的故事的套路，在这样的叙述中完全失效了。这样碎片化的讲述，已经无法有效地把读者的注意力集中在某一个核心故事情节中。

在墨白的小说中，寻找是一个常见的叙事模式，但是，在墨白这里，寻找的过程不是一个悬疑的、紧凑的且能够紧紧吸引读者注意力的叙事过程，他只是借助这个寻找，把想要表达的各种细节都放进来了。换言之，寻找只是作家表达更多思考的一个叙事外套。如《映在镜子里的时光》《来访的陌生人》《手的十种语言》等多部中、长篇小说都是以寻找来结构故事：《映在镜子里的时光》是一个剧组要去影视剧拍摄的外景地，《寻找旧书的主人》是通过一本旧书寻找一个故人，《手的十种语言》是寻找主人公的死因，带有侦破小说的色彩。一般来说，寻找，特别是对悬疑性结果的寻找，往往能带给读者更多的故事趣味性，满足读者的好奇心。但是，墨白的这些以寻找为叙事模式的小说，并没有有效利用这种结构模式来吸引读者的好奇心，精心结构一个紧凑而带有悬疑效果的故事，而是把寻找的过程变成了各种与主人公有关事件的拼接。小说《映在镜子里的时光》的主体是一行人从省城郑州出发前往颍河镇寻找外景地。在这几个人中，导演浪子和主演丁南都曾经在颍河镇下过乡，在那里他们都有非常难忘的经历。小说借助主人公的意识流动，点出浪子把外景地放在颍河镇的目的，从而穿插叙述了四十年前的往事。从物理时间来说，这部小说涉及的时间不超过两天，但表述的却是经历了四十年沉淀下来的历史延续。《手的十种语言》是关于死亡的教授黄秋雨的各种事情的拼接，《寻找旧书的主人》则是叙事者对往事的回忆。显然，墨白小说中的寻找主题不是一般的寻找——结果这样一种叙事模式，墨白小说中的寻找往往是没有结果的寻找，是寻找过程的不断延宕。如《映在镜子里的时光》中一行人从郑州前往颍河镇，本来四个小时的车程，可是直到小说结束，他们也没有到达颍河镇。《寻找旧书的主人》中男主人公发现了他少年时情侣所拥有的一本旧书，于是以旧书为线索，开始寻找，可是直到小说结束，他也没有找到当年的情人。寻找，寻找的延宕是墨白很多小说的结构方式，当然也表明了墨白的某种深意。更重要的是，通过寻找的延宕，作家在寻找这个框架中容纳了更多更为复杂的思考。不过，随着叙事中寻找的不断延宕，随着越来越多各种复杂的，甚至更多和寻找关系不大的细节被纳入寻找的框架中，寻找的主题被分散了，小说也失去了单一、紧凑、紧张的故事情节。

显然，无论是对人性之恶持续而偏执的表达，还是打破紧凑、集中的故事情节，表现出对故事的轻慢，都表明了现代主义对墨白影响的深刻。其实，通过墨白小说的这些叙事特点，或许我们还可以做出一个判断——作为先锋作家的墨白，究其根底，其作品中的先锋气质，更多地来自对现代主义的坚守。

二、现实苦难与批判现实主义立场

墨白的小说毫无疑问充满了现代主义的气息，但是，我们又不能将他的小说和西方现代主义直接画上等号。西方现代主义的出现，对于传统的现实主义小说表达来说，的确是一个极大的突破，不过，西方现代主义也有自己的问题。“现代派作家把具体社会制度下的问题扩大化、抽象化为普遍而永恒的人的本性问题、人的存在问题。”①这也导致西方

① 袁可嘉. 欧美现代派文学概论[M]. 桂林：广西师范大学出版社，2003：58.

现代主义作品有时会和现实脱节，有“玩弄语言、色彩和音响上的苍白趣味”的特点。① 一方面，墨白小说强调对现代主义叙事技巧的使用，强调对现代主义的理解和接受；但是另一方面，墨白的小说并没有把社会问题抽象化，而是始终和现实有着密切的关联。

墨白看上去和现代主义抽象主题有关的主题表达，背后都有着现实批判的意图。墨白有多篇小说呈现了世界的荒诞，如《风车》《梦游症患者》等，都旗帜鲜明地对世界的荒诞进行了批判。《风车》讲述了理论家到豫东一个地方观摩、指导当地人建造风车的故事，《梦游症患者》以三爷一家为主体，讲述了这一家人在“文化大革命”时期命运的变迁。在这些小说中，荒诞的场景比比皆是：在北方缺水的地方建造风车车水；医生正在给人做手术却被从手术台上赶下来并被宣布为右派；残疾的木匠把鸡蛋放进自己的被窝，要给集体抱小鸡；儿子殴打自己的父母，要找出所谓的变天账；人挖洞和老鼠、蛇生活在一起，觉得人更可怕……所有这些看上去匪夷所思的情节，充分显示着小说内容的荒诞。但是，这种荒诞却又不是脱离现实的抽象化荒诞，而是对极“左”年代人们精神变异的讽刺和批判。如前所述，呈现人性之恶并对人性进行批判，可以说是墨白小说中一以贯之的叙事主题。但是，墨白的小说，除了《讨债者》等少数小说稍有抽象化特质之外，多数小说对人性之恶的表达，依然是和现实密切关联的。例如，墨白的中篇小说《寒冷》由一组小故事构成，其中村头嫂虐待村头前妻留下的孩子毛头，让孩子胀肚而死；锅底发现狗蛋偷取他家东西，打伤了狗蛋。因为全村人都嫉妒锅底挣钱多，于是狗蛋抓住机会让锅底请全村人吃饭，让锅底倾家荡产；清明为了娶花枝花费了大量的彩礼，把花枝娶过门后却拼命地虐待花枝……这个小说的一系列小故事从不同角度呈现了人性之恶，但显然不能说这种呈现是一种哲学化的、抽象化的表现。事实上，我们可以明显看到，这组故事中的人性之恶是从现实生活中生发出来的，更多地具有了国民性批判的

① 陈映真. 陈映真全集(八)[M]. 台北：人间出版社，1988：7.

意味。

墨白小说中，偶然性、神秘性的表达也是常见的主题，但是，即便是这样带有某种先验的抽象性主题，在墨白笔下也都是和现实密切关联的。小说《夏日往事》中，一系列人物命运的转折源于一次偶然事件——乡村女教师孔英对学生东方的过度惩罚。一个处于青春期、性意识刚刚萌发然而又处于懵懂状态的男孩，无意中发现了比他大不了几岁的年轻女老师和村干部的不正当关系，就开始以和性有关的诸多方式主动攻击这位女教师——这显然是这个男孩子释放自己说不清楚原因的性压抑的一种方式。这位年轻的女教师不堪男孩的屡屡挑衅，一怒之下，用教鞭打了男孩的生殖器，于是，这两个人，这两家人的命运发生了重大转折。女教师最终自杀，男孩失去了性功能，男孩的父亲也为此事死于劳改农场。这就是墨白小说《夏日往事》的全部内容。从小说叙述来看，孔英对东方的这个惩罚完全出于偶然——东方在上课时躺在桌子上睡觉是偶然，露出生殖器也是偶然，而面对这种情况孔英瞬间失去理智更是偶然。但是，在这关于偶然的表现中，小说表现了对底层生存的深度观照。张闳曾经评价墨白小说中的偶然性书写，“底层生活的痛苦有时并不在于它有多少灾难降临，也不一定就是他们注定要忍受必然的痛苦，而是在于底层生态的脆弱性。他们是无助的，一个偶然性的事件就可以成为他们的命运。比如，日常生活中的某个细小的疏漏和错误，却会给主人公带来无尽的烦恼和厄运，甚至有可能是致命的”①。在这里，张闳的意思是，墨白借助偶然性命运实现了对底层生命、底层苦难的观照。我们发现，墨白借助他笔下的偶然性命运，不仅表达了他对生命的认知和对人生悲剧性的体察，也实现了对乡村底层生命悲剧性命运的观照，对乡村底层生命悲凉底色的展示。换言之，墨白笔下的苦难，不是一种哲理化的、抽象化的苦难，而是和现实生活中的苦难构成对应的。

① 张闳. 关于墨白小说的几个关键词[M]//墨白. 事实真相. 成都：四川文艺出版社，2001：256.

墨白曾经表述过自己的小说立场："人类的苦难在不断地发生。在这个即将过去的世纪里，我们的肉体承受了太多的苦难，我们的心灵承受了太多的苦难。战争饥饿自然灾害疾病充满了我们的记忆，而更多的苦难来自我们人类自己，……我们不能忘记人类的苦难。我们应该深刻地揭示我们人类自身的孤独和痛苦，深刻地揭示对现实生活的恐惧感和对未来的迷惘。叙述我身边的那些忍受着生活苦难和精神苦难的底层人的生存状态和精神状态……"①从墨白的小说来看，他的小说主题的确都是在呈现人类的苦难。墨白早年的小说多呈现在穷困之下人的精神压抑。《秋日辉煌》中，霜困苦又还算平衡的生活，因为两个灰色制服男人的到来而濒临崩溃——他们是来通知霜交罚款的。《仲夏小调》中，麻狗为了能借别人的打麦机打麦子，一直帮助他前面的人干活。但马上要轮到他家的时候，村支书却插队进来。麻狗表示反抗，但是村支书却说打麦机上的电机、电线都是他的。麻狗被村支书的几句话打倒了。乡村穷困者面对生活的无可奈何被呈现出来。之后，墨白的小说关于现实苦难的呈现不再局限于贫穷对人的压抑：《欲望与恐惧》《局部麻醉》表现了乡村知识分子进城后的精神压抑与无所适从；《寻找乐园》《事实真相》等小说旗帜鲜明地批判了城乡二元对立给乡下人带来的物质困苦与精神压抑；《梦游症患者》《风车》等小说则表达了对荒诞历史的批判。毫无疑问，墨白的小说的确都是在书写苦难，书写那些忍受着苦难的人的生存状态和精神状态，但是，无论什么样的苦难书写，都是和现实密切对应的。

墨白是一个对小说叙事形式、叙事技巧非常关注的作家，他的文本意识非常自觉。墨白也多次表达过他对文本叙事技巧的重视，"我一开始就比较自觉地注重小说的形式和技巧，我觉得这对我很重要。你只有先注重形式和技巧，才能更好地表达你的思想。当然，一个作家在写作之初他可能很注意技巧，到了成熟的时候他可能不太注意这些了，但你

① 墨白．自序 我为什么而动容[M]//墨白．事实真相．成都：四川文艺出版社，2001：5-6.

不能说小说里的形式和技巧就不重要了。我认为形式和技巧是一个作家认识世界的方法，形式的不同就是视角的不同，一种新的形式就是为人类提供一种新的认识世界的方式。许多了不起的作家都给人们提供了认识世界的方式，比如西蒙、伍尔夫、卡夫卡、乔伊斯、卡尔维诺……”①但是，墨白不是为技巧而技巧，他重视形式和技巧的目的，是想更好地表达自己。“我意识里的文学写作的先锋性应该是这样的：他的写作能提供一种新的认识世界的视角，或者是对生命的一种独到的感受；他的叙事或文本常常颠覆读者的阅读经验，把读者带到一个陌生的境地里去。读者在他那里看到了隐藏在自己身边的一些没有察觉或感受到的东西。”②换言之，墨白对形式的重视、对现代主义艺术手法的借鉴，都是为了更好地表达他所认知的生活，他所理解的生活。而这些现代主义技巧的背后，都有一个明显的现实批判立场存在。在讨论陈映真的作品晦涩、抽象，颇有现代主义气息的时候，有论者认为陈映真并不是一个现代主义者，因为“陈映真貌似现代主义的语言或者形式，不管多难解、多晦涩、多实验，后头总是有一个时代、一个社会的线索的，他并不曾企图将他自己的苦闷给哲学化或永恒化”③。同样，我们也不能把墨白视为一个现代主义作家，或者只强调形式的先锋作家，因为墨白同样没有把生活的苦难、荒诞，以及人性的冷漠给哲学化或者抽象化，他都是在具体的历史语境下呈现这些主题的。通过对这些主题的呈现，他表现的不是哲学的人性或者抽象化的人性，而是对具体历史语境的批判，以及对这些历史语境中苦难的深深悲悯。显然，究其根底，虽然表面上看墨白是一个现代主义风格的作家，是一个先锋作家，但是他所有的形式上的努力，都不过是为了更好地表达他对现实的感觉。他无意把现实哲学化或者永恒化，而是力图将现实的痛苦及其来源本真地呈

---

① 张钧. 以个人言说方式辐射历史和现实——墨白访谈录[J]. 当代作家，1999(1)：105-110.

② 林舟. 以梦境颠覆现实——墨白书面访谈录[J]. 花城，2001(5)：10.

③ 赵刚. 左眼台湾：重读陈映真[M]. 北京：北京大学出版社，2016：11.

现出来，表现出鲜明的现实主义批判的气质和立场。他的作品，是在中原大地生长出来的苦涩的泥土之花。

三、诗性叙事与墨白小说的文体风格

一方面，就艺术形式而言，小说和诗歌分别属于不同类型的文学范畴，小说是强调叙事的文学，而诗歌则是强调抒情的文学。另一方面，却又存在叙事文学与抒情文学的融合。中国现代白话小说中一直有一个诗性小说的传统。甚至，钱理群还断言，现代文学作品中艺术水准最高的作品往往是“现代抒情小说（或称‘诗化小说’）的谱系”的作品。① 对于小说作品中诗性特征的认定，理论界的认识主要集中于三个方面：其一，文体学层面的意义。这类观点主要集中于现代小说形式特征的诗意，如杨义就强调，对风格的诗化处理指的是诗对小说艺术的渗透。这类观点多强调语言的优美、韵律的音乐化、文本氛围的净化等。其二，美学层面的意义。理论界将那些强调印象性、神秘性，似乎无法描述、无法界定的叙事称为诗性特征。其三，本体论层面的意义，即受尼采、海德格尔等“艺术拯救人生”“诗意的栖居”等思想的影响，以语言中介去寻访、表现诗意、信仰、爱、神性，追求人生归依等主题的叙事，往往被视作诗性小说。② 从理论界对诗性小说的界定来看，墨白的小说毋庸置疑地带有浓郁的诗性特征。

墨白小说的诗性特征首先表现在文体学层面上，他的小说语言具有明显的抒情性特质。墨白是一个有着忧郁诗人气质的作家，他习惯于用一两句诗歌来做小说的题记。当然，墨白的诗人气质在小说中的显现不仅仅限于题记，更重要的是，他小说中有着强烈的抒情气质。一般说来，小说情节的推进有两种方式：一种是依靠细密连续的小说细节推进小说的发展，强调小说的密度，以内容的大容量取胜；另一种则是用抒

① 钱理群. 诗化小说研究书系[M]. 南宁：广西教育出版社，2003：3.

② 席建彬. 文化整合中的文学建构与意义生成[J]. 南京师大学报（社会科学版），2008(3)：133-138.

情式的语言推进小说的进展，强调情感的表达，以小说的某种“气味”取胜。作家的气质决定了他的情节推进方式。墨白的小说显然属于后者。在墨白的小说中，抒情的语句随处可见。如“那延绵不断的长满了绿色树丛的堤岸和没有尽头的歪歪曲曲的河面不停地呈现在我的眼前，一切都是那样的陌生和亲切，那条我记忆里的土黄色的木船停泊在哪一片河湾呢？一切是那样的茫然，但在那茫然里我仍然残存着一线微弱的希望。在幻觉里，我一次次看到了那条张着风帆的土黄色的木船在河面上顺水而下，我年轻的姑姑就坐在船头上……”①这样的语言方式显然是有着诗人气质的作家才习惯用的。事实上，不止一个评论者谈到墨白的诗人气质。张宁教授就认为：“墨白本质上是一个抒情诗人，倾向于内心独白。”②刘海燕也指出：“墨白是一个具有抒情诗人心性的作家，与大多数从乡村走出来的写作者不一样，他选择了个体经验而不是从宏大叙事的视角展开他的叙事。”③张晓雪在和墨白的谈话中也谈到，墨白小说的语言风格带有明显的蓝调风格：“你小说的叙事语言追求诗性，这就像蓝调的旋律，这种旋律，我看就是你小说叙事语言的整体。”④从叙事语言来看，诚如多位论者所言，墨白的小说语言具有明显的诗性特征。他的小说语言往往借助意识流式的内心独白，表达作家对生活的个体化感知，而这种带有抒情性特质的语言，其实也已经构成了墨白写作特征的重要组成部分。

从本体论层面上看，墨白的小说显然具有明显的诗性特征。一方面，在具有强烈批判现实立场的墨白笔下，苦难成为日常生活的常态，而且，在苦难中挣扎的人似乎也没有在现实中改变的可能。另一方面，

① 墨白. 回家，我们从清晨一直走到黄昏[J]. 莽原，2004(4)：16.

② 张宁，刘海燕. 写作是通过现实表达精神的过程——关于墨白小说的对话[M]//墨白. 来访的陌生人. 郑州：河南文艺出版社，2003：253.

③ 张宁，刘海燕. 写作是通过现实表达精神的过程——关于墨白小说的对话[M]//墨白. 来访的陌生人. 郑州：河南文艺出版社，2003：255.

④ 张晓雪. 我们应该怎样叙事——和墨白对话[J]. 天津文学，2008(8)：26.

墨白给他笔下的人物提供了一个超越生活苦难的出口，那就是爱情、艺术与远方。小说《俄式别墅》写的是爱情带给人的力量。小说以鸡公山上的俄式别墅为固定地点，写了跨越几十年时间的两段爱情。历史中的爱情是萍和林的爱情。萍是军阀的姨太太，但是她对军阀没有爱情，在鸡公山遇到青年林之后，两人陷入热恋，但是，他们也为爱情付出了代价——一人为爱情被杀死，另一个人则殉情自杀。小说中的另一个人物，即默默爱着萍的刘副官，一个人守在萍的墓地前孤孤单单生活了几十年。而现实生活中的爱情是"我"和芳的爱情，"我"是一个为生计发愁的艺术家，和妻子之间没有什么爱情，在遇到芳之后，两人陷入热恋，但这段爱情并没有美好的结果，一方面，他们的爱情是为世俗所不容许的，所以阻力重重；另一方面，芳是一个很实际的人，她很看重物质，而这显然是"我"无法提供的。相较之下，萍和林的爱情更值得赞赏，他们因为爱情超越了现实的苦难。现实生活中"我"和芳的爱情则败给了世俗和物质，这也注定了"我"和芳只能在庸庸碌碌中继续生活。即便如此，这段不纯粹、不坚决的爱情也会影响"我"的生活，给我庸碌而沉重的生活带来亮光。小说《民间使者》讲述的是艺术对苦难的超越力量。小说中的"我"一直在抵抗着父亲对我的要求——从事民间艺术。在父亲去世后，"我"发现了父亲的日记本，里面记载了几十年前父亲在颍河岸边的一次经历，里面有爱情、死亡和艺术。这让"我"对父亲产生了兴趣，决定沿着父亲当年的道路重新走一遍。在这个过程中，"我"开始大量接触民间艺术，最终发现自己不可遏制地爱上了民间艺术。从小说叙事的表层来看，《民间使者》讲述的是叛逆与皈依的故事，但在叙述中，却展现了艺术超越现实苦难的巨大力量。对于大众来说，民间艺术的力量在于它们点缀了大众的日常生活，给大众的生活带来亮色，在苦难中带来希望。对于民间艺人本身来说，民间艺术有着更强大的力量，它赋予了民间艺人一种强大的精神，在这种精神的照耀下，苦难、死亡都不再是不可征服的。民间艺人可以用平静的姿态面对生活中的一切，艺术已经成为他们的生活本身。在面对现实苦难时，艺术表现出了它超越性的力量。

在墨白这里，旅行和梦想也可以具有生活的某种本体意义。小说《航行与梦想》书写的就是关于旅行、梦想对现实人生的超越。小说的中心故事是主人公萧城的两次旅行，他想要通过旅行来摆脱日常生活的困境与无聊。萧城认识到了生活中无处不在的压抑，就像被困在食物链上的动物，没有自由。日常生活就意味着在食物链上不自由地生存，这样，旅行对他来说就有了特殊的意义，因为旅行可以使人暂时脱离熟悉的社会生活和熟悉的人，脱离社会给他规定的位置。旅行，特别是独自旅行，是当事人对他在社会上特定身份的一次小小的出轨和逃离。萧城另外一个对现实生活的逃避方式是梦想。他和燕子的通信、对燕子的幻想以及对梅子的幻想，都给他庸俗、沉闷的日常生活增加了希望。虽然小说也表述了关于燕子梦想的破灭，但是梅子却作为一个扑朔迷离的形象存在了下来，那么，关于她的梦想还可以持续下去。依靠旅行和梦想，萧城从现实的沉闷中获得了喘息的能力。从这几部小说中，我们可以明显看到，墨白表达的便是“艺术拯救人生”这种理念，在这些小说中，艺术、爱情等元素具有了超越性的力量，成为生命意义本身。

从美学意义来说，墨白小说对神秘性的强调，构成了其小说的诗性特征。神秘性是墨白特别强调的一个小说特质，正如墨白自己所说：“现实生活中的神秘是我写作的叙事策略，同时也是我的小说立场。”①显然，神秘不仅构成了其对生活的认知，也构成了他小说写作的基本立场，于是，就墨白的小说来说，我们可以看到，几乎所有的小说有神秘现象。例如，《错误之境》中的谭四清在出狱之后，发现他的情人马响席卷了他的财产逃跑了。他决定到马响的老家红马去寻找马响。小说描述了他前往红马的路上遇到的种种奇怪的事情。更为复杂的是，等他到了红马，却发现很多人并不认识马响。好不容易在一个老者的指点之下，他来到马响工作的学校，却在马响住的房间发现了一个年轻女孩子的尸体，他自己也莫名其妙地成了杀人嫌疑犯。《一夜风流》中，作家谭渔在

① 墨白. 重访锦城[M]. 武汉：长江文艺出版社，2000：5.

一个百无聊赖的秋日上午，拨通了手边的一个传呼号码。然后这个传呼的主人，一个年轻的女人杨玉飘然而至，她说她在邮局工作，谭渔拿到的号码就是在她帮助谭渔寄书时留下的。她还说谭渔当时送给了她一本书，她带来了那本已经被翻了很多遍的书，上面还有谭渔的签名。然后，两人一起吃饭、聊天，杨玉还带着谭渔去了她自己开的按摩店给谭渔按摩，带谭渔去自己工作的邮局。后来他们坐上火车来到外地，住进了一家宾馆。但是，二十天后，当谭渔再去找杨玉的时候，却发现那个按摩店的老板已经不是她，而邮局的工作人员也说他们都不认识一个叫杨玉的女人。这个女人是否存在过似乎都成了一个问题。

墨白的上述小说带有明显的超验色彩。从一般生活经验来讲，这些小说的最后结局并不符合生活的必然逻辑。《错误之境》中对马响的寻找显然带上了几分荒诞色彩。谭四清要找的人遍寻不到，自己却一再碰到各种稀奇古怪的事情。尤为怪诞的是，小小的一个镇子，居然很多人都不认识他要寻找的马响。当谭四清在好不容易碰到的知情人的指引下来到马响居处的时候，发现里面并不是马响，而是另一个不认识的年轻女孩子的尸体。从他出发，直到他成为杀人嫌疑犯，马响似乎一直都存在，但是，从小说的叙事过程以及结果来看，马响似乎只是一个荒诞的影子。红马之行，对于谭四清来讲，更像是一场荒诞的梦。至于《一夜风流》，则已经完全脱离了我们的生活逻辑和常识。小说的前半段，或者说直到结尾之前，都在讲述作家谭渔与年轻女子杨玉的相逢、谈话、做爱，小说的叙事显示这似乎不过是一般庸俗的艳遇故事。但是小说的结尾却奇峰迭起，突然显示杨玉这个女人并不存在，果真如此的话，那么谭渔二十天前的那场艳遇又作何解释？显然，神秘性就是这些小说的根本意义所在。从生活常识来讲，这些小说的叙事逻辑并不符合我们基本的生活逻辑，或者说，是不符合唯物主义的。因为无论是杨玉的神秘出现和消失，还是消弭了任何她曾经存在过的痕迹，都不符合我们基本的生活逻辑。或者我们可以这样说，墨白的这些小说在某种程度上就是反生活逻辑的，反生活现实的。虽然这些小说的基本细节仍然建立在作家对生活细节扎实的描摹之上，可是到了情节的关键地方，生活却突然呈现出了巨大的悖谬性和不合逻辑性。当然，正是通过这样的叙述，墨白把他小说中的神秘性凸显到了无以复加的地步。读《一夜风流》，无论读者如何健忘，或者缺乏基本的文学审美技巧，这个最后巨大的神秘还是能够带给人美学的震惊。或许，这也正是墨白的目的所在，通过这种不合常理的、带有巨大神秘感的情节设置，带给人强烈的美学震惊，从而让读者正视并且思考生活中无所不在的神秘。

显然，无论从美学层面，还是从本体论层面、文体学层面，墨白的小说都表现出了鲜明的诗性特征。事实上，正是这些特征在很大程度上决定了墨白小说的风貌。从小说表达这个角度来说，小说风格无所谓优劣高下之别。每一种小说风格都有其独特的价值和意义，都有其更适合表达的领域。不过，必须承认，深入理解墨白小说的诗性特质，对于我们更好地理解他小说的选题与表达，有着极为重要的价值。

一直以来，墨白都被冠以先锋作家的名号，这种鲜明的风格归纳的确呈现出了墨白小说非常鲜明的特点——在艺术形式上孜孜不倦的探索，但某种程度上，也构成了对墨白的遮蔽——对他小说强烈的现实批判精神的遮蔽，对他小说强烈的诗性特征的遮蔽。我们只有看到墨白小说形式探索之下的强烈的现实批判精神，看到他在愤激批判之下的诗性叙事，才能更为深刻地理解墨白小说中的诸如神秘、苦难、寻找等关键词语，也才能对墨白的小说有更为全面的认知。

第六章

传统与通俗

第一节　二月河：在严肃与通俗之间

由《雍正皇帝》《乾隆皇帝》连同《康熙大帝》三部历史小说组成的“落霞三部曲”自问世之后，便赢得了海内外读者的广泛赞誉，曾经被列入“二十世纪亚洲最受读者欢迎的一百部优秀文学作品”排行榜，也曾经荣获“美国中国书刊、音像制品博览会——海外最受欢迎的中国作家奖”等。在中国，二月河的“落霞三部曲”在成为畅销书、销量极高的同时，也获得了学界的认同。二月河的小说之所以能产生如此巨大的影响，和作家很好地处理了雅与俗的关系有关。

一、“落霞三部曲”与人性发掘、专制批判

从小说主旨角度来看，二月河的“落霞三部曲”表达了他对人性和封建制度颇为深刻的思考。二月河书写清朝三个皇帝，明确提出他的写作要尽可能兼顾读者和专家学者，即要尽力做到雅俗共赏。所以，二月河在叙事内容选择、叙事笔法等方面，非常强调传奇性和故事性，但是，作家并没有在小说的传奇性处止步，而是在传奇故事讲述的基础上，呈现了更为深刻的意义，表达了他对世界、传统文化、人性的认知，以及对封建制度的批判。所以，二月河的这一系列小说虽然强调故事性、传

奇性，但是，作家并不是为了传奇而传奇，为了讲故事而讲故事，而是在讲故事、讲述传奇的基础上，表达他对人性的认知、对封建皇权背后的问题的认知。这种讲述，使得小说虽然强调表达主旨的深刻，但是又没有流于说教。

“落霞三部曲”对人性的书写颇为深刻。书写人性，表达对人性的认知，呈现出人性的某些特点，是当代很多作家的叙事指向，“落霞三部曲”在讲述传奇故事的同时，也有意呈现了人性的复杂。其中一个重要表现是，小说中所描写的人物，都不能简单地以“好人”或者“坏人”进行标签化的概括。一般强调故事的通俗性、传奇性的小说，为了建构起情节的传奇，往往采用标签化的人物塑造方式，即正面人物一切都好，是人性善的代表，而反面人物在人性上则都是坏的，有问题的。“落霞三部曲”强调故事讲述的传奇性，但是，传奇故事中的人物并非脸谱化的，而是呈现出复杂的形态，使小说充满了批判的力量。小说中的李绂，出生于富裕家庭，又读着圣贤书长大，一直以读书人的标准对自己严格要求。李绂做官之后，也总是以清流的形象出现，不畏权贵，不慕钱财，是雍正朝中的著名大臣。但是，作家并没有对这个人物进行单模式化的塑造，而是利用一个看似微不足道的细节，呈现了这个人物的复杂。考中进士之前，李绂偶遇当朝宰辅张廷玉为其儿子办丧事，在电光石火之间，李绂突然扑到张廷玉儿子的灵柩之前，诉说两人之间感情是如何深厚，表达对张廷玉儿子的思念之情，从而给张廷玉留下了深刻印象。但实际上，李绂之前根本就不认识张廷玉的儿子。通过这样一个细节，李绂工于心计的形象跃然纸上，与他从政后的清流形象相互交织，共同构成了李绂这个人物形象的复杂性。

小说中人性的刻画尤为典型的当属雍正皇帝这个人物形象。在二月河的小说中，雍正是一个相对正面的人物。相对于参与夺嫡的二阿哥、八阿哥等人，雍正更为勤政。然而，传统历史小说中，雍正皇帝一般是以反面人物形象出现的，因为历史中的雍正被定性为刻薄寡恩，雍正推行的新政也被定性为暴政。但是，二月河在这部小说中展现了他关于历史的独立思考，他根据历史资料，做出了对雍正的独立判断，指出雍正所谓的暴政，其实是不利于士绅阶层，但有利于普通民众的。而且，雍正当时推行改革举措，也是不得已之举，因为康熙晚年的清朝政府已经出现国库亏空、政纪混乱的现象，在这种情况下，雍正锐意改革、革除弊病，其实是康乾盛世的关键人物。由此，雍正也被二月河塑造为一个勤政、努力的好皇帝。小说也点出，正是因为雍正的励精图治，他在位期间，国家库银从康熙时的七百万两增至五千万两，国力强盛超过康熙时代，为乾隆盛世打下了良好基础。不过，值得注意的是，二月河虽然在小说中呈现了雍正为康乾盛世作出的巨大贡献，在一定程度上为这个人物翻了案，但他也并没有把雍正皇帝塑造为一个道德高尚的明君。事实上，小说用大量篇幅呈现了雍正狠辣、阴毒的一面，例如，竞争皇位的时候，他一开始隐而不发，但是暗中储备力量，显示了此人心机深沉。在夺嫡的关键时刻，他发现自己的管家高福儿被八阿哥收买，虽然高福儿曾经救过他的命，但是他毫不犹豫地把高福儿埋在雪中冻死。夺嫡成功之后，担心自己在夺嫡过程中很多阴狠的手段被暴露，他一壶毒酒毒死了专门给他办秘密事情的粘杆处的几十名心腹。这些都显示了雍正狠毒的一面。这样，小说就呈现了雍正人性的复杂性。一方面，他勤政爱民，颇有恻隐之心，能够体察民间的疾苦，并且愿意帮助民间受苦之人；另一方面，他又狠辣阴毒，心机深沉。一个复杂的、立体的人物形象便呈现出来。

在“落霞三部曲”中，对人性的呈现既有对雍正、李绂等个体的刻画，亦有群像式的呈现。在这些群像式的人性呈现中，作家也没有因为文化程度或者阶级出身而对某些阶层进行美化。《乾隆皇帝》的《云暗风阙》一卷，写太子颙琰一行三人被困鲁家小店，不法师爷喊了一句“拿住一个赏三千两”，数百名根本不了解情况的围观者便一拥而上。这些人根本不知道为何要拿人，拿人是否合法、合乎道德。为了赏银，他们迅速呈现出人性之恶。小说也写到某些地方百姓以讨饭为业，白天到富裕地区乞讨、盗窃，晚上则聚赌淫盗。从个体来说，这些人都是社会的被剥削阶层，但是，他们的人性并不因为他们是被剥削者而高尚。通过这种群像的刻画，作家呈现了底层民众的人性。当然，读书人之人性也并不高尚。在《云暗风阙》一卷中，店主蔡老板就对李侍尧说过一段批评读书人的话。这些人说起来都是读的圣贤书，是知识分子，知道善恶，但是在现实生活中却因为白吃白住成为普通店铺都不愿意接待的人。因为这些人今天可能只是举人，明天可能就是进士、官员，所以店家不敢得罪他们。蔡老板甚至说，孝廉老爷就像出了名的婊子，难侍候！举子们饱读诗书、精通孔孟之道，本应温、良、恭、俭、让，知法守礼，但是这段谐谑讽刺的文字却活画出他们卑劣无耻的嘴脸和行径。二月河对人性的这种揭示，比起某些以深刻见长而完全不讲故事的纯文学来说，恐怕也未遑多让。

作为一个讲述宫廷斗争的小说，“落霞三部曲”虽然在刻画人性方面表现出色，但是其更有价值的地方则是对封建文化、皇权政治的深刻批判。正是在这个方面，凸显出二月河“落霞三部曲”的严肃品格。同传统的宫闱斗争类型小说津津乐道于宫廷斗争的瞬息万变不同，二月河更加强调对宫廷斗争背后黑暗文化的批判。《康熙大帝》《雍正皇帝》都用相当大的篇幅书写了皇权之争。皇帝所拥有的巨大专制权力，使得每一个有资格的人都对这个位子垂涎三尺，从而围绕这个位子展开竞争。所以，皇权之争是封建专制的必然结果。作家在描述皇权之争时，不是简单地将其中一方定位为正义、另一方定义为邪恶，而是入木三分地呈现出这个制度带给人的精神扭曲，以及对人性黑暗的释放。在小说中的皇权之争中，父子反目，兄弟相残。太子胤礽本为法定皇位继承人，但即便如此，他还图谋篡位夺权，欲逼康熙退位。皇长子胤禔为了消除夺嫡的竞争对手，竟然向康熙献计要亲手杀死自己的兄弟。皇八子胤禩纠集其他阿哥，勾连满朝文武，结成一党，图谋篡位，其势力之大，连康熙也忌惮三分。在这个宫廷斗争中，残酷、血腥、伪善成了主流，通过对众皇子夺嫡的描写，二月河入木三分地呈现了封建皇权政治的虚伪、落后和残酷。

和皇权政治紧密勾连的是大臣们的朋党之争。二月河在其作品中形象地展现出，无论在康熙王朝，还是雍正王朝，或者乾隆王朝，都有朋党之争。在每一个朝代，大臣们都会互相结党，构成不同的利益集团。二月河不仅描写了朋党之争的残酷——胜利者荣华富贵，失败者则罢职、流放甚至抄家杀头，更重要的是，他写出了朋党之争背后的黑暗文化——这是封建专制的必然产物。一方面，朋党的出现是皇权的需要，通过扶植不同的朋党，封建帝王才能更好地驾驭臣子。另一方面，从臣子的角度来讲，必须加入一个朋党，才能让自己的升迁之路顺遂，攀龙附凤。一句话，残酷的朋党之争是封建专制的必然结果。通过对朋党斗争的描写，小说其实表达了对封建政治制度的批判。当然，在描述皇子的夺嫡斗争、官员的朋党斗争的同时，二月河也展示了在这个残酷的封建专制王朝中生存，甚至加官晋爵，需要特殊的生存智慧，那便是官场权谋文化。《雍正王朝》中邬思道对帝王心术的把握着实让人心惊。但是，在封建官场，不仅仅有一个邬思道，事实上，所有的官员都深谙个中奥秘，否则就无法在封建官场中生存。《雍正皇帝》中，田文镜因河南罢考案受到弹劾，处于被攻击的地位。但是他手下的两位师爷揣摩雍正心思，利用雍正对朋党的憎恨，绞尽脑汁嫁祸于弹劾者李绂，最终成功以“朋党”罪打倒了李绂，不仅自保成功，还扳倒了政敌。《乾隆皇帝》中，傅恒在金川整顿军务时，捉拿了一帮嫖娼宿妓的文武官员，他本想借此机会整顿吏治。但经李侍尧、庞风鸣提醒，虑及将会面临的种种麻烦，迫于压力他只好草草收场。借助小说中这种情节的描写，二月河其实展示了更为深刻的东西，在封建王朝，其实连皇帝、亲王都不是自由的，都不能随心所欲光明正大地做事，都要受制于封建专制体制。即便出于善意做事，想要明哲保身，也要遵循权谋文化，至于想要消除竞争对手，更要遵循权谋文化。在这里，二月河形象地展示了这个制度的黑暗，以及人被黑暗制度同化的过程。

严肃文学和通俗文学的重要区别之一在于表达主旨的不同。一般而言，通俗小说往往更加强调讲述一个传奇故事，满足读者对故事的需求，而缺少更为深刻的主旨表达，严肃小说则往往以表达作家对社会的认知为主要诉求，从而呈现主题的深刻性。从主旨表达的角度来看，“落霞三部曲”深刻地呈现了人性的复杂，也对封建制度的问题进行了极其到位、深刻的省察。因此，我们完全可以说，“落霞三部曲”是严肃的历史文学作品。

二、普通读者审美趣味与传奇故事的建构

“落霞三部曲”之所以能受到广泛的欢迎，和作家对传统通俗小说艺术手法的汲取有密切的关联。从起源来看，小说一开始就是来自底层，来自普通人的街谈巷语。“小说家者流，盖出于稗官。街谈巷语，道听途说者之所以造也。……闾里小知者之所及，亦使缀而不忘。”①各国情况不同，但在中国，从文体角度来说，小说一直都属于低等级的文体，难入士林文苑。晚清时期，梁启超发起小说界革命，开始推动提高小说的地位，到新文化运动之后，小说才正式被“抬进了文苑”。虽然中国传统小说和雅致无关，不过，却并不影响文人雅士喜爱它。元明清三代屡次查禁小说，然而“士大夫家几上，无不陈《水浒传》《金瓶梅》以为把玩”②。小说屡遭查禁而不绝，其实正说明了小说的通俗性、故事性的价值。现代主义小说对小说故事性的轻视，某种程度上其实违背了这种艺术最原初的形态。显然，二月河对小说天生的通俗性质有着深切的认知，他明确强调，他的小说是写给普通读者的，而对于专家学者，他说，“我这书不是写给你们衮衮诸公的，是写给读者的”,③ 并且强调，“在读者和专家中，我尽可能兼顾两者，若真的要开罪一方，我宁可对专家不起。”④这种写作立场也决定了二月河小说的写作手法，他不强调小说一定要雅，但一定要能符合普通读者的审美趣味。

“落霞三部曲”的通俗品格在小说的各个方面都有体现。从小说的形

① 班固. 汉书・艺文志[M]. 北京：商务印书馆，1955：39.
② 孔另境. 中国小说史料[M]. 上海：上海古籍出版社，1982：17.
③ 二月河. 二月河作品自选集[M]. 郑州：河南文艺出版社，1999：237.
④ 二月河. 二月河作品自选集[M]. 郑州：河南文艺出版社，1999：220.

态来看，“落霞三部曲”基本采用了类型化小说的写作手法。二月河强调，他写这些小说的核心词不是皇帝，而是华夏文明，所以，他不愿意把这一系列作品称作“皇帝系列”，而称之为“落霞三部曲”。这是华夏传统文明的落霞。“我写这书主观意识是灌注我血液中的两种东西，一是‘爱国’，二是华夏文明中我认为美的文化遗产。我们现在太需要这两点了。我想借满族人初入关时那种虎虎生气，振作一下有些萎靡的精神。”①这段话表明了“落霞三部曲”要表达的严肃主旨，但作家丝毫没有因为主旨的严肃而对写作手法有所拘泥。可以看到，“落霞三部曲”中对几位皇帝的叙述以及对他们宫廷斗争的书写，明显具有宫闱斗争类型小说色彩。同时，在小说叙述中，公案、武侠、言情等类型小说的通俗技法也被融入进来。在小说形式上，作家采用了中国传统的章回体小说模式，这一切使“落霞三部曲”从整体形态上带有中国传统通俗小说的形貌。类型化叙事是通俗小说常用的模式，二月河在“落霞三部曲”中糅杂使用的武侠、公案、宫闱、言情等，都是中国通俗小说中比较成熟的叙事模式。通俗小说最大的目的就是获取更多的读者，而这些叙事类型能够迎合普通读者的欣赏口味，满足普通读者的阅读期待。对中国传统通俗小说类型的利用，使得二月河的“落霞三部曲”在艺术形式上不会带给读者美学上的震惊，不会让普通读者敬而远之，从而拉近了与普通读者的距离，满足了普通读者的阅读期待。

另外，从小说表达的内容来看，“落霞三部曲”为了迎合普通读者的阅读爱好，特意强调了叙事的传奇性。在人物形象塑造上，小说对很多人物形象的塑造都采用了传奇化的方法，使这些人物带有市井传说的气息，更接近于市井俗人对传奇人物的想象。例如，小说虚构的、在历史上实无其人的伍次友、高士奇、邬思道，以及历史中存在但是在小说中被塑造得通俗有趣的方苞、纪晓岚、李卫、周培公等人，其行事方式都不像真实的朝廷大员，而更符合市井百姓对朝廷大员的想象。尤其是李

① 二月河. 二月河作品自选集[M]. 郑州：河南文艺出版社，1999：239.

卫，此人叫花子出身却能官至封疆大吏，身为朝廷大员却又和黑白两道都有勾连，而且行事方式绝少官仪，不改粗俗本色，其形象更具有民间想象的传奇性，因而也更为普通读者喜爱。这些细节使作品具有了“大俗”之趣，增加了阅读的趣味。从情节建构来看，“落霞三部曲”也非常强调故事的传奇性。这种传奇性的强调，不仅体现在那些惊心动魄、高潮迭起的情节上，即便是小说中看似平缓的、闲笔似的情节，很多也具有民间传奇的色彩，从而让小说情节带有丰富的传奇性。在《康熙大帝》第三卷《玉宇呈祥》第十一回“白衣观进香求神佑 明珠府醉酒承皇恩”中，小说有一段高士奇与众人斗智的故事，其中康熙皇帝考量高士奇的情节这样说道：

> 康熙笑得眼泪汪汪，指着高士奇道：“好，我来问你，如来是何许人？”
>
> 众人听此话音，已知高士奇中了圣意，都敛息静观皇帝亲试，却听高士奇说道：
>
> “这不用问，如来是个女人。”
>
> “为什么？”
>
> “《金刚经》上说‘趺坐而坐’。如来不是女人，为什么丈夫坐了才敢坐呢？”
>
> 康熙忍着笑又问道：“那——太上老君呢？”
>
> “女人！《道德经》上说‘吾所大患，以吾有身；及吾无身，吾有何患？’——不是女人，怎么会有身子了呢？”
>
> “照你这样说孔子也是女人了？”
>
> “当然。子曰‘沽之哉，吾待价而贾者也’——他如不是女流，怎么会‘待嫁’？”①

① 二月河. 康熙大帝·玉宇呈祥[M]. 武汉：长江文艺出版社，2018：90-91.

在“落霞三部曲”中，类似的对话还有很多。这样的对话以及其中所体现出的机巧，在相关民间故事中多有表现。可以说，这种对话中的机巧，符合市井文化对文化的想象，非常有趣，是典型的市井文化形态的呈现。而且，尤有意味的是，在上述这段对话发生的时候，高士奇还不知道对话的另一方是当今皇帝，而一场对话结束，高士奇立刻就入了皇帝的法眼，从一介布衣直接被皇帝提拔进上书房，可谓一步登天。高士奇虽然富有才华，但此前却连年蹉跎，辗转于下层社会，如今却一步登天，这个突兀的变化，可谓极富传奇性。福勒指出：“一般而论，凡是存在对立又相互联系的力量、冲动或意义的地方，都存在着张力。”①这种情节的张力，是很多通俗小说努力追求的，这样会使得小说更能满足读者的某种情感需求。当下的网络文学中非常流行的一种写作类型就是“废柴流”，小说的主人公在发达之前，一定是百事无成、倒霉至极的，如此，主人公的成功才更具有戏剧感，小说也才更具有传奇性，从而更能吸引读者。对高士奇在这一刹那命运急转的描述，毫无疑问，也是作家有意营造传奇性效果的一种巧妙的叙述笔法。这种传奇性的故事情节，也让小说更具有阅读吸引力。另外，小说中还有大量关于奇门遁甲、麻衣神相、拆字打卦、江湖传奇、青楼故事、才子佳人以及宫廷秘闻等方面的描写，这些内容的书写，一方面，有助于小说营构符合当时样貌的历史环境；另一方面，也迎合了普通读者的欣赏习惯和趣味。

当然，“落霞三部曲”在艺术上的成功之处还不仅仅如上所述，例如，颇具史诗色彩的对满清王朝的全景式描绘，对当时特定历史文化风貌的展示等，都显示了这几部小说在艺术上的追求。另外，就小说艺术来说，“落霞三部曲”还有诸多可取之处，比如小说语言的选择。书写历史小说，最为困难的事情便是对小说语言的把握。过于古典，则难为今人所接受；过于现代，则显得不伦不类。而且，语言选择的背后，蕴含有作家对相关语言把握的功力。今天很多历史小说成就一般，很大的原

① 王先霈. 文学批评术语词典[M]. 上海：上海文艺出版社，1999：287.

因就在于作家缺少对历史语言的把握能力。“落霞三部曲”中的小说语言，可以说是历史小说中少见的成功典范。在小说中，二月河借鉴了中国古代白话小说的语言风格，其文字既有古代语言的韵味，又通俗晓畅，明白易懂。同时，在叙事的过程中，小说又加进了大量的诗词歌赋、民谚民谣，这些具有典型时代语言特点的段落，又进一步使得小说既古色古香，又饶有趣味。

三、雅俗共赏与“落霞三部曲”的示范意义

文章有雅俗之分，在中国文学中是一直存在的现象。在古代中国，雅俗的区分体现在文学体裁上，例如，小说在古代无论如何都无法进入雅文学层面，只能属于下里巴人，无法归类为阳春白雪。所以，仕途成功的文人一般不会去做小说。从中我们也可以看出，雅文学和俗文学的区分，不仅仅是文学内容、形式表现的差异，其背后还隐含着文化权力和文化等级的不同。雅文学意味着其地位的正统，意味着文字的高雅和不朽，意味着文化权力，而俗文学则往往意味着文字的通俗甚至庸俗，意味着可能会速朽。自新文化运动以来，经过斗争，白话文成为唯一的文学表达方式。但是，在白话文内部，也逐渐形成了严肃与通俗之分。从当时的历史情势来看，严肃文学扛有启蒙民众之重任，自然不希望通俗文学来分流读者，或者传递传统的旧思想，于是，新文化运动中便对鸳鸯蝴蝶派等通俗文学进行攻击。这实际上也确立了白话文小说的正统与边缘的区别。这种区别最直接的表现就是文学史地位的不同——严肃文学天然具有进入文学史的权力，而通俗文学无论多么流行，往往也无法进入文学史。当然，这种雅和俗的区分，或者严肃和通俗的区分，不仅仅在中国文学中存在，而是一种普遍现象。例如，法国作家大仲马的小说《三个火枪手》《基督山伯爵》影响深远，直到今天也还在被广为传颂，但是在文学史上的地位却远远不如同是法国作家的雨果、巴尔扎克以及司汤达。

把小说分为严肃文学和通俗文学，有利于鼓励作家创作有意义、有深度、有思想的作品。不过，这种区分在今天也逐渐凸显了其问题。由

于过于强调严肃文学的正统地位，通俗文学在文坛以及文学史上的地位都不高，这在很大程度上影响了很多作家的小说创作观念，即小说写得好看与否并不重要，重要的是在形式上具有严肃文学的特征，内容上要表达一些想法。这样直接导致了今天的很多严肃小说，只是忙于形式创新，或者表达自己的一些看法，而完全忽略了小说的大众性，结果很多小说看上去枯燥无趣，既没有独特的、发人深省的看法，亦不能给读者提供有趣的故事。这显然是对小说原初意义的偏离。小说自形成之初，便是一种“不被授权的文体”，这种文体除了能够给读者提供一个故事、提供阅读的乐趣之外，什么也不能提供给读者。古代所谓的“书中自有黄金屋，书中自有颜如玉”的书，显然和小说无关。因为小说不是科举考试的科目。甚至在历史上，小说因为“诲淫诲盗”还是国家打击的对象。但是，就是这样一种文体，不能给读者提供富贵，甚至还屡遭打击，却依然穿越漫长的历史时代，绵延而来。这显示了小说强悍的生命力。我们考察这种生命力的来源，其实正在于小说的通俗性，在于其能够给读者带来快乐。如果小说过于强调与俗文学的区分，强调形式创新，完全忽略读者，在某种程度上可能是在和小说这种文体原初的精神背道而驰，最终可能会毁灭这种文体。

美国文学批评家莱斯利·菲德勒曾经评价纳博科夫的《微暗的火》和约翰·巴斯的《羊童子贾尔斯》：“那真是一对儿奇书，前者美国味儿寥寥，后者是绝对的美国地方风味。可是它们在使用‘现代主义’艺术小说的典型手法上却是如出一辙，诸如反讽、戏拟、裸露暗示、连篇累牍的卖弄学问、执迷不悟的实验主义等，这一切都并非旨在发扬光大形式，反之是欲置之死地而后快。这类小说，正好比那些早来炸飞自己的自我毁灭雕塑的文学版本，诸如诡雷，它们不是用来炸毁工厂、兵营和宫殿，而是要将它们所包含的‘艺术’这个观念，炸个烟消云散。”①显然，

① ［美］莱斯利·菲德勒．文学是什么？高雅文化与大众社会［M］．陆扬，译．南京：译林出版社，2011：71-72.

这种雅化的极致不是对小说艺术的弘扬，而是破坏。事实上，市场也能证明莱斯利看法的正确性，纳博科夫虽然呕心沥血写成了《微暗的火》，在形式上颇有突破，但是，他影响最大的小说依然是更具有通俗性的《洛丽塔》。

二月河小说的成功，其实也说明了雅俗共赏对于小说的重要意义。二月河在创作之初，就明确了自己的创作立场，即不会拘泥于雅俗之分，而是要努力创作出让普通读者喜欢的文学作品。一方面，为了达到这个目的，“落霞三部曲”明显学习、借鉴了传统小说很多成功的经验，比如对宫闱秘闻、公案等小说叙事形式的借鉴，对小说情节构建的重视，等等。另一方面，作家显然也并不满足于书写一个简单的传奇故事，而是有意在历史传奇故事的讲述中，融进他自己对历史的理解、对人性的理解。从“落霞三部曲”来看，无论是对康熙皇帝、雍正皇帝，还是乾隆皇帝，二月河都有自己的看法，而且他关于历史的认知，都成功地融进了小说故事的讲述中。所以，我们看雍正皇帝，从小说的表层，我们看到了有趣的、动人的故事，在这些故事中，历史人物纷纷粉墨登场，演绎着自己的忠奸善恶。同时，我们又可以从这通俗的故事讲述中，看到一个和既往传说不一样的雍正皇帝，看到复杂而多元的人性。“落霞三部曲”从问世之初，就开始赢得批评界和市场的一致好评，而这套书在出版多年后依然畅销，这不仅说明了二月河创作的成功，也说明了二月河坚持雅俗共赏的文学立场的正确性。

“雅俗共赏”是我们经常使用的词语，但是在当下小说创作中，我们其实更多地看到严肃小说对通俗手法的鄙薄。这就导致了严肃文学和通俗文学被完全割裂。但是，“落霞三部曲”的成功让我们看到，雅俗共赏至少应该是小说努力的一个方向。

第二节　孙方友：在传统与现代之间

中国现代白话小说主要是从西方现代小说横向移植而来，所以，无论是在叙事艺术还是小说精神上，一直都比较强调向西方学习。这一点，从中国现代白话文学大师鲁迅、茅盾、巴金等人的写作中可以明显看出来。现代白话文学具有的这种西化特质也影响了大多数的中国作家，虽然很多作家都在强调对传统资源的学习和继承，可是，总的说来，西方小说的影响还是更大。当然，近年来形势发生了某种变化，在当下全球化的背景中，已经有越来越多的中国作家开始强调小说写作地域性、传统性的重要,① 也有很多作家开始重新面向中国古典进行学习。不过，对于孙方友来说，延续传统并不是近年来才开始注意的事情，因为从他开始写作，他的小说就一直强调对传统的汲取，他的小说也在传统和现代之间达成了一个微妙的平衡。

一、传统文化精神的坚守

孙方友小说对传统的继承和坚守主要表现在小说内容和小说精神上。他的小说主要分为“陈州笔记”和“小镇人物”两大系列。这些小说都围绕陈州及陈州的颍河镇展开，不过时段不同，“陈州笔记”里人物的生存背景是从清朝末年到民国初年，而“小镇人物”里人物的生存背景是从中华人民共和国诞生至今。这两大系列的小说在某种程度上可以说是一部人文意义上的陈州百科全书，带有明显的地域文化色彩。陈州，即今天的河南淮阳，可谓风景与人文并存的一块神奇地方。这个地方和中国人文文化有着密切的联系，关于此地最早的传说，是它是人祖伏羲的长眠之地，至今当地还有伏羲太昊陵，以及相传伏羲演八卦的画卦台等景点。另外，相传当年孔子周游列国被困于陈地，也是在淮阳，至今淮阳境内还有弦歌台，相传即当年孔子被困处。此外，像三国时曹植被贬陈州、包公陈州放粮等故事，也发生在今天的淮阳境内。在地理风景方面，淮阳也颇为神奇，虽然地处北方，但是环淮阳县城却有一万亩龙湖，风景秀美，颇有江南之象，且当地多特产，如蒲根、陈州藕、泥泥

① 李洱. 传媒时代的小说虚构[J]. 济源文学，2009(1)：68-73.

狗等，皆有当地特色。这些陈州特色在孙方友小说中都得到了神奇的表现，至于太昊陵，更是多次在其作品中出现。孙方友对当地文化景物的强调，具有鲜明的地域文化、民族文化特色，从小说内容角度讲是对民族文化的弘扬。

之所以说孙方友的小说是对中国传统文化的坚守，很重要的一点就是孙方友小说中的精神。孙方友笔下的陈州人物有士绅，也有引车卖浆者流，身份虽然不同，可有一点是共同的，即这些人平时非常普通，甚至有些无赖，但是在民族危亡之际，他们很多人身上却能呈现出中华民族的血性和优良品质。如小说《茗香楼》中的李云灿，是周口士绅，喜好藏书，他的藏书楼茗香楼中藏有很多孤本、善本。后来日本入侵，进入陈州城。李云灿原本打算孤身逃跑，可后来心系自己珍藏的图书，又冒险返回陈州，结果陈州的日本守军要求李云灿当汉奸，否则就要取走他的善本图书。李云灿坚决不做汉奸，一把火烧了自己的藏书楼，并且自己也葬身火海。之后，日本人继续追查善本图书，李云灿的车夫黄天就把日本人领进储藏酒的小木楼中，放火烧楼，和日本人同归于尽。小说中的李云灿和黄天分属士绅和底层两个阶层，可是这两个不同阶层的人物在面对民族敌人时，却不约而同地选择坚守民族大义，呈现了中华民族威武不能屈的精神。

不仅在民族危亡之际，在日常生活中，当普通人面临厄难时，他们也常常会朴素地遵守中华民族精神。小说《老蓝》中的老蓝和蓝玉就是这样具有非常典型的中华精神的人物。老蓝是小镇上一个普通的做豆芽生意的小商人，因自己不能生育，就抱养了一个女儿，就是蓝玉。蓝玉长大之后，形象俊美，1970 年，北京来人到这里为人民大会堂挑服务员时，就把蓝玉挑上了。可是因为老蓝之前曾经当过国民党兵，所以蓝玉政审不能过关。北京来的人知道蓝玉是抱养的之后，就劝蓝玉认祖归宗，因为蓝玉的父亲是贫农，还是煤矿工人，所以她的成分是没有问题的，这样蓝玉也就可以获选。但是蓝玉却一口回绝，原因很简单，她不能为了前程而忘恩负义。这个俊美的姑娘在命运转折的关头，没有见利忘义，而是坚守了中国传统的朴素美德。老蓝知道这个情况之后，并不介意蓝玉认祖归宗可能会让自己失去一个女儿，反而为了蓝玉的前途而力劝蓝玉认祖归宗，见蓝玉不同意，竟然以死相逼，蓝玉无奈，这才认祖归宗。可是，令人无奈的是，之后蓝玉政审仍然不能通过，北京来的人和当地政府变卦，取消了蓝玉的应招资格。老蓝听说此事，更感觉对不起女儿，深悔自己收养蓝玉影响了蓝玉的前程，同时又恨公家人欺人太甚，就买了两包鼠药放到豆芽中，然后把豆芽送到公社食堂，自己回家和妻子悬梁自尽。上述小说中的人物，从李云灿到黄天，从老蓝到蓝玉，身份有士绅，有引车卖浆者流，年龄性别更是五花八门，可是这些人有一个共同的特点，即在面临富贵诱惑、武力压迫时，都能坚守自己的道德价值立场，真正体现了“富贵不能淫，贫贱不能移，威武不能屈”的中华民族优良传统。对这些人物的塑造，表现了孙方友对传统中华精神的向往，也呈现了传统中华文明的魅力与价值。

孙方友的优秀佳作还能够做到把陈州风物、陈州文化与陈州人的民族文化精神有机结合，通过对陈州文化景物的描述，他展示了陈州人的中华文明精神；通过对陈州人中华文明精神的展示，又揭示出陈州景物的人文意义。例如，在小说《泥兴荷花壶》中，孙方友就把陈州特产泥兴荷花壶的神奇和陈州匠人的品质有机结合到一起。小说讲述的是，段祺瑞到陈州买泥兴荷花壶，陈州师傅陈三关在不知道来客是段祺瑞的情况下，认真给客人挑壶，在挑出宝壶后，得知来客是段祺瑞，于是设计把宝壶破坏的故事。小说开篇就娓娓道来地叙述了陈州特产泥兴荷花壶的传奇神韵，它造型美观，色彩淡雅，用料讲究，壶坯薄而坚固，不仅可以弹音，而且具有独特的透气性能，沏出的茶隔夜不馊，因此，泥兴荷花壶长期以来一直是京城的贡品。令人叫绝的还有泥兴壶的挑壶程序：首先是抛壶，一百把壶“从高空落到地上，皆完好无损”；然后敲壶，“凡音裂音哑者，当即抛出”；最后弹壶，先是弹出一曲玄妙的《春江花月夜》，再突转为暴风骤雨的《十面埋伏》，这时，“只见案上瓦砾一片，唯有一壶亭亭玉立于瓦砾之中”。这样的挑壶工序不仅闻所未闻，极富神奇色彩，而且突出表现了一个民间艺人对艺术的认真与执着，向今人展示着传统文化的博大精深。小说描写的重心在挑壶的过程，孙方友把这个过程描述得美轮美奂、摇曳生姿，在这个过程中，中华文明的神秘、博大得到了淋漓尽致的展示。小说的情节突转，源于陈三关的破壶事件，在得知来客是段祺瑞之后，出于对军阀的厌恶，陈三关不想让自己的宝壶落入此人手中，于是设计让段祺瑞亲手毁了宝壶。在这个毁壶的过程中，凸显了陈州工匠陈三关威武不能屈、富贵不能淫的精神品格。小说叙事跌宕起伏，壶品与人品交相辉映，中华民族精神与中华民族文化、工艺相得益彰，艺术与精神在其中极为完美地展现了出来。可以说，孙方友的小说是借陈州风物来展示中华文化、中华精神，无论是在风物描写还是在精神传承上，都呈现了中国传统文化的魅力。

二、现代性批判与世道人心的展示

之所以说孙方友小说极富传统性，还因为其小说的伦理指向。他虽然有不少作品强调现代性批判立场，但是更多的作品还是深受传统中国小说影响，强调似乎并不深刻的世道人情。作为一个当代作家，毋庸置疑，孙方友会受到各个方面的现代性文化的影响，进而也会影响他的思想和小说的精神指向。所以，阅读孙方友的小说，我们会发现，在其小说中有不少篇幅是作者站在现代性立场上对传统人、事的一种重新思考，这样，他的小说就带有了不自觉的权力批判和国民性批判的色彩。墨白也谈到过孙方友小说在这方面的特点：“‘陈州笔记’对人性的审视，对民族的匪性、不劳而获的心态，对来自不同阶级的利益冲突和权力冲突对民众造成的危害，对渗透我们民族骨髓的权力意识的厌恶，无不深藏在不同的故事背后，让人触目惊心。”①例如，其小说《花婶儿》通过讲述一个农村妇女的悲惨命运，完成了国民性批判。小说中的花婶儿是小叔的妻子，形象俊美，从嫁过来那天起，她的漂亮就“震”了几道街。花

① 墨白．序[M]//孙方友．雅盗·神偷．郑州：河南文艺出版社，2008：4.

婶儿也很贤惠，可是，她有一个致命的缺陷，就是不能生育。为了生育，花婶儿跪行太昊陵三里多路，求巫婆看病，吃过活着的壁虎，甚至让江湖郎中在档里一下子扎了二十多根针，为了要孩子，花婶儿这一朵鲜花渐渐枯萎，最后还是和小叔离婚了。离婚后的花婶儿再婚嫁给了城里一个前妻病逝的干部，结婚前花婶儿告诉对方自己不能生育，可是几年后再见到花婶儿，发现花婶儿比以前更黄更瘦了，而且身上一股草药气息。原因是，那个县城干部还想要孩子，逼着花婶儿吃药。小说针对中国“不孝有三，无后为大”的传统观念进行批判，形象生动地展示了这些旧观念对女性的束缚和压抑，展示了旧观念吃人、害人的特质，颇能引人深思。这显然是孙方友站在现代性立场上对过去生活和文化价值观念审视的结果。

这些对传统观念、人性的现代反思，以及对权力的现代批判，被孙方友用传奇的笔法描述出来，别有韵味。不过，孙方友那些讲述世道人心的作品，也具有独特的魅力。在这些作品中，他并没有进行国民性批判，而是描写了普遍的人性和世道人心。例如，他的小说《名伶》就讲述了一个让人感慨唏嘘的故事。小说中的名伶叫马慧，是小镇上的一个普通姑娘，因为形象俊美、音质圆润，被挑到镇上宣传队演戏。因为演戏出色，在当时成为名伶，差点被专业剧团招工招走，但因为镇里不放才作罢。马慧很会做人，在旁人有难或者受困时，总能不动声色地帮人解围，所以人缘很好。可是人缘很好的马慧却成了政治斗争的牺牲品。马慧是“公社革委会”白主任一手发现的，后来成了白主任的情妇。这个秘密被白主任的政治对手公社郑书记发现，他就一手组织了捉奸行动。马慧和白主任的奸情败露后，白主任一走了之，而马慧却声名狼藉，从当地名伶一下沦为嫁不出去的姑娘，最后不得不草草嫁给一个奇丑的鳏夫。名伶的命运在这个地方发生了转折——虽然一时出色，可不但没能脱离农门成为工人，还草草嫁人。但是小说接着写道，马慧并没有因此一蹶不振，后来改革开放，乡里兴起小剧团，马慧又再次唱红颍河两岸，之后唱戏落伍，马慧又发挥自己的聪明才智，创造了唱广告的职业，专门给镇上商户唱广告、促销，收入颇丰。小说最后感慨，倘若马慧当年不被捉奸，充其量也只能当个工人，可是当下这行情，当个工人恐怕还不如马慧唱广告。又如，其小说《血祭》讲述了土匪突袭村寨，杀了十多个孕妇，用孕妇血洗子弹，说这样就可以百发百中。然后，土匪抓走了他们认为是富人的人做人质，要求富人家人赎人。被抓的人中有一个剃头匠，他被误当作富人抓到山上，却没有声辩。到山上后，剃头匠才申明自己不是富人，而是剃头的。匪首让剃头匠给众匪剃头，看他没有危险后，才让剃头匠给自己剃头。剃头匠抓住这个机会，杀死了匪首。因为在众土匪所杀的孕妇中，有一个就是他的妻子，他是蓄意复仇才故意被抓的。剃头匠杀死匪首之后，昂然不惧，说明自己杀死匪首的原因，然后往山下走。众匪在他身后射击，可是那些浸了孕妇血的子弹却都射不到他身上。此时，匪首妻子出现，她笨拙地拿出枪，却一枪就打死了剃头匠。

上述两个小说，基本不涉及文化批判、人性批判等问题，但却涉及世道人心。《血祭》说的是人心。土匪杀孕妇，用血洗子弹，根本原因恐怕不是说这样的子弹就有魔力，而是通过这样的行为，让土匪更具匪性，更灭绝人性，这样下手自然更狠。剃头匠之所以敢上山杀匪首，并非其人高尚，要为民除害，不惜牺牲自己，而是妻儿惨死，仇恨之心难遏，不惜同归于尽。剃头匠杀人之后，一个怪现象出现，那些被孕妇血泡过的子弹居然都射不到剃头匠身上，而匪首的妻子，一个不擅用枪的人，却轻易地打死了剃头匠，原因不在于子弹，而在于人心。剃头匠的行为在某种程度上是对众匪的一个震撼，激起了众匪的人性，让他们开始反思自己，同情剃头匠，这是他们射不中剃头匠的原因。而匪首的妻子能够轻易打死剃头匠，是因为此时她死了丈夫，要复仇，自然无所顾忌，唯恐剃头匠不死。《名伶》则说的是世道。小镇上一代名伶马慧的命运沉浮、起起落落，看起来完全不是由她自己能够做主的，虽然她为人聪明，形象俊美。倘若她当年不从白主任，在那个年代，恐怕她早就遭了厄运，更遑论成为名伶了。倘若白主任和郑书记不是政敌，那么马慧的生命或许更为顺畅一些，或许会被招工。可是小说最后又说，看当下这行情，便是做工人，也未必有马慧现在唱广告好些。马慧的一生让人感慨唏嘘，但我们却很难责怪马慧什么，只能说大家都在世道、命运的捉弄之中，没有人可以逃出世道、命运的控制。

对于这些小说，我们很难用更为高深的理论来解读，因为这些人物的行为和国民性、文化批判等似乎关系不大，而更多地体现了亘古至今始终未变的普通人性与人心。或者可以说，孙方友写的是故事传奇，表现的却是世道人心。这种对世道人心的关注，正是中国传统小说的写作精神。“在中国古代，并不是每一种‘知识’都被看作能够承担‘济世’功能的。这一点对虚构性的文字写作知识来说极为明显。古典的‘诗史’传统主要是针对诗和文，词曲小说是士大夫羞于启齿的文类，更不用说去讨论它们如何载道济世了。”①唯其如此，中国古代小说不去考虑国计民生等大问题，而更加关注世道、人心以及人间传奇。然而，这种小说传统在中国白话小说形成的过程中断裂了。因为现代中国白话小说作家都倾向于寻找更有意义的题材，或者是救亡图存，或者是启蒙批判。正如安敏成所说：“现代中国文学不仅仅是反映时代混乱的一面镜子，从其诞生之日起一种巨大的使命便附加其上。只是在政治变革的努力受挫之后，中国知识分子才转而决定进行他们的文学改造，他们的实践始终与意识中某种特殊的目的相伴随。”②在小说这种文类在中国文学中获得崇高地位的时候，中国现代作家在小说中附加了太多的意义，而唯独忘却了小说本身的趣味，以及中国传统小说对世道人心的关注。孙方友的小说在这方面自出机杼，向上延续了唐传奇、明清话本等小说对世道人心的关注，他不急于站在更高的立场寻找更深刻的意义，而是真切地写出传奇中的普遍人性与世道人心，使得其小说在伦理上对中国传统小说构

① 练暑生. 如何看待中国现代文学的大传统——在历史的旋涡中展开想象[J]. 郑州大学学报：哲学社会科学版，2009，42(4)：57-59.

② 安敏成. 现实主义的限制——革命时代的中国小说[J]. 南京：江苏人民出版社，2001：3.

成一种延续。

孙方友的小说虽然具有现代性启蒙立场，但是在小说精神和叙事伦理上都明显带有中国传统文化的痕迹，是中国传统叙事方式的延续。这样叙事风格的形成，肯定和作家自身的某种文化追求有关，当然，外在的影响显然也是导致他做出这种选择的重要原因。如墨白所说，孙方友从小就深受传统文化的影响。在孙方友成长的地方，是产生和汇聚地方戏曲种类的地方之一，同时此地又汇聚多方的说书艺人，从河南坠子到山东大鼓，从木板大鼓到山东琴书，还有河洛大鼓、凤阳花鼓等，都有说唱，而幼年的孙方友对此又非常痴迷。① 如此，孙方友能够写出这样古色古香、带有强烈中国传统气息的小说也就可以理解了。在当下这个日益全球化的时代，地域文化、传统精神越来越受到现代性的冲击，甚至面临消失的危险，孙方友的这些小说显然具有了独特的意义。正如同墨白所说："'陈州笔记'确实成了认识和了解中原历史与文化的一把钥匙，你无法估量这种精神层面的传播有多么深远和持久。在未来的时间里，陈州笔记将越来越显示出它不同寻常的价值和意义。"②

① 墨白. 序[M]//孙方友. 雅盗·神偷. 郑州：河南文艺出版社，2008：5.

② 墨白. 序[M]//孙方友. 雅盗·神偷. 郑州：河南文艺出版社，2008：6.

第七章

叙事的可能

第一节 《应物兄》：用中国方式书写“无数的心事”

2019年，李洱凭借长篇小说《应物兄》获得了第十届茅盾文学奖，授奖词指出：“《应物兄》庞杂、繁复、渊博，形成了传统与现代、生活与知识、经验与思想、理性与抒情、严肃与欢闹相激荡的独特的小说景观，显示了力图以新的叙事语法把握浩瀚现实的探索精神。李洱对知识者精神状况的省察，体现着深切的家国情怀，最终指向对中国优秀文化传统的认同和礼敬，指向高贵真醇的君子之风。”的确，庞杂、繁复、渊博是这部小说非常明显的外部特征，正是这些特征体现了《应物兄》在叙事模式上颇有突破意义的探索。随着人们对世界复杂性认知的深入，文字线性叙事的缺陷也日渐被作家们关注。作家们意识到，认知的共时性与语言表达的顺序性之间存在着矛盾。“人们在查看地理时所见到的，无一不具有同存性，但语言肯定是一种顺序性的连接，句子陈述的线性流动，由最具空间性的有限约束加以衔接，两个客体(或两个词)根本不可能完全占据同一个位置(譬如在同一个页面上)。对于词语，我们所能做的，无非就是作重新的收集和创造性地加以并置的工作，尝试性地对空间进行诸种肯定和插入，这与现行的时间观念格格不入。”①当现代小

① [美]爱德华·W. 苏贾. 后现代地理学——重申社会理论中的空间[M]. 王文斌，译. 北京：商务印书馆，2004：3-4.

说不仅仅以讲述一个故事为旨归，而是力图表达对这个世界全面、真实的认知时，传统线性讲述已经无法适应现代小说的需要了。为了打破线性叙事导致的单一化，现代作家在叙事形式上进行了复杂的探索，非常典型的便是乔伊斯的《尤利西斯》。在这部书中，“乔伊斯用无数的参照和前后参照组成了他的小说，这些参照独立于叙述时间的顺序之外而彼此关联”①。以此建构起弗兰克所谓的现代小说的“空间形式”，但是这种叙事在突破线性叙事的单一化的同时，也导致叙事不断被中断，无数的碎片图景充斥在小说中，导致小说晦涩难懂。正如王鸿生所说：“《尤利西斯》《芬尼根守灵夜》尤其是伟大的，伟大如天书，但天书有个遗憾，就是一般读者根本无法问津。”②也因此，弗兰克说，“乔伊斯是不能被读的——他只能够被重读”③。《应物兄》这部小说显然是李洱针对现代小说叙事困境而进行的有意探索。在这部书中，他一方面打破了小说的线性叙事，建立了无数独立于叙述时间之外的“参照和前后参照”，从而尽力呈现了世界的复杂性；另一方面，他利用叙事视角和叙述者的分离等叙事手段，让每一个碎片化的图景都具有独立的故事性，把众多碎片化的图景有机地连贯成了连续、统一的故事，从而保证了小说的可读性。

一、非线性叙述文本与让当下膨胀的方法

如何打破文字的线性叙事约束，从而呈现出叙事的当下这一个点的复杂性，已经成为当代作家思考的问题，很多作家做出了创造性的探索，常见的方法是采用复线型结构，让多条叙事线互相映照，李洱之前的小说《花腔》就是这样处理的。但是，在一部围绕一个事件展开且叙事

---

① ［美］约瑟夫·弗兰克．现代小说中的空间形式［M］//［美］约瑟夫(弗兰克等．现代小说中的空间形式．秦林芳，编译．北京：北京大学出版社，1991：4.

② 王鸿生．临界叙述及风及门及物事心事之关系［M］//《收获》文学杂志社．收获长篇专号(2018 冬卷)．武汉：长江文艺出版社，2018：350.

③ ［美］约瑟夫·弗兰克．现代小说中的空间形式［M］//［美］约瑟夫(弗兰克等．现代小说中的空间形式．秦林芳，编译．北京：北京大学出版社，1991：7.

视角单一的作品中，如何让叙事的当下膨胀开来，充分呈现出叙事中这一个点的复杂性，显然也是作家需要思考的问题。李洱是一个高度自觉的作家，对自己的写作有着清晰的理论规划和深刻的理论思考。早在十多年前的文章中，李洱就提及了当代作家所面临的复杂的传媒语境，以及当代作家应该在哪些方面实施突破。在小说叙事形式上，李洱提出了可以借助大众传媒、电子传媒的元素进行叙事：

> 当然，除此以外，还有另外一种调整。那就是，在虚构的形式上、在文本结构的编排上，吸收大众传媒、尤其是电子传媒的一些重要元素。保罗·罗伯茨曾在他的一篇名为《一个多媒体作家的自述》的文章中，提到数字技术对文本的影响。他说，以前的小说、故事，往往只能以一种方式讲述：故事一开头就是大江东去，要奔向结尾。这是一种线性的讲述方式。还有另一种方式，就是非线性的，有许多可能性可以加入进来，然后四处蔓延，形成一种新型的、更为复杂的文本结构。如果我们在互联网上找到“莫扎特”，用鼠标点开，你就可以找到有关莫扎特的所有链接。于是，你可以读到介绍18世纪的音乐或者维也纳歌剧的文章。如果你随之点击“唐璜”这个词，你可能会听到歌剧的片断，甚至读到很多这部歌剧的著名演唱者———帕瓦罗蒂的趣闻轶事。随之出现的，可能是意大利这个国家的地理、政治、经济状况，甚至是足球、马特拉齐和齐达内……在这个信息之旅中，你很快会从一个事物跳到另一个事物，从一个词进入另一个词，从一个片断进入另一个片断。用罗伯茨的话来说就是，你沿着不同的符号路线转入各个分支通道，并根据一个巨大的文本库创造出了一个非线性的叙述文本。当然，因为百度和谷歌等搜索引擎的广泛使用，如今的我们对这样一种描述已经见怪不怪了。①

① 李洱. 传媒时代的小说虚构[N]. 解放日报，2008-02-10(07).

李洱所谈到的这种虚构方式的调整，在形式上像是对现代传媒信息组合方式的一种模仿——由一个词或者一个事件开始，然后接下来无限延伸，从而打开无数个互相链接的相关事件或者知识点。这种叙事，毫无疑问，是对传统线性叙事的一种有意的反拨，因为在这样的叙事方式中，呈现叙事的某一个点，这个点立刻就被和它相关的各类事件包围了，并没有得到线性叙事直线向前的叙事动力。显然，李洱所强调的这种虚构方式的调整，就其本质而言，是以一种现代传媒互相蔓延的方式打破传统叙事的线性前进，从而让叙事中的那个时间点的复杂性呈现出来。现代传媒的这种一个词条无限蔓延的过程，其实也是对这一个词条的复杂性的呈现，是对这一个词条相关联的背景知识的全面呈现。这样，小说叙事中的某一个点就不再是线性叙事中的一个点，而是空间结构中无数个复杂的横向穿插的线条的集合。于是，小说叙事中的这一个点就膨胀开来，最大限度地呈现出这个世界的复杂性。

《应物兄》显然是李洱实践自己理论主张的一部小说，从小说叙事结构可以看到，线性叙事的故事进程停滞了，小说叙事四处蔓延，形成了一个复杂的文本。换言之，小说虽然有一个线性前进的框架，但是在这个线性前进的大框架内，小说文本并没有沿着线性迅速推进，而是以现代媒介语境中信息互相蔓延的方式、词与词之间互相缠绕的组合方式完成了整部小说的书写。《应物兄》的叙事主线是邀请海外儒学大师程济世回济州大学任教。济州大学校长把联系程济世的任务交给了曾跟随程济世访学的济州大学教授应物兄。小说从应物兄受命筹建儒学研究院开始书写，到小说最后，程济世答应回来，应物兄出车祸，其实小说叙述的物理时间并不长。小说之所以篇幅庞大，是因为小说叙事没有急着推动程济世回国这条线索，反而是借助应物兄这个联系程济世的人的视角，把济州大学的知识分子、济州的相关知识分子，以及应物兄所联系到的官员、商人、僧人等三教九流都纳入叙事中来，从而建构起关于这一个时段的立体的知识分子、官员、商人关系图景。为了让《应物兄》的故事情节像电子传媒信息的无限制链接一样四处蔓延，从而让当下膨胀开来，李洱采用了多种叙事方式。对话、应物兄的思绪以及《水浒传》式的连环钩锁式的结构方法，都是李洱用来让叙事的当下膨胀的方法。

在《应物兄》这部小说中，对话非常重要，小说中很大一部分篇幅是用对话完成的，甚至很多和中心主旨密切相关的意义表达，也是用对话完成的，如应物兄去美国拜访程济世时，程济世对应物兄关于“雪桃”的一番说辞，显然和小说的主题表达密切相关。在日常生活中，一般的对话往往是芜杂的，没有明确的中心主旨，具有天然的发散性。某种程度上，我们可以说，其实日常语言的组合方式如当下媒介信息的组合方式一样，是四处蔓延的。但是，在一般的小说中，因为小说叙事是线性前进的，所以在小说对话中，往往会删除掉日常对话中随意蔓延的地方，从而让小说的线性叙事能更直接地向前推进。可是在《应物兄》这部小说中，作家有意在一定程度上恢复了日常语言的发散性，这样，很多看上去似乎和叙事主线——迎接程济世回国——没有关联，但实际上和小说表达主旨密切相关的细节就通过对话进入小说之中。小说第 84 节“声与意”，这一节一开始就显示应物兄和栾庭玉省长的秘书邓林去桃花峪寻找失踪的双林院士，不过，这一节基本没有涉及具体的寻找过程，而是由应物兄和邓林看似漫无目的的对话完成。两个人由桃花峪县长给邓林的电话开始他们的谈话，先谈起桃花峪县长的官场轶事，由桃花峪县长和栾庭玉的关系，又说到栾庭玉的家庭矛盾，栾庭玉的妻子豆花怀孕的事情，以及栾庭玉母亲的日常姿态，又由栾庭玉的司机和程济世弟子黄兴的关系，谈到给黄兴养马，让应物兄联想到自己弟子张明亮和自己的对话。毫无疑问，应物兄和邓林的对话与小说的叙事主线——安排程济世回国——并没有直接关系，也和这一节的主线寻找双林院士没有直接关系。他们看似和主线无关的谈话让小说叙事的主线停滞下来，也让一些时代的碎片似乎被随意地纳入整个叙事的内容中。小说叙事的当下在他们这种看似漫无边际的谈话中停滞、膨胀。但是，应物兄和邓林这些看似随意的漫无边际的对话，实际上却是整部《应物兄》这个大厦的有机组成部分。看似互相不关联的一个个孤立的事例，实际上和小说中的其他部分互相呼应：桃花峪县长的官场轶事呈现出这个时代的官场特色；栾庭玉的家庭矛盾书写以及对其妻子豆花的几次颇有些神经质的描述，其实和后面栾庭玉落马密切相关；张明亮和应物兄的对话更能呈现出这个时代一部分知识分子的堕落。

除了对话之外，应物兄的思绪飘动，以及《水浒传》常用的连环钩锁的叙事方法，也是小说打破线性叙事，让叙事的当下四处蔓延、膨胀的常用方法。小说一开始，便是应物兄考虑校长的命令，把费鸣拉到儒学研究院来。从小说叙事的总的框架来说，这是直接切入了小说的主线索。但是，接下来，小说写到应物兄接到了他导师乔木先生的电话。由此，就由应物兄的思绪转到了关于乔木的介绍，以及应物兄和乔木的关系上来，并且由此转入应物兄去动物医院解决乔木先生的小狗这样一个事情，从而引出了一系列和迎接程济世先生回国无关的人物和事件。小说第五节，费鸣带着小狗木瓜在动物医院和企业家铁梳子的人发生矛盾，被人制服，费鸣最后很愤怒地说一句："等着瞧！"由这一句"等着瞧"，应物兄想起了之前费鸣对他说"等着瞧"的情况，并回忆出两个人的竞争和恩怨。显然，费鸣在动物医院和铁梳子的人发生矛盾，与之前费鸣和应物兄的矛盾，无论是从物理时间顺序上，还是事情的因果关系上，都没有直接关联。本来，这二者是很难连接在一起的。但是，费鸣的一句"等着瞧"，让两次矛盾似乎有了一个连接点——即费鸣都说了"等着瞧"这句话，而应物兄也的确从"等着瞧"这句话，思绪链接到了费鸣和自己的矛盾上。在这里，小说人物思绪的自然飘动，就像电子媒介时代信息的组合方式一样，仅因为"等着瞧"这一个关键词，似乎就把没有什么关联的两个时空中的事件联结在一起了。《水浒传》这部小说，人物出场的方式是连环钩锁法，即用一个人物引出下一个人物，然后接下来展开对下一个人物的叙述。在《应物兄》这部小说中，也有颇多这种连环钩锁或者类似结构方法的运用。例如，小说第 10 节，讲到企业家铁梳子派了外国人卡尔文来动物医院解决纠纷，接着，小说第 11 节的题目就是卡尔文，具体介绍了卡尔文其人，以及卡尔文在中国的一些荒唐事件。小说第 15 节巴别，讲的是济州大学一个高端学术讲堂巴别，在这一节，谈到要请双林院士过来给大家做讲座。接下来，在第 16 节，题目就是双林院士，对双林院士以及他和乔木先生的关系做了简单的介绍。通过应物兄思绪的飘动以及连环钩锁的方法，小说开始无限延伸，把看似琐屑但和作家表达密切相关的故事、细节纳入小说叙事。

显然，无论是对话，还是应物兄的思绪，以及连环钩锁式的四处链接，这些叙事手法都把原本直线进行的“迎接程济世回国”这个事情无限期地延宕了。程济世回国原本并不是太难的一个事情——事情的双方，一方有意叶落归根、愿意回国，另一方求贤若渴、愿意接纳。但是，在小说叙事中，这样一个看似简单的事情在进行过程中，却不断被各种其他似乎与此事无关的应物兄的所见、所闻、所思所打破，从而变得困难起来。而且，应物兄在不同时间、地点所经历的看上去和叙事主框架没有关系的，杂乱无序的一个个所见、所闻、所思的事件，却又能围绕应物兄重新组合，构建成一个立体、丰富的当代知识分子存在空间。由此，小说叙事中应物兄所处的当下，已经不再是迎接程济世回归这样一个线性叙事链条中一个普通的点，而是和历史相关联，和当下时代生活的多个复杂层面互相关联的充满复杂意蕴的立体时空中的一个点。

二、叙事视角、叙事者的分离与小说的可读性

《应物兄》这部小说，叙事视角显然是应物兄的，从小说叙事角度来看，我们所能知道的事情，都是应物兄所知道的事情。读者是借助应物兄的眼睛、思想来了解应物兄生活周边的一切境况，也是通过应物兄的思绪，了解到关于应物兄、乔木先生、芸娘、郏象愚等应物兄熟悉的人的历史与现在。小说中应物兄所不了解的事情，所没有看到或者听到的事情，自然也是读者所不能了解的，例如，太和投资集团到底是怎么形成的，应物兄的妻子乔珊珊是怎么取代陆空谷成为黄兴公司在中国的主要代理人等，读者也不会清楚其中的细节。不过，小说中大部分时候的叙事者并不是应物兄，而是一个看似和小说中的故事没有直接关联的故

事外的第三人称叙事者。小说中经常出现的“我们的应物兄”这句话，其实就是这个故事外叙事者在发言。这种以应物兄视角与故事外的客观第三人称叙事者相结合的叙事方法，显然大大增加了小说文本的可读性。

用无数的链接从单线叙事的小说叙事框架上延伸出去，从而让叙事的当下膨胀开来，呈现叙事当下的复杂性，这在一定程度上会带来小说叙事的碎片化，影响小说的可读性。以第一人称叙事者进行叙事，自然更容易利用叙事者思绪的流动带来叙事的旁逸斜出，从而呈现出叙事当下的复杂性，也给文本带来更多的模糊性，使小说可以表达更为复杂的意义。但是，这样的处理方法也会影响小说的接受——小说中叙事者的无意识流动会带来小说的高度碎片化，影响小说的整体阅读和理解。《喧哗与骚动》在叙事过程中，利用叙事者的无意识流动，也延伸出了无数的链接，如小说开头的一段描述：

> “等一等。”勒斯特说。“你又挂在钉子上了。你就不能好好地钻过去不让衣服挂在钉子上吗。”
>
> 凯蒂把我的衣服从钉子上解下来，我们钻了过去。凯蒂说，毛莱舅舅关照了，不要让任何人看见我们，咱们还是猫着腰吧。猫腰呀，班吉。像这样，懂么。我们猫下了腰，穿过花园，花儿刮着我们，沙沙直响……把手插进兜里，凯蒂说。不然会冻坏的。快过圣诞节了，你不想让你的手冻坏吧，是吗。
>
> “外面太冷了。”威尔许说。“你不要出去了吧。”①

上面的叙述是以小说中白痴班吉的视角来完成的，这些叙述，既有对当下事件的即时的描述，也有意识流动，即对往事的回忆。上述引文的第一段是班吉对当下事件的描述，第二段则是班吉的回忆，是因为衣服挂

---

① ［美］威廉·福克纳. 喧哗与骚动［M］. 李文俊，译. 上海：上海译文出版社，2007：2.

在钉子上这个相似的场景让他回忆起了小时候姐姐凯蒂带他钻花园栅栏的往事。第三段也是班吉的回忆，不过这段回忆指向的时间并不遥远，而是对这一天稍早一点，他出门时的情况的回忆。显然，这是因为在第二段回忆中涉及天气很冷，于是又让他想到了相关的场景。任何一个小说阅读者，在第一次阅读这段描述时，一定会莫名其妙。班吉的看上去有关联，但又似乎是莫名其妙的心理活动，把一开始关于行动的描述彻底打乱了。为了能让读者理解小说中这种随时穿梭的心理活动，译者不得不在下面增加了大量的注释。在关于凯蒂的这段回忆下面，译者指出了这段的具体情形：“班吉的衣服被钩住，使他脑子里浮现出另一次他的衣服在栅栏缺口处被挂住的情景。那是在1900年圣诞节前两天(12月23日)，当时，凯蒂带着他穿过栅栏去完成毛莱舅舅交给他们的一个任务——送情书去给隔壁的帕特生太太。”①在第三段下面，译者又有注释，说明这段对话的由来。作为读者，我们对这一段叙事显然可以做出一个客观的评论，首先，叙事者迅速变化的无意识流动让小说明显高度碎片化了，这直接影响了小说叙事的连贯性；其次，受限于第一人称叙事者，叙事者不能把自己思绪流动的前因后果给读者做一个详细的介绍，这也使得这些看上去互相断裂的叙述似乎很难连接在一起。

《应物兄》这部小说采用了应物兄的视角，但是多数时间却通过一个故事外的第三人称叙事者对小说进行叙事，这种叙事方式最重要的价值在于，小说一方面借助应物兄的视角，让小说叙事的当下在应物兄知晓、经历的历史与当下之间来回穿梭，让小说叙事的当下和历史及当下社会的其他方面发生关联；另一方面，又可以利用故事外的第三人称叙事从容地对从当下延伸出去的相关联事件进行叙述、解释，从而既保证了叙事的复杂性，又在一定程度上有效消除了叙事的碎片化，保证了小说叙事的故事性。在上述《喧哗与骚动》的这一段叙事中，因为衣服挂在

① [美]威廉·福克纳. 喧哗与骚动[M]. 李文俊，译. 上海：上海译文出版社，2007：2.

钉子上这个场景，白痴班吉的思绪不停流转。不过，在这个叙事中，因为没有一个第三人称叙事解说者，几段碎片化的场景描写之后，留给读者的只是茫然。在《应物兄》这部小说中，也有许多这样的场景，即某一个场面或者某一句话引发应物兄的联想，但与《喧哗与骚动》不同，《应物兄》却拒绝碎片化，而是用第三人称叙事者把事情的前因后果详细呈现出来。例如，小说第 29 节“照片”，借由程济世的儿子程刚笃的照片，由应物兄的思绪展开，说了程济世儿子程刚笃的一些往事。这些往事完全是解释性的，对于读者理解程刚笃这个人有着重要的作用。这样的叙述，只有借助第三人称叙事才可以这样自然地展开，如果采用应物兄第一人称进行叙事，显然无法如此自然地把程刚笃呈现给读者。又如，小说第 5 节，应物兄去动物医院处理费鸣与铁梳子员工的矛盾，在这一节最后，应物兄听到费鸣喊出来的“等着瞧!”这三个字，引发了应物兄的思绪。因为费鸣也曾经和应物兄矛盾很大，对应物兄说过“等着瞧”！费鸣当初对应物兄说这几个字的时候是充满敌意的，这也让应物兄耿耿于怀。于是，因为费鸣的“等着瞧”这三个字，从应物兄的视角出发，小说接下来的一节就围绕“等着瞧”这三个字，写出了费鸣与应物兄的矛盾，以及当初费鸣对应物兄说出这三个字的场景，还写出了应物兄对费鸣当初对他的冒犯的耿耿于怀。值得注意的是，小说虽然是由应物兄的视角切入，从费鸣的“等着瞧”这三个字开始延伸，但在具体叙事时，小说的叙事者已经变成了一个似乎非常客观的故事外的第三人称叙事者。在接下来这一节的叙事中，小说以第三人称叙事者的角度，非常客观全面地写出了应物兄关于这件事情前前后后所经历、所感知到的一切。这段叙事中有相当大的篇幅是带有解释性质的——这显然是无法用应物兄作为叙事者来讲述的——从而让读者对这件事情的前因后果有了更完整的了解，从而有效避免了叙事的碎片化，保证了小说叙事的故事性和完整性。

李洱对于如何保证这种到处链接的叙事内容的故事性，显然是有过考虑的，“我想起在很多年前，20 世纪 90 年代末的时候，我曾经向一个朋友谈起我想用报纸的方式写一部小说：故事围绕着一个人的命运展开，然后有无数的相关链接伸向情节的每个角落。因此，当看到罗伯茨的描述与评议时，我吃惊地发现他的感受跟我当初的担忧非常相似。什么感受和担忧呢？那就是，这种文本的零碎感会不会让人感到不适？所有的文本虽然可以相互连接，但它们实际上是彼此隔绝的。更重要的是，作家又如何亮出自己的观点？它和报纸的区别又在哪里？"①从他的小说叙事来看，他借助叙事者和叙事视角的分离，非常有效地避免了小说叙事的碎片化。在《应物兄》中，我们可以清晰地看到，虽然小说基本严格地限制在应物兄的视角进行叙事，而且很多时候也借助应物兄的思绪来展开对相关其他叙事片段的链接，但作家不会任由应物兄的思绪断片漫无边际地流淌下去，而是接下来立刻由一个第三人称叙事者来接管接下来的叙事，从而可以很仔细、很全面地把相关故事完整地讲述给读者。这样，从叙事主框架上延伸出去的和当下叙事有关的无数个关于历史的往事、关于当下事件的复杂性的补充，或许会有很多因由没有讲清楚，但是具体的那一件事至少是能给读者解释清楚的，而不是叙事者的碎片化的思绪，这就最大限度地避免了叙事的零碎感。例如，小说中关于郑象愚有多次叙述，有关于他和乔珊珊爱情的叙述，也有他流亡香港见程济世的叙事，还有他当年流亡过程的叙述。或许在讲述他和乔珊珊爱情的故事段落里，我们依然不知道他后来怎么成为程济世的学生，但至少他和乔珊珊爱情的故事讲述是完整的。而且，小说读完之后，小说不同地方关于郑象愚的叙事又可以勾连起来，构成一个完整的关于郑象愚和他所处的时代、和他周边的人的完整的介绍，从而可以被镶嵌进应物兄和他所处的时代这样一个大的宏观构架之中，为我们呈现出历史、时代的多个侧面。

三、小标题：不仅仅是向《论语》致敬

从小说的结构方式来看，《应物兄》让人眼前一亮的是其小标题的拟

① 李洱. 传媒时代的小说虚构[N]. 解放日报，2008-02-10(07).

定方式。全书各节的小标题都是该节正文开头的一个词语。这种标题的拟定方式，自然会让读者想起《诗经》《论语》，而且，小说的主要内容也和儒学相关，这似乎会让读者立刻认定，这是作家在向《论语》《诗经》等做出遥远的致敬。对于这种标题的拟定方式，作家自己也说："这种方式，意在让言行与万物得以自在流转，互相组合。作者的主体性暂时后撤，所谓虚己应物。你当然可以理解这是在向《论语》《诗经》致敬。对于这部小说而言，我觉得这种方式是必要和妥当的。"①所以，结合小说表达的内容，我们说《应物兄》这种标题的拟定方式是为了实现内容与形式的高度契合，向《论语》致敬，自然是合适的。

但是，《应物兄》中这种标题的拟定方式，并不仅仅是向传统致敬，它其实也是对网络信息蔓延方式的一种模仿，也让作家把那些似乎并不容易命名的叙事内容分割成一个个独立的小故事，从而保证每一节叙事的相对完整性。如上所述，从结构框架上来说，《应物兄》是一部单线前进的小说。在叙事中，作家利用主人公的思绪、对话等不断插入，从而让叙事四处蔓延，带来叙事的复杂性。小说虽然让叙事四处蔓延，但并非无迹可寻。实际上，小说的每一节所表述的内容基本有两个来路：其一，是沿着接程济世回国这条叙事主线来安排叙事内容；其二，是围绕应物兄的思绪、谈话，以及相关事件（和迎接程济世回国这个主线关系不大的）不断往外延伸的故事。例如，小说第一节是从应物兄考虑安排费鸣进儒学研究院开始的，这直接开启了小说叙事的主框架。但是，接下来，从应物兄接到乔木的电话这个细节开始，一直到第十四节，小说都跳开了迎接程济世归国这个叙事主框架，而是从乔木先生的小狗说到了动物医院和铁梳子的狗的纠纷，接着介绍了企业家铁梳子，介绍了应物兄和费鸣的矛盾，应物兄和电台主播朗月的婚外情，应物兄成名的过程，还介绍了济州大学的姚鼐先生，以及卡尔文。上述这些内容看上去

① 李洱，舒晋瑜. 知言行三者统一，是我的一个期许[J]. 小说评论，2020，36(1)：91.

非常杂乱，似乎风马牛不相及，不过，从小说叙事过程来看，却也能明显看到，这些看上去互不相关的内容的确都是由前面的谈话或者应物兄的思绪引发的。这样，小说中每一节之间的关系以及它们之间是如何连接的就颇有意味。从小说叙事来看，每一节所讲述的故事基本是独立的，即每一节都有一个相对独立、完整的内容讲述。就各个小节的链接方式来看，除了部分章节是作家直接转折，切断与前面一节内容的联系，回到某一个叙事框架之外，小说中很多小节之间都是互相关联的。而这个链接的关键词，往往和前一节最后谈到的话题有关系。例如，小说第二节结尾谈到了乔木所养的小狗木瓜，于是第三节的题目就是“木瓜”，从木瓜开始讲述；第三节的末尾谈到了动物医院，于是第四节的题目就是“动物医院”……显然，就小说来看，虽然每一节的题目看上去都是随意截取的上一节的前几个字，但实际上，这前几个字，第一句话说什么，显然都是作家精心安排的结果。我们可以看到，在很多互相关联的小节中，这前几个字往往是和上一节有关联，而且接下来又能引领下面这一节的叙事内容的句子，具有承上启下的意味。以这样的标题方式，作家把全书四处漫溢的、看似杂乱无章的故事讲述分割成一个个相对独立的小故事，同时还让看似不相关的小故事之间保持了关联性。这种标题的拟定和故事段落的划分，既保证了叙事的丰富性，又保证了叙事链条上各个叙事碎片的相对完整性。

更为重要的是，这种标题设定方式，也方便第三人称叙事者介入叙事，给读者进行讲解，从而有效地规避了小说叙事的碎片化。例如，小说第十一节题目是“卡尔文”。原因是在第十节，一个外国人卡尔文出场了，于是第十一节便承上而来，直接定名为“卡尔文”，这一节一开始便介绍了应物兄是如何认识卡尔文的，以及卡尔文的来历和在中国的发展情况。虽然这一节叙述采用的是应物兄的视角，但是叙述者显然是一个第三人称叙事者，这样，作家才方便不厌其烦地给读者介绍卡尔文的来龙去脉，让读者不至于茫然无措。这种叙事方式，使这一节既可以构成整部书空间建构上的重要一环，同时也是一个单独、完整的故事。如果说《应物兄》是作家有意吸收互联网时代信息链接方式特质完成的一部四处蔓延的小说，那么小说中每一节的标题则是引导小说故事四处蔓延的关键词。换言之，这种小说标题的建构方式，既是李洱向传统致敬，也是他对互联网时代信息链接方式的模仿，以此便捷地建构起一个个具有独立意味的小故事，从而在一定程度上消除了叙事的过于碎片化。

值得注意的是，小说中每一节的小标题，虽然可以说是引导小说往下前进的关键词，但却不是真正意义上的对每一章节内容进行概括的关键词，这种标题的拟定方式，也让作家有效规避了对小说章节主题的概括。一般情况下，命名往往意味着概括，意味着对被命名对象的主旨、主要内容和核心精神的提炼和表达。以中国古代章回体小说为例，每一章小说的标题，其实都是对这一章内容的概括。但是，这种概括却并不适合《应物兄》，因为《应物兄》结构的核心特点是蔓延，是信息的蔓延、故事的四处蔓延，是在一条叙事主线上，通过主人公应物兄的所见、所闻、所思以及相关谈话，往外延伸出一条又一条的不同的叙事线头。这种无限蔓延的叙事是无法概括的，也是没有必要概括的，从作家的安排来看，他显然是有意规避命名对小说主旨、内容的概括和提炼的。小说的题目“应物兄”，是直接以小说主人公的名字来作为小说的名字，自然和小说的主旨、内容没有什么关联。小说在《收获》上连载时，共分为四章，分别是第一章“应物兄”，第二章“瞧，谁来了”，第三章“白马”，第四章“太和春煖”。虽然章的命名也是直接用的下一节开头几个字，似乎也并没有暗示出小说的主要内容，但是在人民文学出版社出版的该书的单行本中，这些章的划分给去掉了。原因大概在于，这四章虽然题目并没有给小说内容一个概括，但实际上还是沿着小说叙事的主线把小说几大块给划分开了：第一章讲述济州大学拟引进儒学大师程济世，事情交由程济世的访问学者、济州大学教授应物兄联络操办；第二章讲程济世回国讲学，济州相关官员赴京拜访程济世，敲定程济世回国这件事情；第三章则是程济世弟子、商人黄兴奉程先生之命回国，在国内成立太和投资集团，各种力量纠合在一起，查询程先生院子旧址，同时，应物兄开始被边缘化；第四章讲述研究院建成，程济世还未回国，应物兄却遭遇车祸，生死不明。人民文学出版社出版的《应物兄》单行本取消了“章”的划分，只留下了节，也取消了全书这种相对清晰的叙事主框架的内容线索划分。通过这样的章节建构以及小标题的设定，李洱让小说内容避免被概括、提炼，从而最大限度地呈现出小说叙事的含混和暧昧。

毫无疑问，《应物兄》作为体现李洱叙事野心的一部著作，他不仅在叙事上做了精心的结构和深入的探索，在叙事表达上，他力图呈现出更多的复杂性，正如王鸿生所说：“《应物兄》之所以显得枝蔓牵连，杂花生树，就是为了准确地写出这种流动的万物共生的状态，写出这个暧昧的、方生方死的‘当下’并去探索中西、古今、现实、心理相互交织的时空一体的秘密。”①要呈现出流动的万物共生的状态，写出暧昧的当下，则必须规避明确的概括、提炼。毋庸置疑，《应物兄》这种小节的命名方式，也正有效规避了内容的提炼和概括，有效契合了小说对当下复杂性的呈现。

结语：当代汉语小说叙事探索的重大突破

李洱是一个在叙事上非常自觉的作家，他力图用小说来回应世界的复杂性，为此他一直有意识地进行着小说艺术形式的探索。他的第一部长篇小说《花腔》采用了复线叙事的方式，通过三个叙事者分别从自己的角度来谈论主人公葛任的经历和死亡，从而呈现一个人物、事件在不同话语讲述下的不同面貌。他的第二部长篇小说《石榴树上结樱桃》则直面中国当下乡村，围绕乡村选举这个事情，呈现出原生态的乡村特质。这部作品也获得了较好的反响，德国总理默克尔还曾送该书的德译本给温

---

① 王鸿生．临界叙述及风及门及物事心事之关系［M］//《收获》文学杂志社．收获长篇专号（2018冬卷）．武汉：长江文艺出版社，2018：344．

家宝总理。但是，对于这部书，李洱也做出了自己的反思："我对《石榴》也有不满。我觉得还没有进入乡村的伦理层面，只是有所涉猎，还没有进去。它也使我思考一个问题，长篇小说是否要围绕一个事件来写。当长篇小说紧紧围绕一个事件来写的时候，你的许多闲笔，许多生活的细枝末节无法顾及，这些东西没有参与事件情节进程，只好忽略掉。有时候是叙述的原因，而不是作者没有发现。"①从《应物兄》的书写，我们可以看到李洱对他小说的结构模式做出了富有成效的思考。《应物兄》虽然看上去如同《石榴树上结樱桃》一样围绕一个事件来写——《石榴树上结樱桃》围绕乡村选举，《应物兄》围绕迎接程济世回国，但通过叙事模式的创新，《应物兄》却避免了《石榴树上结樱桃》这种单线结构带来的叙事弊病，而是深入知识分子的精神层面，并触及中国文化的核心，从而呈现了时代的暧昧和复杂。

"一件心事可以写一个精湛的故事，但无数的'心事'怎么去写呢？西方现代小说发明了'意识流'。意识流固然是伟大的，《尤利西斯》《芬尼根守灵夜》尤其是伟大的，伟大如天书，但天书有个遗憾，就是一般读者根本无法问津。如何将许多人的心事，卤水点豆腐似的聚合成一个时代的心事，并使中国人感到亲切，《红楼梦》的东方式智慧再度启迪了李洱。"②的确，如果说《尤利西斯》式的意识流是西方式的关于许多人的心事的呈现方式，那么《应物兄》可以说是中国式的将许多人的心事聚合成一个时代的心事的伟大探索。小说既具有意识流小说所呈现内容的庞杂，又巧妙地规避了意识流小说的零碎化和晦涩。它既是一个高度理论自觉的作家对发达传媒时代小说创作的自觉探索，也是一个严肃的作家对时代心事的思考和探寻。从叙事上的探索和创造来说，《应物兄》是当代汉语小说创作对世界文学的重要贡献。

---

① 李洱，梁鸿. 百科全书式的小说叙事[J]. 西部，2008，53(3)：174.

② 王鸿生. 临界叙述及风及门及物事心事之关系[M]//《收获》文学杂志社. 收获长篇专号(2018冬卷). 武汉：长江文艺出版社，2018：350.

第二节 《落叶溪》：电子媒介时代小说叙事的可能性

在《汉书·艺文志》中，小说最初被视为街谈巷语之说，这其实也说明了讲故事对于小说的重要性。事实上，小说之所以能从早期被文坛正统所排斥，到今天成为文学的主流，和小说能够给读者讲述各种故事，帮助他们认识人生、认识世界有着密切的关系。随着电子媒介时代的到来，我们周边的环境在发生巨大的变化，传统的空间壁垒在消失，铺天盖地的媒介信息给我们带来了各种各样的信息故事。如今，太阳底下无新鲜事已经成为现实。在这样一个环境下，传统的小说书写也面临着巨大的困境。简言之，如何在“无新鲜事”的今天写出能让读者觉得新鲜，并让读者思考的作品，成为作家应该思考的问题。在这个问题上，田中禾的《落叶溪》或许能够给我们提供一些启迪。笔记小说集《落叶溪》是田中禾三十年前的作品，该书收录了38个短篇小说。这些小说以冲淡平和的笔调书写了一个儿童眼中的世界。从小说叙事角度来看，整个集子中的小说大多篇幅短小，故事看上去也随意自然，似乎并没有经过作者的精心裁剪。但是今天读来，依然让人兴致盎然，且能带给人思考。这部小说集为什么能够穿越30年时光，依然具有独特的艺术魅力，显然是值得我们思考的。

一、空间祛魅时代的地域文化空间建构

《落叶溪》最吸引人的地方就在于它对于地域文化的呈现。这部小说集中的38篇短篇小说，都围绕着牌坊院这一个地方展开，这样，小说从不同角度、不同侧面呈现着牌坊院的文化、民俗。小说关于这些民俗、地域文化的呈现，为读者营造了一个独一无二的文化空间。

> 新媳妇进了门先献炊，“切面条”——当院放一张大方桌，再摆上小方桌，再摆上大椅子，椅子放案板，案板上放一卷擀好的面

页，一把刀。新媳妇爬上去，拿刀把面页啪啪剁断，算是切了面条，为婆家做了第一炊，然后自己从高处跳下来。(《玻璃奶》)

……

河灯是小木板粘着松香，点着，放进河里，顺流漂荡。站在西河码头，远远望着黑蒙蒙的河面，先是三两点，像鬼火一样，随着水流起起伏伏。接着，船上隐隐传来锣鼓声(这是惊醒鬼魂来取灯)，河里的灯也多起来。远远近近，点点行行。那时候，我觉得河水宽阔无边，黑暗中大地失去轮廓，山野化为淡灰一片，周围是无边无际的神秘，人世似乎已经不存在。每盏小灯像一个游魂，在隐约间飘飘荡荡。我感到毛发悚竖，心里涌动着博大的怜悯和感动，在不知不觉中流下泪来。(《鬼节》)

……

她连招呼也不打，撩起帘子就进。我觉得好象一下子闯进祖师庙墙上画的地狱，黑黝黝热烘烘的，过了好一阵眼睛才看见东西。一盏昏黄的灯照着一群赤裸裸的小伙子，浑身上下一丝不挂，像鬼怪一样龇着牙笑。“林林没见过打油。”犁面干娘说，“让他们看看。”那几个一模一样似的裸体男人和蔼可亲地逗着我说：“脱！这里边不准穿衣服。”我和二哥背靠门帘向后退缩。(《马粪李村》)

这些带有陌生化意味的叙述，打破了我们关于日常生活僵化的认知和想象，把我们带进一个特殊的叙事空间之中，引起读者的阅读兴趣。对于小说叙事来说，故事空间的构建有着极其重要的意义。虽然小说通常被视为时间的艺术，但最终小说中延展的时间需要在空间中得以体现，所以，故事空间不仅仅是叙事内容发生的场所，它还会对叙事内容的呈现构成巨大的影响。如果处理好小说的故事空间，那么故事空间将会和叙事主旨交相辉映，反之，如果空间处理不好，也必然会影响到小说主旨的表达。《落叶溪》中的 38 篇小说都围绕着牌坊院展开，且有意呈现牌坊院独特的民俗与文化特色，上述引文中关于新娘子切面条的描述、过鬼节放河灯的描述以及打油的场景描绘，都明显具有独特的地域文化特点。小说从不同角度对牌坊院民俗、文化的呈现，其实是以散点透视的方法，进行了独特的带有地域文化特色的叙事空间的建构。这种独特地域文化空间的建构，对于今天的读者来说，尤其重要。电子媒介时代的到来，导致传统的时空观念发生了巨大的变化。针对这个时代的时空特质，电子媒介时代的“先知”马歇尔·麦克卢汉提出了著名的“地球村”概念，也有些论者把这个时代的特质称为“空间的重组”或者“空间界限的崩溃”，还有论者称之为电信时代带来的趋零距离。总之，这些看似不同的表述，其实都指向了电子媒介时代人类空间感知的巨大变化，即传统的空间距离、空间界限在电子媒介的冲击下都消失了——电子媒介的即时性和信息传递的便捷性，带来了物理空间的同质化，进而导致了全球文化空间的同质化。“全球化之于媒介文化语境，最重要的影响还在于文化同质化的质化的生产模式。当代法国理论家保罗·维利里奥认为，空间障碍崩溃之后，这儿与那儿的差异已无实际意义。生活在意大利和生活在美国已经没有多大不同，两地均可以享受到来自法国的干酪、北非的土豆、智利的葡萄、加拿大的苹果、俄国的伏尔加……尤其借助于网络、电话和影视媒介，人们很少感受到国界的限制和国别的差异。”①显然，电子媒介的出现消除了不同空间之间文化符号传递的障碍，导致了麦克卢汉所说的“一切都是同步发生”，于是，传统的空间地域性在我们这个时代消失了。在“地球村”概念下，我们似乎分享着共通的文化符号，欣赏着共同的影视娱乐作品，于是，此地和他乡的区别似乎也消失了。这当然也就直接导致了空间的祛魅——当世界都是一样的时候，他乡还能有什么独特的趣味能够引起我们的兴趣？但是，必须承认的是，这种空间的同质化，其实只是空间表象的同质化。在相对重复的空间表象之下，各个地域的人有着不同的文化信仰，这个是很难重

---

① 李勇. 电子媒介·时空压缩·文化生产[J]. 北方论丛，2007，49(4)：51-54.

复的。所以，能够突破表面同质化的空间，进行独特地域文化空间的建构，就能给读者提供独特的叙事空间，从而实现小说叙事空间的复魅。《落叶溪》有意识地从不同角度呈现独特的民俗和文化，其实就是以散点透视的方式，建构了一个独特的地域文化空间。这种地域文化空间的建构，能够打破发达传媒给我们带来的同质化的日常空间，带给我们独特的审美体验，从而实现叙事空间的复魅。

更重要的是，《落叶溪》中关于地域民俗文化风情的描绘，并非为了猎奇而进行的书写。在丰富的地域文化民俗的描绘之下，是关于这种民俗文化之下的人的精神的呈现。在《落叶溪》中，人性的善、恶、愚昧，人生命运的无常等，都成为作家思考的对象。在看似轻松随意的调侃之下，在似乎猎奇式的民俗、文化的展示中，民俗与文化背后的人性的苍凉、人世的沧桑以及命运起伏的无常就呈现了出来。《玻璃奶》中的玻璃奶，十六岁时就嫁给了牌坊街的李爷，在出嫁第一天切面条时还闹了笑话，成为当时牌坊街人的谈资。但是，发生在她身上的事情，在我们今天看来，或许才更是笑话。她十三岁就患了眼病，但是嫁给李爷后，李爷和他母亲居然在五年后才知道她的眼病。因为李爷母亲严格遵循封建礼制，所以李爷和玻璃奶小夫妻俩白天很少见面，结婚三年都没有在一起睡过觉。后来，革命军让女性放脚，玻璃奶虽然不愿意，但是也被迫放脚，结果她的脚真的被放大了寸余，这就导致了婆婆李奶奶对她的责罚，还让一家人哭了很长时间。之后，土匪进城，玻璃奶被土匪抢走，成了其中一个后来做了营长的土匪的太太。后来玻璃奶回牌坊街探亲，带着卫兵马弁，穿着旗袍，烫了头发，李奶奶看着自己被抢走的儿媳妇，觉得门庭生辉。在这里，作家对人性的反思，对封建文化对人的禁锢的批判，与民俗、文化的呈现自然而贴切地融合在一起。显然，小说不仅以散点透视的方式呈现了牌坊街不同的民俗、文化特质，更以散点透视的方式，把这些民俗、文化背后的牌坊街人的精神和人性给表述了出来。对人性进行深入的考量，对地域文化进行反思和批判，一直以来都是小说写作的重要向度。《落叶溪》中的小说，也多把叙事的主旨落在了人性思考和文化反思上。但是，《落叶溪》中关于人性和文化的反思是建基于独特的地域文化空间之上的反思，是和小说中的民俗文化呈现紧密关联的，这就让这些关于人性、文化的反思具有了温度，也更具有了打动人心的力量。

《落叶溪》深深地建基于独特地域文化空间的基础上，因为作家所描述的这个地域文化空间的独特性，以及相关文化距离我们今天生活的遥远，使得其中一些小说带有了魔幻现实主义的味道，让小说在完成主旨表达的同时，带有独特的审美趣味。魔幻现实主义并没有一个统一的定义和特点，“90 年代，从拉美学术考察归来的研究者却发现——在拉美本土，对于拉美人来说，魔幻现实主义并不是拉美新小说的代名词，而只是拉美新小说的几大流派之一，也不是普遍存在于拉美当代小说中，而且，关于魔幻现实主义的定义、范围、特点等，一直是众说纷纭，难以统一”①。虽然关于魔幻现实主义没有一个统一的定义，不过，通过对拉美魔幻现实主义代表性作品的考察，我们会发现，独特的地方性文化空间构建是魔幻现实主义出现的前提。《佩德罗·巴勒莫》是一部蜚声世界的著名作品，马尔克斯甚至觉得，“发现胡安·鲁尔福，就像发现弗朗兹·卡夫卡一样，无疑是我记忆中的重要一章”②。胡安·鲁尔福被誉为拉美文学爆炸的先驱人物。他的代表作《佩德罗·巴勒莫》以其生死界限的消失、叙事时间的空间化引起了众多作家、评论家的注意。然而，不容忽视的是，这些艺术创造都是建立在小说对地方性文化空间的精心构筑之上的。“在印第安人的观念中，普遍没有生与死的清楚界限。古玛雅人相信人的灵魂是不灭的。阿兹台克族人也认为，人死后仍以鬼魂的形式存在，可以定期回家与亲人团聚，甚至与他们一起生活。印第安人的传统观念认为死并不可怕……中美洲印第安人认为世界分为两

① 段若川. 安第斯山上的雄鹰——诺贝尔奖与魔幻现实主义[M]. 武汉：武汉出版社，2000：11.

② [哥伦比亚]加西亚·马尔克斯. 对胡安·鲁尔福的简短追忆[M]//[墨西哥]胡安·鲁尔福. 佩德罗·巴勒莫. 南京：译林出版社，2011：1.

半，一半是活人的世界，一半是死人的世界，彼此可以来往和互相通信。”①也就是说，《佩德罗·巴勒莫》中生死界限的消失并非作家独一无二的灵感，而是民族文化滋养的结果。显然，魔幻现实主义的核心并不是作家天马行空的想象力，而是建基于本土的历史文化传统之上。从拉美魔幻现实主义小说的表现来考察，我们发现，小说的文化空间的建构正是基于拉美当地独特的文化经验，宿命论、万物有灵、生死界限的消失，这些印第安文化传统作为一种文化背景进入了拉美作家的小说之中，从而成就了拉美魔幻现实主义这种独特的文学潮流。《落叶溪》中的一些小说，由于其表达的文化形态的独特性，在我们今天看来带有很强的魔幻色彩。例如，《罂粟》这部小说中，描述了罂粟在当地的流行，甚至被视为高雅之物，“三教九流都视鸦片为高雅，谁不会抽，别人就瞧不起。父亲的生意扩展得不快，后来虽然也艰难地开起一爿杂货店，却始终被看作小门寒户，就因为我们一家人都不抽鸦片”。在这样的社会风气中，一个女性为了养活抽大烟的丈夫，自己日日夜夜纺花织布，最后甚至在家里接客，“结交四十七军、十六师的军官，结交收抚的土匪头子”。但是，对于她的行为，乡民们没有批判，也没有可惜，反而更加尊敬她，“说她是个了不起的节妇”。《画匠李》中的巧儿一手画出了牌坊街所有的神像，但当她自己遇到问题的时候，又跑到供奉神像的地方，向着自己一手画出来的画像下跪、许愿。为了能给父亲治病，巧儿许下大愿，要烧大香，所谓烧大香，是“到城隍庙，由道长穿香。有的是铁簪穿透手腕，挂上香炉；有的是铁簪穿透两腮，吊上香炉。香炉都很小，燃着檀香木片，一路香烟缭绕。午时，锣鼓擂动，旌旗飘扬，烧大香的人排齐队伍，游四门，游大街小巷，走过大牌坊，返回城隍庙卸香”。巧儿为了给父亲治病，去烧大香，在肉体痛苦的同时，是精神的欢悦。“我看见巧儿表姐自豪地在错杂的人群里走着。吊在腮边的香炉

① 杜明业.《百年孤独》的印第安文化透析[J].安徽师范大学学报，2008，52(5)：580.

将她苍白的脸衬得如菩萨般圣洁。额上映出阳光和旗影，犹如烁烁旋转的光环。”在《缠河》中，童年的“我”在过河的时候，不断看见一个老婆婆的脸，这个一会儿消失、一会儿出现的老婆婆似乎还想要把我拉到河里。对于这个状况，解决方法也很简单，只需要将一只鸡放到河里，然后，老婆婆就会消失。之所以在这个河里会出现这样一个老婆婆，母亲讲述了一个故事，“她说十六师剿红枪会，抢走了老婆婆一只鸡，老婆婆跟着队伍，两天两夜走到这河边。队伍上的人支起锅灶，升起火，杀了鸡到河边去退洗，突然身后扑来一个疯子，十六师的兵和老婆婆一起淹死了。这地方就成了‘缠’河”。从上述几部小说来看，其故事讲述明显带有魔幻现实的色彩，带给读者陌生化的阅读感受。但是，这些小说中的魔幻现实不是为了魔幻而有意虚构陌生化的场景，而是对现实的真实表达。从《罂粟》《画匠李》中，我们可以看到作家对民族愚昧的批判；从《缠河》中，我们可以看到作家对军阀割据的批判以及对民生疾苦的同情。这些富有魔幻气息的现实场景，是从本土的历史文化传统中生发出来的，它们在带给读者陌生化阅读体验、提升阅读趣味的同时，以艺术的形式表达了作家的思考。

叙事文学进行叙事的主要目的，或者是讲述一个动人的故事，或者是表明作家对于人性、对于世界的认知和思考，毫无疑问，单纯建构一个故事空间并不是叙事文学的主要目的。不过，叙事文学要完成其最终的叙事目的，肯定是离不开特定的空间描述的。黑格尔曾经说道：“作为主体，人固然是从这外在的客观存在分离开来而独立自在。但是纵然在这种自己与自己的主体的统一中，人还是要和外在世界发生关系。人要有现实客观存在，就必须有一个周围的世界，正如神像不能没有一座庙宇来安顿一样。”①换言之，叙事文学的展开必须在特定的空间中进行。虽然空间建构不是叙事文学的叙事主旨，但为了更好地表达叙事主

① ［德］黑格尔. 美学：第一卷［M］. 朱光潜，译. 北京：商务印书馆，1979：12.

旨，进行必要而妥当的空间建构是必不可少的。巴赫金把确定一个空间视为小说创作的基本出发点：“在大多数情况下，创作想象的一个基本出发点便是确定一个完全具体的地方。不过这不是贯穿观察者情绪的一种抽象的景观，绝对不是。这是人类历史的一隅，是浓缩在空间中的历史时间。”①一般而言，除了一些先锋作品，小说表达大多会强调叙事的可信性，即让小说所讲述的故事能够为读者顺利接受。如果小说叙事主旨的表达和故事空间产生矛盾，那么小说的可信性就会大打折扣，读者也很难接受小说所表达的主旨。而且，优秀的小说故事空间的建构本身就构成了叙事的魅力。我们也会发现，传统的传奇故事和小说，一般会把故事设置在一个未被祛魅的神秘空间之中，这个独特的故事空间，一方面会在读者和故事之间构成一个审美距离；另一方面，其未被祛魅的独特性本身也会构成故事的魅力。事实上，很多文学作品的独特魅力在很大程度上就来自特殊空间带给读者的距离感。这种独特叙事空间的建构，在今天这样一个空间被发达媒介全面祛魅的时代，显然有其特殊的意义。这或许也正是《落叶溪》这部小说集的价值所在，《落叶溪》通过散点透视的方式，在从不同角度呈现民俗文化特色的同时，给读者建构起一个独特的地域文化空间。这个地域文化空间的建构，在和小说关于人性、文化、命运的反思完美契合的同时，也实现了空间的复魅，带给读者独特的艺术魅力。

二、不可磨损的故事的讲述与生活复杂性的呈现

故事是小说的重要元素，但小说显然不仅仅是讲故事。相比一般的故事，小说讲述的故事要能够让读者停留下来进行思考，所以，这就强调作家必须讲究故事的讲述方法。这一点对于今天来说尤其重要，因为在信息爆炸、故事铺天盖地而来的当下，只有那些能让读者停下来思考

① ［俄］M·巴赫金. 巴赫金全集(第三卷)［M］. 白春仁，晓河，译. 石家庄：河北教育出版社，1999：267.

的故事，小说才更具有存在的意义。《落叶溪》中的小说，虽然篇幅不长，但几乎每一篇小说，在表面简单的讲述之下，隐藏着一个能引发读者驻足、思考的空间。

《落叶溪》是从一个孩子的视角来看他面前的世界，而且小说还严格地遵守第一人称限制视角。换言之，小说给我们呈现的，就是这个孩子所看到的、所听到的。毫无疑问，相比成年人，孩子面对这个世界的时候会有更大的好奇心，同时，他们也没有更多能力去深入触摸、理解这个世界。孩子看待世界时天然具有的缺陷以及特点，往往使得孩子视角中的世界呈现出更大的传奇性。某种程度上，我们甚至可以说，这个视角使我们庸常的生活呈现出了被遮蔽的另外一面。集子中的小说《绿门》从“我”和小伙伴摘桑叶开始讲起。因为摘桑叶，“我”注意到了拥有桑树的这一家人奇怪的地方，比如，家里的大门是绿色的——一般家庭大门都是黑色或者红色；还有，这个家庭的人口情况很奇怪，家里平常只有一个女人，而这个女人似乎是以拍粪饼为生。但每过一两天，都会有一个男人挑着大粪过来，而且这个男人还会帮这个女人劈柴、修补院墙。虽然平常家里只有这一个女人，但过一段时间，也还总有一个老人过来，还会有一个女孩子和一个男孩子过来。小说没有描述特别传奇的事情，仅仅是对这些不留心似乎也没有什么特别的生活细节的叙述。那么，“我”看到的这些生活细节，是不是意味着有什么不寻常的特殊事情要发生呢？在这篇小说中，作家并没有呈现出这些细节背后的东西，反而说“也许，绿门里压根儿就没有故事”。虽然这篇小说没有讲述意味深远的故事，但是这一系列看似平常的对这家人生活细节的关注和描述，又给我们呈现出了生活的另外一面，那就是所有人的生活，在表面的普通背后，也许都隐藏着传奇的一面。

利用儿童这个第一人称限制视角，小说留下了很多意味深长的空白，而这些空白又让小说故事带有了“不可磨损”的艺术特征。所谓“不可磨损性”，是本雅明强调的一个艺术主张。在《讲故事的人》中，本雅明转述了希罗多德在《历史》中书写的一个故事：埃及国王萨米尼忒斯被波斯国王冈比西斯战败并俘获。冈比西斯为了羞辱他的俘虏，下令把萨米尼忒斯放置在波斯大军凯旋庆典队伍要经过的路边。他还安排萨米尼忒斯已经沦为女仆的女儿提着水罐去井边打水，好让她被已是俘虏的父亲看见。所有的埃及人都为这一耻辱的场面哀叹痛哭，但萨米尼忒斯一个人立在那里，眼睛盯着地，一动不动，一声不吭。不一会儿，他又看见自己的儿子被押在队伍中，要去处决，他依旧不为所动。可后来，当他在俘虏的队列中认出他的一个年老贫穷的仆人的时候，他用双拳捶着头，充分表现出最深切的哀伤。① 这个故事颇有趣味性，几乎每一个读者会对这个故事留下深刻的印象。之所以让人难以忘记，恐怕和国王的反常表现有关——为什么他在自己的女儿、儿子遭受厄运的时候仍然能保持镇定，维持自己的风度，但是当一个仆人出现的时候，他却会失态、悲痛至极？这个深刻的疑问，正是本雅明给我们讲述这个故事的意义所在。本雅明提到，历史上很多人都对这个故事深感兴趣，也试图解读这个国王的反常行为，例如，蒙田对此给出了自己的解释，是因为“他早已满腹悲苦，再增加一分就会决堤而出的”②。这就是蒙田的理解。本雅明接着也给出了其他可能的原因：“我们还可以说：国王不为皇室成员的命运所动，因为这也是他自己的命运。或者：有很多在实际生活中不能感动我们的东西搬到舞台上就会让我们感动；对国王来说，这仆人只是一个演员。或者：大悲大痛都是闷在肚子里，情绪有所松弛时才会爆发出来。看到这个仆人就是情绪的放松。”③不过，本雅明讲述这个故事，重点不在于关于故事的种种解释，而是为什么众多的人对这个故事非常感兴趣，为什么很多人试图对国王的行为给出自己的解释。

---

① ［德］瓦尔特·本雅明．本雅明文选［M］．陈永国，马海良，编．北京：中国社会科学出版社，1999：310-311.

② ［德］瓦尔特·本雅明．本雅明文选［M］．陈永国，马海良，编．北京：中国社会科学出版社，1999：311.

③ ［德］瓦尔特·本雅明．本雅明文选［M］．陈永国，马海良，编．北京：中国社会科学出版社，1999：311.

本雅明给出了自己的答案，因为“希罗多德没有作任何解释，他的叙述是极干巴的。这就是这个古埃及的故事之所以在数千年之后还能震撼人心、发人思索的原因。这就好比金字塔中的种子，陈放在塔中密不透气的墓室里，在千百年之后的今天依旧能发芽生长”①。由此，本雅明分析了讲故事的真谛，“事实上，讲故事艺术有一半的秘诀就在于，当一个人复述故事时，无须解释”②。也就是说，希罗多德讲述的这个故事之所以历经千年依然被一代代的读者咀嚼、分析，重要的原因在于他没有多嘴去解释国王为什么有那么奇怪的行为，因此，也就引起了一代代读者试图去理解国王的行为，于是，这个故事的魅惑力就由此而生。因此，本雅明认为，希罗多德所讲述的这个故事具有了不可磨损性——它可以经受住一代代人的阅读而依然丰满充实，不因此而失去自己的独特魅力。

《落叶溪》中的小说，基本上写得极为节制，往往只写出了儿童视角所看到的表层内容，但是，对于儿童视角所没有看到的世界表象之下的东西，则不进行过多解读，从而给读者留下更多的阐释空间。小说《八姨》中，“我”第一次见到八姨是在大约 5 岁时，这也是“我”和八姨接触最多的一段时间——八姨在“我”家住了十几天。八姨很漂亮，也很时髦，但是一向待人和善的母亲对八姨却似乎并不喜欢。再次见到八姨是十年后，此时的八姨已经成为一个瘦干干的女人。这两次八姨离开时，都给母亲留下一个手帕小包，委托母亲给另一个人。接着见到八姨，就是两年后，她随着土匪进城，而且还让土匪杀掉了她的姐姐——七姨，还有七姨的丈夫。八姨为什么要杀她的姐姐，八姨和七姨的丈夫又有什么关系？八姨委托母亲传递的东西是给谁的？小说中的“我”没有能力解答这些问题，这也就成为他的谜，也成为读者的谜。通过小说阅读，我

① ［德］瓦尔特·本雅明. 本雅明文选［M］. 陈永国，马海良，编. 北京：中国社会科学出版社，1999：311.

② ［德］瓦尔特·本雅明. 本雅明文选［M］. 陈永国，马海良，编. 北京：中国社会科学出版社，1999：310.

们只知道母亲似乎也对七姨很有意见，而且七姨、八姨当年都曾经在开封上洋学。但是，对于至关重要的问题，八姨为什么要杀七姨，我们似乎只能从一些小说细节去揣测，却无法捕捉到真相。小说《夹竹桃》中，牌坊街有一天突然来了一个玩戏法的关头儿，他一度在城里似乎要扎根了。小说还特别指出，关头儿对“我”说裕兴盛后园里面种有夹竹桃——裕兴盛曾经发生过凶案，母亲从来不允许“我”去那个地方。但是，一场匪乱过后，他消失了。“我”对这个会玩戏法、很有趣的人还很留恋，但是母亲却莫名其妙地说关头儿就不该回来，而且还说“一门人都绝了。二十多年，该报应的都报应了”。显然，关头儿消失并没有那么简单，而且他显然和裕兴盛有关，和当年的凶案有关。那么，关头儿和凶案中被杀的人是什么关系，这次的土匪进城和关头儿又有什么关系？小说在这里又给我们留下了一片空白。《米汤姑》中的米汤姑的丈夫不知去向，米汤姑在家养活公婆，生活极其贫困。但是，小说最后，在“我”家做女嫂的米汤姑却突然同骡马店的大少爷私奔了。那么，作为下人的米汤姑是怎么和一个少爷有了私情的？另外，《二度梅》中的慧梅为什么会喜欢上吕连生这样一个当时有问题的人员，而后来又为什么会离婚？《虞美人》中的吕二斜眼为什么死了？他和周哥打什么赌？是不是周哥杀死了吕二斜眼？受限于严格的儿童视角，《落叶溪》中的每一篇小说都给读者留下了一个空白，成年的叙事者“我”却不对儿童时期的“我”的认知空白进行解说，从而给读者留下一个个谜团，也给作品留下了广阔的阐释空间，从而让小说故事具有了某种程度的“不可磨损性”，带给小说特别的趣味。

小说的这种“不可磨损性”的建构，客观上还呈现了世界和人性的复杂性。当代作家越来越意识到世界的复杂性，严肃文学写作也多以对世界的复杂性做出回应为旨归。那么，如何呈现世界的复杂、人性的复杂，就成为作家们思考的问题。就当下的小说创作来看，很多作家倾向于通过叙事结构的变化来达到这个目的。传统的整齐单一的线性叙事开始受到质疑。“在这个意义上，我对传统的故事整一性的小说心存怀疑。

用显见的、可知的逻辑呈现世界的同时，也是在简化和遮蔽世界与人心的复杂性；应该有一种新的‘故事’，新的对故事的认知，并将这认知践行于我们的小说创作中——唯此，也许更能帮助小说家逼近和发现我们习焉不察和依然身处幽暗的那个世界。也正是在这个意义上，传统的故事的黄昏也许应该来临：讲述什么样的故事，如何讲述这些故事，小说家们当多思而慎行。”①所以，为了表现生活的复杂性，作家们都有意改变传统固定单一的叙事模式，寻找新的故事结构方式，建构起独特的讲故事方式。从当代小说家们的创作来看，这其实已经在某种程度上成为众多作家的共识，事实上，在当下很多长篇小说中，我们都可以看到形式创新的影子。例如，徐则臣在困惑之后，为他的《耶路撒冷》找到了一个“齿轮状”结构(宁肯语)，李洱的《花腔》则利用小说讲述方式的变化，把历史的复杂性呈现到了一个极致。但是，对于小说创作，尤其是短篇小说创作来说，呈现世界的复杂性、形式结构的复杂性也许并不是必须的，小说故事的空白的有意营构，同样能达到这样的叙事效果。《落叶溪》中的《兰云》是通过“我”听到的麻杆讲述的故事来结构整个小说的。麻杆是一个讨人嫌的人，他爱占小便宜，但他却说自己和那个小公主一样的兰云有过感情，而且兰云是为了家庭才和他分手，嫁给了县里的胡政委。我一度是不相信麻杆所说的话的。但是，在兰云被打成右派回到牌坊街后，重新见到兰云的麻杆整个发生了变化，变得积极而快乐。小说通过麻杆的叙述，以及我和麻杆的交谈展开，其间留下了大量的空白，比如兰云为什么会喜欢麻杆？胡政委为什么会帮助兰云的家庭？兰云嫁给胡政委的过程中有没有权力的胁迫？兰云为什么被打成了右派？等等。换言之，在麻杆关于他和兰云的往事的简单交流中，历史的复杂性已经隐藏在其中了。

《落叶溪》在叙事中有意留下的大量叙事空白，给小说带来了某种程

① 徐则臣. 小说的边界与故事的黄昏[EB/OL]. [2013-09-06]. http://www.chinawriter.com.cn.

度的“不可磨损性”，能引发读者的思考。这种书写对于当下发达传媒时代的小说创作来说，有着积极的借鉴意义。由于电子媒介突飞猛进的发展，我们已经处于一个“泛故事”时代——我们每天都会或主动或被动地接受大量的信息故事。在这样的情况下，小说叙事应该如何讲述故事就成为作家应该思考的问题——作家需要讲出与信息故事不同的、独特的小说故事。本雅明所谓的故事的“不可磨损性”，其实也正是针对信息叙事而言的，“每天早晨，我们都会听到发生在全球的新闻，然而我们所拥有的值得一听的故事却少得可怜。这是因为我们所获知的事件，无不是早已被各种解释透穿的”①。正因为这样，“消息报道的价值无法超越新闻之所以成为新闻的那一刻。它只存在于那一刻；它完全屈服于那一刻，即刻向它证明自己的存在价值”②。新闻消息之所以被称为贬值最快的商品，显然和消息的特性密不可分——它在第一时间全部打开了自己，让读者迅速对之了解。随之，它存在的意义也就消失了。本雅明所谓的这种不被磨损的故事，则因为没有过多的诠释，从而获得了自己独特的生命力。本雅明对希罗德故事的解读，也给发达媒介时代的小说创作提供了一种新的叙事可能，那就是讲述不可磨损的故事。《落叶溪》通过设置大量的叙事空白，给读者留下了广阔的阐释空间，也呈现了历史、社会以及人性的复杂性，显示了小说故事的独特价值。显然，这也是《落叶溪》在小说叙事方面的价值所在，对于现在仍有借鉴意义。

结语

电子媒介时代的到来极大地改变着我们的生活环境，也改变着小说存在的语境。甚至我们可以说，媒介环境的变化直接影响着小说的价值所在。电子媒介的兴起已经把我们这个时代变成了一个泛故事时代——

① ［德］瓦尔特·本雅明．本雅明文选［M］．陈永国，马海良，编．北京：中国社会科学出版社，1999：310．

② ［德］瓦尔特·本雅明．本雅明文选［M］．陈永国，马海良，编．北京：中国社会科学出版社，1999：311．

我们无时无刻不在接受发达传媒传递的各种社会故事或者虚构故事。在这样一个新的语境下，小说如何呈现其独有的魅力，显然成为作家应该思考的问题。但是，很多作家并没有这样创作的自觉，依然按照既有的创作思路进行创作，导致当下很多作品在发表的同时，立即被湮没于信息化的大潮中。在这样一个泛故事时代，出版于三十年前的《落叶溪》依然不过时，并且能带给读者阅读的愉悦和思考，也正说明了其写作的成功。通过分析《落叶溪》的叙事特点，我们能为新媒介语境下的小说书写提供一些有益的思考。

第三节 《黄河故事》：河南作家如何讲述新时代黄河故事

中华民族在历经百年屈辱之后，重新在国际舞台上发出了自己的声音，并开启了伟大复兴的征程。毫无疑问，对于中华民族来说，对于中国人来说，这都是一个伟大的时代。那么，如何讲述这个波澜壮阔的新时代，讲述新时代的黄河故事，成为艺术家们，尤其是生活在黄河两岸的中原作家群需要面对的问题。黄河是一条几千年来奔涌不息的大河，中华民族围绕它繁衍生息，一代又一代的人依托这条大河生存与发展。黄河的悠久和博大，让我们很难用一两个词语对其进行本质性的描述。对于生长在黄河岸边的中原作家群来说，黄河显然是含混、复杂的。一方面，中原的各个方面似乎都深受黄河文化的影响，每一个人的生命经验都和黄河有着千丝万缕的联系；另一方面，又似乎找不到深入其中的抓手。从这个角度来说，邵丽的新作《黄河故事》便具有了值得深入探讨的价值。2020 年，邵丽的中篇小说《黄河故事》发表之后，广受好评，先后荣获《十月》2020 年年度中篇小说奖、《扬子江文学评论》评出的年度文学排行榜榜首，并获得小说学会评出的“年度中篇小说奖”，频频登上各大文学奖榜单。这部直接以“黄河故事”来命名、书写黄河故事的小说，以群像式的方式呈现了发生在黄河岸边、如同黄河一样奔涌不息的人生。或许，从《黄河故事》中，我们可以窥见一些新时代黄河故事的讲述方法。

一、讲述生命故事——透析一个族群繁衍的精神密码

讲述黄河故事的目的是深入发掘黄河文化蕴涵的时代价值，延续历史文脉。因此，讲述黄河故事，就要聚焦于黄河岸边的生命故事，一个文化的历史文脉、文化价值，不会肤浅地体现于其外表，而是深刻地内蕴于隶属于它的无数普通生命之中。一方面，只有深刻剖析一个文化中的生命形态和生命存在状态，才能够一一破解这个文化的内在价值和时代价值。另一方面，之所以说讲述黄河故事就是讲述黄河岸边的生命故事，还因为黄河故事本质上就是生命故事。

黄河作为中华民族的母亲河，在中国有着图腾般的意义。黄河意义的获得，黄河文化意义的获得，都和它与生命的紧密关联有关——正是因为黄河孕育了华夏大地上的生命，黄河才成为中华民族的母亲河，并在中华传统文化中具有特殊的意义。从纯粹的物质意义上说，黄河只是一条河，无论是否有人存在，它都一直流淌在这块土地上。但是从中国人的角度来说，中华民族正是依托于黄河才繁衍生息、生生不息，黄河和中华民族的形成息息相关。因为人依托于黄河存在，所以黄河势必会影响黄河岸边的生命。这种影响可能是显性的，也可能是隐性的。例如，黄河让黄河两岸的人们能够安居乐业，黄河泛滥导致黄河边的人四处流浪，这些是显性的影响；而黄河经常性的决堤，对依托黄河生存的人们在精神上产生的影响，则是隐性的影响。无论是黄河对人的生命的显性影响还是隐性影响，黄河都和黄河岸边的生命息息相关，并在很大程度上左右人面对生命的态度，面对生活的态度，成为黄河岸边人的生存哲学的重要组成部分。所以，讲述黄河故事，就要讲述黄河岸边的生命故事——这些人在黄河岸边如何存在、如何活着，以及应该怎样活着。作家可以设置曲折的情节和有趣的故事，但核心关注点应该是人的存在，所有故事最终指向的应该是人的生命故事。所有的民族文化特质

的发现、时代精神的深入揭示，都应该在生命故事的讲述中自然地呈现出来。

《黄河故事》讲述的是黄河岸边一家人几十年间各自的生命历程。小说从已经定居在深圳、事业有成、家庭幸福的叙述者“我”返回郑州给已经逝去的父亲买墓地开始讲起，讲述了黄河岸边这个家庭中各个成员在几十年间的命运变迁和生命存在方式：母亲看上去强势但实际压抑的一生；父亲的屈辱和无奈；“我”为了改变命运而进行的挣扎和奋斗；大姐强势而斤斤计较的生活方式；二姐不幸但是倔强而坦然的生活姿态；弟弟的窝囊而又欣然自得，妹妹的没心没肺。从故事的讲述来看，这部小说显然无意讲述一个曲折动人的故事——小说一开始就提出的回郑州给父亲买墓地这个事情，不过是让小说中各色人物展开的由头而已。围绕买墓地这件事情，并没有太多的意外或者故事可说。当然，小说中买墓地也是重要的，这涉及小说主题的表达——通过这个墓地，叙述者宣告了父亲屈辱历史的终结，但是，它却不是小说情节展开的重点。小说情节的重点是，借助回郑州给父亲买墓地这件事，叙述者“我”展开了对自我生命的回望，同时，借助自己回乡去见各个兄弟姐妹的情节，也展开了对父亲、母亲、大姐、二姐以及弟弟的生命历程的回望和反思。毫无疑问，从叙事内容来看，小说就是直接书写黄河岸边的人的存在问题——他们的过去和现在都是以怎样的姿态生存着。这是一个指向生命本身的小说。我们可以看到，小说通过讲述黄河岸边一家人的生命状态，呈现出了作家所发掘的中原人值得珍视的一些精神密码。

小说中的“我”从艰难和坎坷中，以绝不屈服的姿态一路跋涉，最终进入自己理想的生活境地。小时候，“我”患病长达一个月治疗不好，吃东西也是吃了就吐，最后，母亲觉得“我”已经无药可治，干脆直接把“我”扔到了灶火后面的草灰堆里，想要任由“我”自生自灭。二姨闻讯过来，把“我”抱走，精心照料，居然硬生生地把“我”救活了。这是叙事者“我”小时候的情况，也就是说，从小时候起，“我”就处于一个艰难的生活境地之中。长大之后，母亲又拒绝让“我”上高中。在找不到前路且在家里感受不到温暖的情况下，年仅十五岁的“我”就背井离乡，随着建筑队进了深圳，凭借一个十五岁小姑娘稚嫩的肩膀，在建筑工地的重体力劳动中艰苦谋生。就是在这样的艰苦情况下，“我”依然坚持自学，并且抓住机会，从承包一个餐厅做起，最终发展成为深圳的餐饮业巨头之一。从单纯的生命历程来看，“我”的故事充满了励志的气息。但是，深入“我”的生命体验中，我们感受到的不仅仅是励志，更是“我”的坚韧和倔强，以及努力进取。在面对生命的困局的时候，年仅十五岁的“我”不是怨天尤人，随波逐流，而是不屈服于命运，主动求变，积极进取。在受到生活不断打击的时候，“我”依然能坚持站在那里，平静地以笑容回报生活。最终，“我”也因此获得了生活的丰厚回报。面对苦难，“我”的生命历程显示了“我”充满韧性的、强悍的生命精神。面对生活的不公，“我”的做法显示了“我”如黄河一样阔大的包容精神。值得注意的是，“我”虽然是小说中众多生命书写的代表，但“我”面对生命呈现出来的韧性生活姿态却并非个例。事实上，小说中的母亲以及“我”的兄弟姐妹，也都呈现出他们面对生活坚韧的一面。

从小说叙事来看，母亲似乎总是以一种强悍的形象出现，她对父亲的压制甚至可能导致了父亲的自杀。但是，究其本质，母亲一开始就不是生活的胜利者，而是一个不断和生活进行抗争的人。她想要过上体面的、受尊重的生活，在那个年代，女性无法出头露面，她只能寄托于父亲是一个积极向上的人。不幸的是，父亲偏偏又是一个带有酒神文化气息的人，他不是一个有能力解决社会问题或者帮助家庭致富的人。他最擅长的是烹饪，制作美食，喜欢的是在苦中作乐而不是做出积极的改变。厨师在当时偏偏又被社会视为不登大雅之堂的职业，这和母亲对他的期望相距甚远。所以，父亲在这个时代就成了一个一无所长的废人。一个有着强烈愿望，要过上体面、受尊重的生活的女人，在当时的环境下，只能依靠她的丈夫，可是她却偏偏嫁给了一个似乎无用的人，无法带给她有尊严的生活。这就是母亲一生的悲剧所在。一方面，母亲显然对父亲是有爱的，比如在父亲去世很多年后，她依然保存着给父亲纳的鞋底子，即便当年父亲如何不堪，她也总是在人前给父亲留足了体面；另一方面，当父亲总是无法完成一件简单的，能够改善家庭经济条件的事情，反而不断因为烹饪而成为乡邻的笑料时，她又对父亲充满了恨。事实上，母亲对父亲的每一次压制，以及在父亲一次次失败甚至成为笑料之后，依然支持、鼓励父亲去努力，都是母亲对这个世界的抗争，是对她面临的命运的抗争。虽然她最后的抗争失败了，最终父亲也没有按照她的预想成为一个能带领家庭走向体面、富裕生活的人，反而以非正常死亡的方式给家庭带来了更大的屈辱，但是母亲坚韧的生命精神在这个过程中却展露无遗。还有"我"的兄弟姐妹，虽然在父亲死后，一度都遭遇到了生命中的各种困境——大姐、二姐、小妹都经历了坎坷的婚姻之路，但是他们都没有放弃自己，而是像野草一样面对生活不屈不挠地生长着，并且最终让自己过上了理想的生活。显然，我们可以看到，《黄河故事》通过聚焦"我"和"我"的亲人们的生命故事，通过对"我"的经历，以及母亲、亲人们的生活经历的书写，呈现了黄河岸边民众的生存秘密——坚韧而倔强地面对生活是他们能够生生不息的根本原因所在。这种坚韧、自强不息的精神，正是中华民族作为一个民族繁衍生息、绵延不绝的重要原因所在。

小说对生命故事的讲述，还包括对特殊生命关系的呈现和思考。人存在于与他人，尤其是亲人的生命关系之中，这种关系在一定程度上影响着人类的生命存在方式，呈现出人的生存哲学。在《黄河故事》中，小说写出了很多复杂的生命关系，这里有父亲和母亲之间充满爱与失望、压制与反抗的夫妻关系，也有母亲和大姐之间从原初的互相欣赏又到互相敌视的母女关系。其中尤为特殊的是叙事者"我"和母亲之间的复杂关系。小说中的"我"在性格上最像母亲，也并不贪吃——这是母亲最讨厌父亲的一点，理论上，对于这样一个女儿，母亲应该是欣赏的。可是，小说却写道，在这个家中，母亲最讨厌的其实就是"我"：她在"我"小时候生病时任由"我"自生自灭；她让大姐、二姐上学，却不让"我"上学。甚至在"我"发财后回郑州看她，她也故意贬低"我"带给她的礼物，拒绝穿“我”买给她的衣服。她认为，“我”给她买衣服不是孝顺，而是在羞辱她：“你这样子做给别人看，还不是为了报复我？小时候我对你不好，你偏对我好，看我老脸往哪儿搁？你就像这样子让我羞愧死是吧？”①一对亲母女，为什么会成为这样的关系，母亲为什么对这个性格像自己的孩子这么冷淡，小说也曾给出解释，似乎和“我”的生辰八字有关，因为二姨告诉“我”，在父亲去世之后，母亲曾经找人算卦，算卦人说“我”命里克父母。或许因为这个，母亲就对我充满了戒备，即便后来她来到深圳，在“我”的家里一住就是十年，但也没有和“我”亲近过。不过，这个解释显然是不充分的，因为在父亲去世之前，“我”就已经是母亲讨厌的对象了。“我”对母亲的态度也是复杂的。在母亲说出“我”的这个心思的时候，“我也冷冷地看着她，一句话都没再说。但是心里突然有一种极大的、恶作剧般的满足，我觉得我平生第一次在她面前占了上风”②。所以，从小说来看，即便母亲在“我”家住了十来年，“我”对母亲似乎总是客气多于亲情。可是，在母亲的晚年，看到母亲衰老的形象时，“我”却又说，“母亲，我是恨着她的。可我恨了多少年就爱了多少年；恨有多深，爱就有多深”③。显然，母亲和“我”的关系是极其复杂的，这是一种爱恨交织的纠缠。小说似乎最终也没有清晰地说明母亲为什么那样讨厌“我”，也没有说明“我”为什么要对母亲好，以及最后为什么说对母亲“恨有多深，爱就有多深”。其实，“我”和母亲之间，本来存在极端的对抗。但是在对抗的过程中，“我”也在成长，而且开始越来越清晰地意识到“我”和母亲的相同之处——她们内在的精神性格其实极为一致。“我”也能越来越多地理解当年的母亲。虽然“我”对当年母亲对自己的伤害无法释怀，但同时，从一个成年人理性的角度，“我”又能理解母亲在当年其实已经是用尽了自己全部的力量来对命运进行抗争，母亲已经没

① 邵丽. 黄河故事[J]. 小说选刊，2020，41(7)：26.
② 邵丽. 黄河故事[J]. 小说选刊，2020，41(7)：26.
③ 邵丽. 黄河故事[J]. 小说选刊，2020，41(7)：36.

有能力再对“我”好。这是一个对命运进行坚韧抗争的人对另一个坚韧抗争命运的人的理解。在这个理解的过程中，“我”逐渐接受了母亲，甚至成为下一个母亲。这也是这个民族生命和文化延续的过程。显然，通过讲述“我”生命中的这些亲情关系，中华民族坚韧的生存精神的传承过程被呈现出来。另外，小说中的“我”在成长的过程中受尽了苦难，最终和母亲紧张关系的缓解，对往事的释怀，其实也呈现了黄河文化中阔大的包容精神。在小说中，不仅“我”面对世界是包容的，事实上，母亲、二姐她们面对世界也都是包容的。小说中的母亲曾经对父亲充满了仇恨，因为这个男人带给她一次又一次的羞辱；二姐曾经对母亲也充满愤怒，因为母亲曾经对她的生命不断施加粗暴的干涉，对她羞辱，影响她正常的生活。但是，所有这些仇恨或者愤怒的情感，最终都被放下，他们的关系得到了修复，并最终和解。这种人际关系的书写，呈现了黄河生命所蕴含的如黄河一样阔大的包容万物的精神。

《黄河故事》没有复杂的情节，只是借助回乡给父亲买墓地这样一个由头，展开了对父亲生命的回望，对自己既往生命历程的回望，小说关注的是不同时代中人的存在状态，以及人如何在他的那个时代生存。正是在这种似乎絮絮叨叨如话家常似的对自己家人生命历程的回望中，黄河文化中值得珍视的宝贵精神在我们的生命中浮现出来，这里有不畏惧苦难、对苦难的坚韧抗争精神，也有与万物和解、如黄河一样阔大的包容万物的精神。或许，正是这种坚韧的抗争精神和包容万物的精神，使得黄河文化能够一代一代绵延不绝地流传下来，黄河岸边的生命也才会生生不息地无数次穿过的黑暗时代，再次迎来中华民族的伟大复兴。通过对黄河岸边生命故事的书写，《黄河故事》展现了作家所体会的黄河文化的伟大精神传承。

二、讲述时代故事——呈现文明嬗变与国家发展

书写新时代黄河故事，必须强调小说叙事的时代性，换言之，新时代的黄河故事，不应该只和黄河有关，更要和新时代有关，凸显出黄河

文化与新时代的碰撞。在这个碰撞中，黄河文化蕴含的时代价值会自然凸显出来，新时代的巨大发展成果也会呈现出来。黄河在中国流淌数千年，在每一个时代，都深刻地影响着黄河两岸民众的生存，都有不同的黄河故事。

李准的《黄河东流去》就是战争年代的黄河故事。这部小说以讲述黄河岸边的生命为中心，“这本书的名字叫《黄河东流去》。但她不是为逝去的岁月唱挽歌，她是想在时代的天平上，重新估量一下我们这个民族赖以生存和延续的生命力量”①。他想在书中表达的是他关于黄河岸边生命存在精神的思考，“多少年来，我在生活中发掘着一种东西，那就是：是什么精神支持着我们这个伟大民族的延续和发展……最基层的广大劳动人民，他们身上的道德、品质、伦理、爱情、智慧和创造力，是如此光辉灿烂。这是五千年文化的结晶，这是我们古老祖国的生命活力，这是我们民族赖以生存和发展的精神支柱”②。这部小说写了黄河决口之后，七户农民面对灾难、迁徙时的命运。通过对这几户农民的生命故事的书写，小说写出了“中原儿女生生不息、顽强拼搏、乐观开朗的‘黄河性格’……中原难民相亲相爱、团结互助、敢于牺牲的‘黄河情谊’”③。李准想通过对黄河岸边的生命故事的书写，在生死攸关的历史事件中寻找民族的精神内核。从《黄河东流去》这部小说来看，李准显然成功了。它发掘出了黄河边农民坚韧、倔强的生活立场，乐观与大气的生活态度，是对中华民族百折不挠赓续血脉现象的深度解码，是讲述黄河故事的一部大书。但是，这却不是一部讲述新时代黄河故事的小说。中华人民共和国成立以后，尤其是改革开放以来，中国经济持续发展，从当年的积贫积弱，经过几十年的发展，一跃成为世界第二大经济体，基本消除了贫困现象。国家经济的伟大变化和财富的巨大发展都是在这

---

① 李准. 黄河东流去[M]. 北京：人民文学出版社，2005：2.

② 李准. 黄河东流去[M]. 北京：人民文学出版社，2005：2.

③ 吕东亮，秦越. 荡气回肠的黄河故事——重读李准的长篇小说《黄河东流去》[J]. 南腔北调，2020，40(3)：4.

几十年完成的，这种变革也必然会使既往的生命存在方式和文化认知理念发生变化。无论是经济的发展，还是生命存在方式悄然发生的变化，显然都是黄河岸边的新生事物，也应该是新时代黄河故事着力讲述的对象。

如果说《黄河东流去》是发掘黄河文化、黄河精神方面不可多得的力作，那么《黄河故事》则是强调在时代对比中呈现黄河文化的不同特质，在时代更迭中讲述独特的黄河故事。《黄河故事》在构建情节方面，非常精巧地设置了一系列的新旧对比。通过拿“我”现在的生活状态、生活立场、生活环境与母亲当年的生活状态、生活立场进行对比，提炼出值得坚守的精神立场，凸显了新时代国家的巨大发展。小说中的“我”和母亲，一直存在着感情上的尖锐对立，但其实这两人却有着非常有趣的相同点和不同点。“我”和母亲的相同点是，我们都是要强、不轻易向生活屈服的人，总是以一种坚韧的姿态迎接生活的重压。我们的不同点则是对抗命运之后的结果：“我”事业有成，家庭幸福，有了爱自己的丈夫；而母亲则似乎从来没有实现过自己的人生目标：她想要父亲积极向上，父亲却投水而亡；她最爱大女儿和小儿子，但是最后却不得不跟着她原来最讨厌的“我”一起生活。同样都是以倔强、坚韧的姿态来面对生活，结果却如此不同，这正呈现出了时代的巨大变革对普通人命运的重大影响。显然，母亲生活的不幸福并不是因为她个人能力不够突出，而是时代没有给她提供找到幸福生活的机会。母亲希望父亲成为“我”姥爷那样的人——能够走仕途或者在村里有极高的威望，但是父亲偏偏是一个没有能力走仕途，而只对烹饪、美食感兴趣的似乎没用的人。在那个时代，烹饪被视为不登大雅之堂，成功的定义已经被高度狭窄化，父亲注定会成为一个失败者。这样的父亲和母亲理想中的父亲构成了巨大的反差。必须依靠父亲才能实现自己人生理想的母亲，在这种情况下便只剩下人生的失败这一个结果。相比较之下，“我”就比母亲幸福。“我”也是一个不肯对生活服输的人，但是我却过上了自己想要的生活。

同样个性的母女，在不同的时代遭遇了不同的命运，究其原因，是和时代有关。在母亲生活的时代，官本位思想显然统辖一切，成功的概念被高度狭窄化，没有相关的能力，便注定会成为这个世界的失败者。同时，那个时代也没有给民众提供太多的机会，尤其是女性，更是很难不依靠丈夫、完全靠自己实现人生的梦想。所以，母亲要实现自己的理想，就必须依托于父亲。当父亲无法扶持起来时，成功就已经远离母亲了。在“我”所生活的这个新时代，却并没有这样一系列的限制。一方面，生活成功的定义开始多元化，官本位不再是唯一的成功标准；另一方面，新时代给了女性更多的解放，社会给了女性更多的发展空间，女性不需要依附于任何人，可以凭借自己的能力做自己想做的任何事情。显然，小说通过相同性格的母女不同命运的展示，呈现了黄河文化精神在新时代的新发展。

对父亲认知的变化，是这部小说呈现出的不同时代之间最大的不同，也是黄河文化和时代之间最大的碰撞。《黄河故事》以“我”回郑州给父亲买墓地开始了对整个家族命运历程的回顾。在小说中，父亲是一个只在我们回忆中出现的人物，但显然又是一个重要人物。小说花费了大量笔墨，来回顾父亲对美食的喜爱、烹饪技术的高超，以及他面对现实世界的无能。父亲是少爷出身，儒雅风趣，仪表堂堂，从外形上，以及待人接物和个人素质上，父亲似乎都是一个很不错的人。但是，在母亲眼中，父亲有一个致命的缺陷，那就是他对烹饪的迷恋，对美好食物的迷恋。所以，母亲鄙视地叫他“贪吃鬼”。沉迷于烹饪、美食，而不是从事更加具有实用价值的工作，是父亲和注重实际的母亲之间最大的矛盾。当然，父亲的矛盾对象其实不是母亲一个人，而是当时整个社会。也就是说，在当时所有人的眼中，父亲都是一个异端。某种程度上，父亲在当时的村庄的确是一个异端。他没有能力去完成社会所认可的成功，反而对当时似乎不登大雅之堂的烹饪、美食情有独钟，只愿意把自己的人生寄托于其中。显然，对于当时的时代来说，父亲的这些梦想显得有些格格不入，也有些太奢侈。一方面，当时的社会经济发展状况和自己的家庭条件，都不足以支撑父亲的这个兴趣和梦想。对于多数人来说，能吃饱已经是奢望，而在这种情况下，还要强调吃得精致、有趣，显然超出了大众理解的范围。另一方面，黄河岸边的中国文化，本身强调的就是注重实际，强调价值、义务承担的儒家伦理。生活在这种儒家伦理环境中，父亲却不注重自身义务的承担，不去按照当时的社会要求去努力工作、进取，把整个家庭责任承担起来，却沉溺于口腹之欲，沉迷于烹饪这种似乎不登大雅之堂的小道，看上去确实是一种不正常的行为。虽然父亲和母亲之间的对抗成为导致他死亡的直接原因，但是，母亲显然不能为父亲之死负全部责任。因为父亲承担的压力，显然不仅仅来自母亲。

父亲的烹饪之路，承受了太多的压力：食品公司的主任可以一边喝着父亲熬制的猪骨头汤，一边嘲讽父亲说父亲读书多的价值就是能让自己喝上一碗猪肉汤；因为做了卤煮驴肉，他丢掉了工作，还被罚 30 元钱……父亲多次的烹饪技术的呈现，带给他的不是鼓掌和喝彩，而是来自社会的恶意嘲讽。从小说中可以看到，就连善良的二姨，在说起父亲的时候，也会忍不住替母亲说话，“要不是你父亲太那个”。所谓的太“那个”，显然就是指父亲太痴迷于烹饪，痴迷于吃，不务正业。我们这些孩子虽然乐于享受父亲带给我们的美食愉悦，但其实也加入了嘲讽父亲的庞大社会阵营之中。所以，二姐成年后才会耿耿于怀——父亲临死前去学校看她，她却因为担心同学笑话而匆匆跑开了。喜欢烹饪、热爱美食，让父亲成为整个村庄的笑料，成为我们家的耻辱。小说中的“我”也一度以父亲为耻辱。但是，这并不说明父亲就是错的。如果说父亲有错误，那么他的错误就在于，他生错了时代，他的追求和时代错位了。在新时代，烹饪不再是不登大雅之堂的事情，事实上，我们兄妹就有好几个人依靠餐饮业让自己过上了丰衣足食、令人羡慕的生活，“我”更是成为深圳知名的餐饮业商贾。小说最后，“我”郑重其事地宣告，父亲“再也不是我们家的耻辱，我要完成的正是我父亲未竟的梦想”①，其实

① 邵丽. 黄河故事[J]. 小说选刊，2020，41(7)：36.

就是宣告“我”对父亲的理解，宣告新时代价值观的确立。

小说通过新旧不同时期对父亲认知的不同，宣告了黄河文化在新时代的新发展。一方面，在新时代，提高生活品质要求的正当性确立了，对食物有要求，不再是一件值得嘲笑的事情。事实上，连当年最讨厌父亲贪吃的母亲，也开始对饭店的制作水平指指点点。这个变化其实凸显了新时代国家经济发展给民众精神带来的巨大变化——只有经济富足、满足温饱之后，人们才不仅仅以解决温饱作为对食物的要求。另一方面，则呈现了这个时代对“成功”认知的巨大变化，传统的官本位思想在浩浩荡荡的时代大潮中被淹没，商贾不再被认为是小道，从事烹饪也不再是值得嘲笑的事情。这显示了黄河文化精神的新发展。在过去，作为普通人的父亲有烹饪的天赋和愿望，可他的烹饪技术在给大众提供了艰难岁月中的美食亮色之后，却依然让他成为一个大家眼中的小丑。但是，在今天，“我”却凭借烹饪成功地成为大家眼中的成功人士。浩浩荡荡的黄河文化在新的时代，容纳了新的时代价值观，让每一个小人物都有权利去追求自己的梦想，这是黄河文化在新时代的延续和发展。

《黄河故事》通过对“我”以及亲人生命历程的书写，暗含了时代的对比，以这种方式，小说让黄河文化与时代发生碰撞，让我们看到了不同时代的黄河文化的不同价值取向。也正是在这种碰撞中，黄河文化在不同时代的嬗变演进过程被呈现了出来，中华民族和国家在这些年取得的巨大发展成就被呈现出来。黄河文化的时代价值，或者说，在新时代值得坚守的新的黄河文化精神，也在这个时代与黄河文化的碰撞中凸显出来。

对于讲述黄河故事，河南作家有着得天独厚的优势，因为黄河和这块土地似乎有着一种特别的关系。这里是最早因为黄河而产生文明的地方，也是黄河决口最多的地方。这个地方的民众既深受黄河的恩惠，由此产生了农耕文明，也深受黄河的毒害，每一次黄河决口，都伴随很多人生命的消逝。黄河对中原人的影响，黄河文化对中原文化的影响，已经成为一种集体无意识，代代相传。对于每一个河南作家来说，黄河似乎都是他生命中的一部分，始终萦绕在他身边。但是，又因为黄河文化在中原人生命中的无所不在，而让人难以提炼。从《黄河故事》这部小说我们可以看出，对于河南作家来说，书写新时代黄河故事，最重要的就是关注黄河岸边的生命，关注这些生命在新时代是如何存在、如何改变的，关注这些生命的幸福与悲伤。在对新时代的黄河岸边生命的关注和书写中，国家的巨大变革和黄河文化蕴涵的时代价值，会悄然浮现出来。

第四节 《省府前街》："信"的叙事学意义

南飞雁的长篇小说《省府前街》可以说是他近年来的成熟之作。小说以旧省城开封一条街的名字为题，描写了一户人家、一个城市的命运变迁，充满了意味深远的历史感。南飞雁是一位很会讲故事的作家，这从他上一部长篇历史小说《大瓷商》中就可看出来。但是，《省府前街》这部小说在讲故事方面显然更胜一筹，或者说，南飞雁更加精心地结构了小说故事，不仅带来了精彩动人的故事，更呈现了特定历史时空中历史的复杂，带给读者更多的关于历史与变迁的思考。这部小说故事结构的精巧，从小说对于信件的利用中可以明晰地看到。

一、设疑与解惑——"信"与小说的故事性

小说和故事一直被认为存在天然的联系，甚至，很多普通读者早已经把小说简单地理解成了故事。对于小说和故事关系的认知，作家当然和普通读者有一定的差距，不过，在传统观念中，很多作家还是将故事视为小说的必备因素。福斯特在《小说面面观》中的一段饶有趣味的问答，说明了大众是如何认知故事和小说的。"如果你问某一型的人：'小说是什么？'他会直截了当地回答你：'我不知道——这个问题有点滑稽——小说就是小说——不过，我不太清楚——我想，或可这样说，小说就是故事。'他的脾气不错，但语焉不详，或许他正在驾驶着公共汽

车，对于文学实在难以兼顾。另外一种人，雄心勃勃而又趾高气扬，我们想象他正在高尔夫球场上。他的回答是：‘什么是小说？怎么，自然是说故事。如果小说不说故事，我就不晓得还有什么用。我爱听故事。我的欣赏力不高，是吗?！不过，我就爱听故事。你可以有你的艺术，你可以有你的文学，你的音乐！可是，我只要一个好故事。我喜欢劲味十足的故事。我的太太也一样。’第三种人回答时，无精打采、一副无可奈何的样子：‘是的——啊，不错——小说是说故事。’我喜欢并尊重第一位说话者，对第二位仁兄则不敢恭维，而第三位说话的人就是我自己。是的——啊，不错——小说是说故事。故事是小说的基本面，没有故事就没有小说。这是所有小说都具有的最高要素。”①传统作家和评论家一般都比较强调故事对于小说的重要性。俄罗斯作家高尔基曾经将情节(其实也就是狭义的故事)、语言和主题视作“文学的三要素”。特罗洛普指出：“我从一开始就确信，作家坐下来写小说是因为有故事要讲，而不是因为要讲故事。小说家的第一部小说一般都是这样产生的。一系列的事件，或人物的某种发展会在他的想象中自动出现，——这给了他十分强烈的感觉，使他觉得可以用有力且有趣的语言向别人描述出来。”②显然，在特罗洛普看来，有一个美妙的故事，并且急于把它说出来，是小说家创作小说的原动力。在某种程度上，甚至可以说，故事是小说之母。虽然此说可能会有偏颇，不过，认定小说就是要通过令人动容的故事来打动人，曾经是很多小说家、评论家共同的观点。

但是，随着现代主义的兴起，小说与故事之间的天然联系却中断了。《到灯塔去》《尤利西斯》等现代主义经典小说，更加强调对精神世界的表述，而不是去构造、描述现实世界的冲突。有些小说虽然涉及人世沧桑的变化以及对人性的深刻表达，但在讲述的过程中，小说中的故事

① ［英］珀·卢伯克，爱·福斯特，爱·缪尔．小说美学经典三种［M］．方土人，罗婉华，译．上海：上海文艺出版社，1990：220．

② Miriam Allott. Novelists on the Novel［M］. London：Routledge & Kegan Paul，1959：241.

却被完全打散的时间切割得七零八落，以至于小说中的故事讲述似乎也已经消失了。例如，福克纳的小说《喧哗与骚动》，虽然里面饱含了人世沧桑，可是小说却缺少整饬的叙事，故事被分割成一个个碎片，似乎很难将之缝合成为完整的对普通读者富有吸引力的完整故事。这些被奉为经典的现代主义作品代表了现代小说的价值取向，那就是小说叙事更加强调叙事形式，而忽略小说的故事性，甚至把故事看成是反小说的。这种小说的出现，自然是作家艺术观念变化的结果，伍尔芙还曾经为现代小说下过一个简单的定义：如果你读完了一本小说而可以并不困难地复述给另一个人，那么它就不是真正的小说，而只是一个故事。① 从 20 世纪直到现在，西方现代主义的小说观念其实已经深刻地影响了这个时代的小说观念，这从我们今天奉为经典的 20 世纪西方文学作品中也可以窥见一斑：这些 20 世纪经典文学作品基本上是现代主义作品。在现代主义小说的影响下，忽视情节、忽视小说中故事的作用，似乎成了很多作家的共识。换言之，在小说与故事的关系上，不同作家显然存在不同的认知，有些作家强调故事的重要性，有些作家却认为小说不应该强调故事。

在关于小说与故事关系的认知上，南飞雁的立场显然很明确，那就是小说与故事是紧密关联的。这一点，我们可以从他的一系列作品中清晰地看到。无论是他的处女作《冰蓝世界》，还是他后来获得"五个一工程"奖的《大瓷商》，以及后来引起广泛好评的《红酒》《暧昧》等一系列描写"七厅八处"的中短篇小说，都是通过讲述一个非常好看的故事来表达自己的观念。事实上，对于小说叙事来说，从故事讲述的角度，中国传统小说有很多有益的东西是可资借鉴的。中国传统小说非常注重情节，而且围绕如何构造情节，也形成了一系列的书写技巧。"关于如何说故事，如何设计情节，以便使故事变得精彩迷人、更有喻义和张力，小说家通过创作实践，总结出了许多经验。而在其中，中国古代小说家似乎

① 见耿占春. 叙事美学[M]. 郑州：郑州大学出版社，2002：20.

最肯钻研，为后人留下了许多法宝：勺水兴波、绝处逢生、横云断山、草蛇灰线、层峦叠翠、余波再振、水穷云起……只可惜，后人们将这一切章法都意义看轻了。殊不知，如果加入现代精神，对这些章法能心领神会，在使用时多注意分寸、不落下技巧的痕迹，它们都是一些十分有效的艺术手段。"①南飞雁的小说原来虽然强调故事性，但似乎并没有从中国传统小说中借鉴太多的东西。但是，在《省府前街》中，我们可以明显发现，小说在故事的构建上更加自觉。作家明显有意识地借鉴了传统小说中的情节构建方式，从而给小说带来了更多的趣味性和故事性。在《省府前街》中，我们可以发现，作家不断地在设置悬念，或者设置疑惑，然后再解惑，继续设置悬念。小说一开始就设置了冯氏枪杀赵贻海的悬念，接着，赵贻海和奕雯之间的关系，沈徽茹的下场到底如何、冯氏的下场到底如何，赵贻海和其他几个女性之间的关系等问题，都不断引导着读者往下阅读。

在南飞雁的小说悬念的设置以及解惑的情节安排中，信件起到了极其重要的作用。小说第二章，小说主人公奕雯、姨娘冯氏以及军官赵贻海在日军攻城时没有来得及撤走，被堵在了开封城内。在生死与共的危难困境之中，赵贻海和奕雯的姨娘冯氏曾经春风一度，而且还和奕雯有了若有若无的情愫。这一章最后，奕雯父亲派过来接他们出城的人联系上了他们，连同赵贻海联络上的部分军队，一行人连夜出城。在行将出城、得到自由的时候，意外突然发生，冯氏突然枪击赵贻海。小说这一章至此戛然而止，给读者留下一个悬念——的确，读者无法理解在行将获得自由的时候，冯氏为什么会对曾经帮助她们甚多且与她有过情感纠葛的赵贻海开枪。小说这一部分是以赵贻海似乎不太清楚的视角写的，不免给读者以疑问，冯氏真的开枪了么？读者的这个疑惑很快就在接下来的第三章中得到确认。第三章是贻海写给奕雯的信，在这封信中，贻海确认了是冯氏冲他开枪，将他重伤，接着冯氏又被接他们出城的牛少

① 曹文轩. 小说门[M]. 北京：人民文学出版社，2010：348-349.

校击毙。显然，在这封信里面，回应了小说前一章设置的疑问，但是接着又留下了几个疑问：其一，冯氏为何开枪？其二，在赵贻海写给奕雯的信中，提到了一个叫小秀的女子，而且不难看出，此时小秀已经是赵贻海的妻子，且怀有身孕，而赵贻海写给奕雯的信却又充满情意，那么，赵贻海后来和奕雯之间究竟发生了什么？如果两人有了感情，并且后来赵贻海始终对奕雯有感情的话，两人为什么没有能在一起？小说之后的信件又有对上述两个疑问的解释。第九章赵贻海给奕雯的信中，解释了冯氏为何枪击赵贻海，原来是和基督教有关。当时冯氏和赵贻海欢好，原因复杂，一方面确实有喜欢赵贻海的因素在内；另一方面也想借赵贻海而怀孕，以弥补沈家无后之遗憾。但是和赵贻海欢好之后，却又后悔犯了十诫之律。所以，在脱险之时，冯氏枪击赵贻海，是想维护其丈夫沈徵茹的名誉，同时也已经下了决心，将来产子之后即自杀。至此，小说第二章设下的一个悬念宣告破解。那么，到此时我们也会突然发现，原来这个答案，或者说结果，在小说冯氏枪击赵贻海之前，作家已经埋下了伏笔。在小说第二章，几个人被困在开封城内的时候，小说专门谈到几个人都信奉基督教。

在《省府前街》这部小说中，南飞雁特别强调了小说的趣味性，有意向中国传统叙事技巧学习，将草蛇灰线、水穷云起等小说手法运用得极为恰当。当然，必须要强调指出的是，在南飞雁进行这些富有深意的小说结构的时候，信件的使用起到了极其重要的作用。事实上，小说中一系列重要人物最后的生命结局，比如赵贻海的命运，冯氏的命运、沈徵茹的命运，都是在赵贻海的信件中揭示的。利用这种精巧的小说叙事结构安排，《省府前街》不断给读者留下疑问，又在接下来解释疑问的过程中，给读者留下新的疑问，从而让整部小说始终充满着悬疑的趣味，引导着读者的阅读。

二、“信”与历史复杂性的呈现

随着小说叙事的自觉，现代作家越来越意识到传统线性叙事的局限性。博尔赫斯曾经写过一篇小说《阿莱夫》，这部小说内容非常简单，但却塑造了一个非常奇怪的物象——阿莱夫。小说是这样描述阿莱夫的：

> 阿莱夫的直径大约为两三厘米，但宇宙都包罗其中。体积没有按比例缩小。每一件事物(比如说镜子玻璃)都是无穷的事物，因为我从宇宙的任何角度都清楚地看到。我看到浩瀚的海洋、黎明和黄昏，看到美洲的人群、一座黑金字塔中心一张银光闪闪的蜘蛛网，看到一个残破的迷宫(那是伦敦)……。①

毫无疑问，阿莱夫是神奇的，其直径只有两三厘米大小，但是宇宙却包罗其中，而且更为重要的是，里面所有的事物都没有按比例缩小。这段描述的最后一句，某种程度上是博尔赫斯这段话的总结性陈述——难以理解的宇宙。从阿莱夫这个独特的形象的建构中，我们可以看到博尔赫斯对世界的复杂性的认知、对世界的普遍联系性的认知，以及他对语言线性表达的绝望。阿莱夫的一个重要特点是，能够同时呈现出世界的每一个部分，对于有志于对世界进行表达的人来说，这显然是最完美的表达方式——同时呈现世界的共时性瞬间。但是，对于作家来说，尤其是对传统的线性叙事的表达方式来说，表达共时性的世界瞬间，却是一个不可能完成的任务。因为世界是同时性的存在，而语言却只能顺序性地表达，所以，你一瞬间看到的东西，不可能在一瞬间用语言完全表达，语言必须线性呈现，而这种线性呈现显然无法还原你原本感受到的复杂性。

不仅仅是博尔赫斯，很多学者和作家也开始意识到按照线性顺序进行叙事的困境。一方面，很多作家意识到，在描述内心经验时线性叙事的不可靠性。在进行叙事的时候，当叙述者紧紧遵守时间的先后顺序进

① 豪·路·博尔赫斯. 博尔赫斯全集(小说卷)[M]. 王永年，译. 杭州：浙江文艺出版社，1999：306-307.

行叙述时，从表面上看，符合我们的认知规律，对于过去的、久远的事情相对记忆模糊，而刚刚发生的事情则记忆更加清晰。但实际上，我们的记忆并不严格遵循这样看似合理的物理规律，"当我们想写一部小说时，当我们开始想叙述一个故事时，实际上这故事已经完结。我们转过身来，朝后看自己刚走过的道路，看到的全程呈现一片混杂。远景与近景一样清晰、逼近，像从望远镜里看去一样"①。事实上，在我们的记忆中，过去是共时性呈现出来的。另一方面，人们也意识到了认知的共时性与语言表达的顺序性之间的矛盾。"人们在查看地理时所见到的，无一不具有同存性，但语言肯定是一种顺序性的连接，句子陈述的线性流动，由最具空间性的有限约束加以衔接，两个客体(或两个词)根本不可能完全占据同一个位置(譬如在同一个页面上)。对于词语，我们所能做的，无非就是作重新的收集和创造性地加以并置的工作，尝试性地对空间进行诸种肯定和插入，这与现行的时间观念格格不入。"②显然，在这个时代，我们的认知已经发生了变化，我们认识到了自己所看到的同时性的空间事物与语言表达的顺序性之间的矛盾。当现代小说不仅仅以讲述一个故事为旨归，而是力图表达对这个世界的全面而真实的认知的时候，这种表述方法的顺序性已经天然地构成了对所表达世界的扭曲和变形，这也就构成了现代小说叙事的困境。

如何利用小说表达出更为复杂的东西，或者用小说叙事呈现出共时性的东西，成为很多作家思考的问题。就《省府前街》这部小说来说，我们可以明显看到南飞雁在这方面的努力。在小说中，立体空间的建构是通过信件来完成的。虽然《省府前街》有意借鉴了中国传统小说的叙事手法，力图建构出一个好看的故事，但是同时，作家显然也并不想仅仅完成一部娱乐性的作品。事实上，从作者关于这部书的创作谈中，我们可

① 林秀清. 诗画结合的新小说[M]. //[法]克洛德·西蒙. 弗兰德公路. 林秀清，译. 上海：上海译文出版社，2008：254.

② [美]爱德华·W. 苏贾. 后现代地理学——重申社会理论中的空间[M]. 王文斌，译. 北京：商务印书馆，2004：3-4.

以明显看到作家的雄心："打动一个写作者的，往往是一句话，一件事，一个人……但这次不同，打动我的是一座城……想进入这座城，是个悠长的过程……在这个悠长的过程中，我先做了一件事，也是最重要的一件事：在我的脑海中，建上一座城。准确地说，建了一座 1938 年到 1954 年的开封城。"①1938—1954 年，是开封城急剧动荡的年代。在这些年里，开封经历了沦陷、收复，以及中华人民共和国的成立和省会的迁移等一系列重大的事件。毋庸置疑，这一段时间的开封城也是极端复杂的。在这样的情况下，当作家力图写出这样一个时间段内的开封时，如何呈现出这个城市的复杂以及城市内外环境的复杂，显然就成为一个问题。从小说叙事的基本线索来看，小说基本仍采取线性结构，从沈家老人讲起，讲到小说的中心人物沈奕雯，也基本按照沈奕雯的生命顺序往后推进。那么，在这样一个线性叙事的相对封闭的空间中，如何更多地呈现出时代的复杂性，显然就是对作家叙事手法运用的一个考量。在这部小说中，南飞雁并没有严格按照物理时间线索一点点地向前推进，而是有意选择了几个点，利用这几个时间点，再结合人物思绪的流动，以及小说叙事的上下串联，结构起整个故事。小说选择的这几个点当然也都富有代表性，分别是开封失守的 1941 年、开封光复的 1944 年、开封解放的 1949 年，以及新中国成立初期的 1951 年和最后省城迁郑的 1954 年。立足于这几个时间点，尤其是前三个时间点，小说上下串联，解说了时代的复杂以及人物命运的坎坷。在呈现时代复杂性方面，作家运用的更为重要的叙事手段便是对书信的巧妙使用。

如上所述，小说中的书信主要是赵贻海写给沈奕雯的，书信所占的篇幅在全书中并不算少。全书共十二章，其中书信占四章，前三章都是赵贻海写给沈奕雯的，最后一章是沈奕雯后来的爱人范书芃从朝鲜战场写给沈奕雯的。赵贻海写给奕雯的书信，一部分讲述的是他与小秀结合、分手的全过程，他在香港的生活，如何投机，如何与曾清明结合的

① 南飞雁. 省府前街[M]. 郑州：河南文艺出版，2019：459.

过程。还有一部分讲述的是沈徽茹在出事之后，离开沈奕雯之后的经历。范书芃的信件则呈现了他们在朝鲜战场的一些基本情况。毫无疑问，这些信件其实是对小说线性叙事的补充。因为小说是以沈奕雯为主要线索展开的，小说的主线索基本是在沈奕雯生活的时空之内展开，在小说主线的书写过程中，作家虽然上下勾连，也呈现了沈奕雯身边世相的复杂，但是，在这历史大变革关头，没有和沈奕雯在一起的其他人物的命运走向，以及在大陆之外的其他相关社会状况，却很难在叙事的主线中进行叙述。在这个小说中，所有这些无法被纳入叙事主线的和沈奕雯相关的重要人物的命运，如沈徽茹在被释放之后的生命历程，以及其他无法纳入叙事主线但又能呈现这个时代复杂性的各种生活，通过信件的形式被呈现出来。这些信件和沈奕雯的生活构成了两两映照，呈现出在这个独特时间节点，在共和国土地和殖民地不同人的生活状况，呈现出历史的复杂性。换言之，在《省府前街》这部小说中，围绕小说的叙事主线——沈奕雯的生活——展开的叙述，是从纵向推进情节的发展，带给人历史变革沧海桑田之感，而小说中的信件，则让纵向前行的时间轴停下来，拓宽了其中一些重要时间节点的表达空间，呈现出更为复杂、宏阔的世界，从而让小说呈现出更多的时代复杂性，也带有更多的历史感。

在后记中，南飞雁说在这部小说的书写中，书信是他尝试加入的文体。从小说叙事的效果来看，他的尝试显然成功了。在这部小说中，无论是在历史感的表达、人物情感的表达，还是在小说叙事复杂性上的呈现、悬念的设置与解惑，以及小说节奏的控制方面，书信都起到了极其重要的作用。当然，从作家对书信这种文体的自觉选择与结构安排上，我们也看到了作家叙事的成熟与自觉。

附 录 一

河南青年作家综述

20世纪80年代以来，河南当代文学发展进入了一个新的阶段，老中青几代作家持续发力，使河南当代作家成为中国当代文坛不可忽视的一支重要力量。河南作家不仅佳作频出，不断获得鲁迅文学奖、茅盾文学奖等各大文学奖项，更为重要的是，河南作家也是一支代际衔接完整的文学队伍。20世纪80年代，生于30年代的张一弓成为当时中国文坛的代表人物之一，生于40年代的田中禾，生于50年代的刘震云、李佩甫等人先后获得茅盾文学奖等重要文学奖项，成为中国当代文坛的代表作家。同时，生于60年代的李洱、邵丽、冯杰，以及生于70年代初期的乔叶则在这一时期也迅速成长起来。近年来，生于20世纪80年代、90年代的河南青年作家也已经崭露头角，成为中国当代文坛的一支新生力量。

具体到当下的河南青年作家，目前河南文学“80后”“90后”的青年作家又可以细分为生于20世纪70年代末与80年代的一批“80后”作家，以及生于90年代初的“90后”作家。之所以把70年代末出生的作家划为“80后”作家群体，主要是考虑这些作家在生活经历以及发表作品的时间上，都和“80后”作家更为接近。就目前河南青年作家的写作现状而言，目前可以非常明晰地看到，“80后”作家的创作已经成熟，也基本形成了自己的创作风格，近年来佳作不断，已经在中国当代文坛初步显示了自己的存在。相比较之下，“90后”作家还稍显稚嫩，虽然有个别作家成就不低，但是作为一个整体，这批作家显然还有很长的道路要走。“80后”的代表作家是出生于20世纪80年代初期的南飞雁，以及出生于1979年的李清源，出生于1978年的陈宏伟。另外，出生于20世纪80年代初期的寇洵、王小朋、张艳庭，也都显现出了成熟的写作风格。

南飞雁是河南青年作家中的领军人物。他成名颇早，在读大学的时候，就出版了长篇小说《冰蓝世界》，之后几年内连续出版多部长篇小说，并且以长篇小说《大瓷商》获得国家“五个一工程”奖。不过，作为一个小说家，南飞雁真正的成熟是在2008年之后。2008年之后，南飞雁作品数量减少，不如早期高产，只发表了一些中短篇小说，但是，其小说写作却显然上了一个新台阶。2008年以来，南飞雁连续发表了《红酒》《暧昧》《天蝎》等一系列中短篇小说，引起文坛瞩目，其中《红酒》还入围鲁迅文学奖，获得河南省杜甫文学奖。《红酒》《暧昧》这些小说，既聚焦于中年官场人士的职场升迁，同时又呈现出他们的情感生活。这样，南飞雁的小说，既是在叙述官场中的官员这个特殊群体的存在状态，某种程度上，也是对所有中年男性的精神状态的一种呈现。这种独特的题材的发掘，以及对其中人物精神状态的微妙呈现，使南飞雁的小说具有了独特的“这一个”的意味。某种程度上，我们可以说，南飞雁已经找到了最适合自己的表达领域，也就是如他所说的，找到了自己的那盏灯。南飞雁曾经说道：“我想任何作家，都会执着地找到自己的一盏灯，而且希望这盏灯独一无二。七厅八处，七八个人，有老有小，长幼有序，男女有别。当下的中国有太多这样的存在。当我意识到我和我关注的人无法分开，我觉得我的那盏灯就触手可及了。”①当然，从南飞雁的表述中我们也可以看出，对于自己独特表达领域的寻找，显然并非一蹴而就的事情，这需要作家在生活中历练、体悟。如南飞雁自己所说，他的创作经历了两个阶段：“第一个阶段，生活在提醒我：你小子不知

① 刘宏志. 找到自己的一盏灯——南飞雁文学访谈[J]. 平顶山学院学报，2017，32(4)：81-85.

道吧，七厅八处那儿有一群人，他们生活得蛮有趣，你可以来看一看，关注一下，看看有没有什么打动你的。第二个阶段，生活又来提醒我了：你小子听好喽，你也好，你关注的人也好，其实是分不开的，你们都是七厅八处的人，是一条道上的人，是一条船上的人。”①南飞雁的这个有趣的表述，其实也从另外一个层面说明了当代河南青年作家中“80后”作家的日渐成熟和“90后”作家的稍显稚嫩。

某种程度上，南飞雁关于找到自己一盏灯的理论也适用于李清源。出生于1979年的李清源，应该算是“70后”，不过，他的成长过程，其实和出生于1980年的人差别不大。相比南飞雁早早就出版第一部长篇小说，李清源的文学之路显得有些坎坷，甚至是有些意外。李清源出身农村，大学念的也不是中文系，而是学医。医专毕业之后，李清源回到农村开诊所谋生，后来又因为孩子教育问题进入城市。显然，从李清源的个人经历来看，或许可以将之简单概括为一个乡下青年的进城故事。这样的生活经历，显然也对李清源的写作构成了影响，或者说，让他找到了自己写作的一盏灯。李清源目前的写作既有以县城为故事背景的《门房里的秘密》《红尘扑面》等小说，也有描述乡下青年进城的小说，如《苏让的救赎》。相较而言，后者成就更大，也更能代表目前李清源的写作方向。《苏让的救赎》获得了河南省杜甫文学奖，小说讲述了出身农村的大学生苏让毕业之后并没有立刻过上美好的生活，相反，迎接他的是生活的残酷：没有找到理想的工作，不得不居无定所到处流浪；美丽的女友离他而去……在这个过程中，他找到一个新女友谢春丽，但是谢春丽的面容丑陋，完全不符合他关于女友的设想，于是他对谢春丽有多次伤害，这又导致谢春丽离他而去。当他在城市压抑无奈地生活时，家乡的父亲又因为打人被捕。他赶紧回家营救父亲，试图卖肾，甚至自杀。当他一筹莫展的时候，谢春丽伸出援手，给他提供经济资助，并帮助他

① 刘宏志. 找到自己的一盏灯——南飞雁文学访谈[J]. 平顶山学院学报，2017，32(4)：81-85.

打赢官司。感激涕零的苏让回城之后求得谢春丽的原谅，并且把父亲接到城里生活。小说中关于苏让的描述，非常准确地呈现了当下乡下青年艰难的进城之路。显然，相比20世纪80年代，当下的城乡差别已经很小，甚至城乡之间的人为界限已经消失——乡下人可以随时进城找工作。但是，城乡之间显然还存在看不见的鸿沟，这在那些从乡下进城的青年那里表现得更为明显。《苏让的救赎》中苏让的经历，把进城的乡下青年的窘况非常清晰地呈现出来了。苏让大学毕业之后，在城市中蹉跎无成，甚至连婚姻都成了问题。苏让工作的不顺畅，婚姻的不顺畅，不是苏让不够努力，他其实很用心地在经营自己的生活，努力想要提升自己的阶层，但是，仅仅凭借一个不入流的大学的学历，他很难迅速改变自己的经济困境。从苏让的身份、家庭环境，以及他遭遇困境时的无奈，我们可以看到乡下进城青年的生存困境。从李清源的小说书写来看，他讲故事的技巧非常高明，更难得的是，李清源的写作，也非常自觉："写作者首先要描写自己熟知的领域和事物，这是一种发乎天然的本能……我小说里有大量由乡入城的青年，与我自己的经历有关系……而我之所以比较多地描写这个群体，不仅因为我熟悉他们，可能还基于某种责任，'离乡'二字说起来简单，其所寓却大，从中可以窥见这个时代的荣枯与得失……我坚持认为，作为一个写作者，有责任就所处的时代发声。写作者可以不必为某个群体或阶层代言，但一定要为所处的时代发声。"①从这段表述中，我们可以看到李清源书写的自觉。

陈宏伟的写作近年来也愈发自觉与成熟。从一个小说家的角度来说，他非常善于讲述故事，无论是《三角形的秘密》，还是《远方那么远》，这些小说都有一个颇为好看的故事。更为重要的是，陈宏伟的写作在有趣的故事之下，往往包裹着复杂的精神意蕴。《远方那么远》讲述了一个中年机关男性与他大学时期互有好感的女记者之间的婚外情。当

① 张翼. 文学的责任——青年作家李清源访谈录[EB/OL]. http://www.chinawriter.com.cn/n1/2017/0526.

年，女记者志向远大，而机关男性似乎不思进取。多年过去，志向远大的女记者先是婚姻不顺，接着是所在行业日渐困难。相比之下，退守小城的机关男性，似乎成了一个智者。更有意味的是，女记者一腔热情要救助一个小女孩，最终却被所救助的对象骗走了十万块钱。其间对人性的探寻、对生命道路的思考与呈现，都在纠葛交错的故事情节中呈现出来。寇洵的写作也颇为有趣。从小说立意而言，寇洵似乎是尽量要呈现出生活的小。他的小说绝不讲述世界的困境，国家的问题，他并不想进行一种宏大叙事。寇洵的很多小说都在讲述一个城市青年的生存状态，其中很多和情感有关，和男女两性关系有关。在他的小说中，没有极端戏剧化的情节，某种程度上，他的小说似乎是反戏剧化的，他只是把生活中司空见惯的、我们习以为常的生活状态呈现出来，比如男青年的相亲、喝酒、压马路等。不过，通过对这种日常琐屑状态的书写，寇洵实现了对人的精神状态、存在状态的呈现。他的小说没有心理描写，也没有大段的文学性语言铺排，语言细腻、准确、节制，往往在不动声色的讲述中，在对我们日常琐屑生活状态的呈现中，给人带来意味深长的思考。焦作的青年作家张艳庭近年来连续出版了《摇滚乌托邦》等多部长篇小说，另外还出版有诗集和散文集。张艳庭的小说早年尚有理念化浓重的痕迹，这也是很多有学院背景的青年作家的通病，但是近年来的写作，已经圆融自然，基本少见雕琢痕迹。洛阳的青年作家王小朋同时从事小说和散文创作，不过，相比之下，他还是在散文方面更有天分。其散文《读城笺》从食事、诗人、形色、风物四个方面，介绍了洛阳这座城市的现在和历史、文化，其文字舒缓自然，徐徐道来，把一个古城的风貌、特色极为详尽地呈现出来。另外，梦情的青春文学书写也独具特色。

在“80后”作家中，年轻的寒郁颇值得注意。寒郁出生于1988年，如果从年龄来算，倒是和出生于20世纪90年代初的“90后”作家更为接近，但是寒郁的作品并没有年少者的稚嫩之气，这大约也和其生活经历有关。寒郁少年即辍学出外打工，经历颇多。这些生活经历显然促进了其心智的成熟，给他带来了更深刻的关于生活的思考。寒郁的小说都在彰显一种特殊的精神追求。其小说《孤步岩的黄昏》叙述了一个律师在遭遇重大人生挫折之后——事业失败、妻子离开，反而放下一切，不被现实物欲所困扰，来到山村，追求一种纯粹的精神，从而获得精神的平静。小说对现实世界的成功与失败进行了深入的反思与批判。他获得第二届“紫金·人民文学之星”短篇小说佳作奖的小说《明月怆》，讲述了云师傅有着武侠梦想，但却只能安心于日常农耕，甚至连自己的孙女车祸死亡，他也不能帮孙女讨回公道，这对他向往的武侠精神来说是一个莫大的讽刺。不过，无论遭遇何种打击，云师傅始终坚守着自己的品质和希望。在这些小说中，我们可以看到寒郁有一种超越其年龄的成熟，能穿越纷乱的世相表象，呈现出他对生活的认知和理解。假以时日，寒郁必将取得更大的文学成就。总之，从当下河南“80后”作家总体的创作来看，他们已形成了自己的创作风格，其叙事语言颇为流畅、自然，叙事也都能表现出自己对生活颇有深度的理解。

在“80后”作家走向成熟的过程中，河南文坛的“90后”作家也已经破土而出，展现出自己的风采，小托夫、郑在欢、尚攀、丁奇高、智啊威、忻尚龙、牛冲等一批年轻的“90后”作家已经在文坛崭露头角。虽然这一批“90后”作家年龄尚小，但是就他们的创作时间来说，很多人已算得上是“老”作家了，尚攀、小托夫、忻尚龙、郑在欢等年轻作家都已经出版过长篇小说或者中短篇小说集，在各大文学期刊上也经常发表作品。总体来说，这批“90后”作家已经各具特色，郑在欢、尚攀的小说写作，牛冲的诗歌写作，都已达到一定的高度。不过，相比“80后”作家的成熟，“90后”作家在整体创作上还略显稚嫩。具体来说，一是创作上存在较明显的理念化倾向。比如智啊威的《解放动物园》这部小说，描述了母亲、父亲相继变成了鹅和鸡的情节。小说的书写符合陌生化的叙事理念，通过对母亲变鹅过程的描述，以及父亲变成一只鸡，最终自己回到家再也见不到亲人的描述，能带给读者陌生的审美体验，从而引导读者去思考小说的主旨，如可能有关于城镇化时代乡村衰败的描述等，但是就小说艺术而言，缺少对父亲、母亲变形情节的充分合理交待，显得是为了陌生化而陌生化。卡夫卡的《变形记》也有对人变成甲虫的描述，但是作为一种叙述手法，卡夫卡是直接呈现了人变成虫子，更多的是通过描述格力高尔变成虫子之后家人与他的关系，从而呈现小说的主旨。换言之，智啊威的《解放动物园》虽然使用了陌生化的艺术手法，但是因为所要表达的东西没有在陌生化的过程中充分呈现，显得有些过于理念化。二是“90 后”作家还缺乏对生活的深刻认知，导致小说中缺乏独特的关于生活的理解。例如，尚攀的小说《优雅螽斯》，描述了一个青年男子在穷困潦倒的情况下，被一个富家小姐看上，结婚后过上了幸福、体面的生活。但是这个男子并不是非常爱自己的妻子，岳父公司里具有文艺气质的女孩子成了他的情人，而且这个情人还怀了他的孩子，并且要求他和妻子离婚。小说以男主人公和妻子在山间别墅的下午茶作为开端，一层一层剥开男主人公的生活秘密。从叙事技巧来看，尚攀显然已经知道怎么去讲述一个有趣的故事。但是，就小说主题来说，并没有将作家相对独特的认知呈现出来。相比之下，郑在欢的小说颇值得关注，其小说《外面有什么》写了一个家庭中的悲剧故事。小说中的父亲以偷窃为生，还经常打骂母亲。母亲形象姣好，在一个饭店做服务员，饭店店长喜欢上母亲，而母亲也终于厌恶了父亲的打骂，决定和店长私奔。就在大年夜两人私奔的时候，正好被在外面与同学打架的儿子看到，为了阻止母亲，儿子被汽车撞断了双腿，而母亲却并不知情。这部小说是一个关于底层生活者的悲剧，可以归于我们传统所谓的底层文学范畴。但是，和一般底层文学不同，小说中关于儿子学校生活的描述，关于底层生活者自得其乐的日常生活的描述，都呈现出作者对生活的深入观察和思考。从叙事技巧来看，小说不断采用类似电影蒙太奇式的镜头切换，把一家三口的不同生活状态同时呈现出来，也使小说更具有悲剧的意味。我们可以发现，郑在欢虽然年龄不大，但是他的小说中却已少见年轻人的稚嫩之气，而颇有沧桑之感。总之，从河南“90 后”青年作家的创作来看，他们已经形成了一个颇有实力的创作队伍，未来值得期待。

自20世纪90年代以来，“文学豫军”称号在中国文坛叫响。一般认为，文学豫军从20世纪50年代开始形成，经历了四代作家的传承和发展，撑起了河南文学发展的脊梁。为当代河南文学发展做出重大贡献的第一代作家，是从20世纪五六十年代开始创作的老作家，代表人物有苏金伞、青勃、李准、何南丁、张有德、郑克西、任访秋、段荃法等。第二代作家出生于20世纪30和40年代，在20世纪80年代大放异彩，代表人物有张一弓、叶文玲、田中禾、乔典运、王怀让、张斌、叶鹏等。第三代作家出生于20世纪50年代，在80年代中后期成熟，代表人物是李佩甫、刘震云、张宇、周大新、刘庆邦等。第四代家作家主要是出生于20世纪60年代和70年代的一批作家，他们在20世纪90年代开始发表作品，进入21世纪以来已经产生了重要影响，获得多种全国性奖项，代表人物是何向阳、邵丽、李洱、墨白、乔叶、冯杰等。在文学豫军崛起的过程中，这批“80后”“90后”作家尚未崭露头角。但是，如今河南“80后”“90后”作家的强势崛起，让我们看到了文学豫军第五代作家的光辉未来。或许在不久的将来，他们将成为河南作家新的代表。

附 录 二

李佩甫的“平原”与小说

——李佩甫文学访谈

刘宏志：李老师好，谢谢你接受这次采访。我觉得，我们的访谈应从头开始吧。你是在1978年发表了第一篇作品，不过，你是从什么时候开始写作的？是很小就有作家梦么？从喜欢文学到发表作品，再到成为专业作家，这条路走得顺畅么？

李佩甫：自小，我从没想过自己要当作家。我出生于工人家庭，三代赤贫，父母都不识字。那时，家里唯一有文字的东西是半本“黄历”。所以自小学三年级始，凡见到有文字的东西，我都要捡起来看一看，特别喜欢读书。严格来说，我是1975年阴差阳错地“开始”文学创作的。那时我在许昌技校上学，正好遇上驻马店发洪水……国庆节学校出墙报时，我写了一首名为“战洪图”的长诗贴在了校办的墙报上，此作被一个文科老师看见了，他告诉我：“这首诗你可以投给省里的刊物《河南文艺》。”那时寄稿件不要钱，于是在老师的指导下，装一信封，在信封上剪一角，就投了。一投杳无音信。后来，我问老师，老师问我：“稿子退了么？”我说：“没有。”他说：“不退稿就有希望。”于是，我就“希望”下去了。

刘宏志：我看到有相关表述说，在河南作家中，你算是很无趣的一个人，只喜欢写作。当然，你一部接一部的作品已经说明了你的确非常勤奋。你每天写作几个小时？是固定的时间点写作么？能否简单谈一下你的写作过程，有没有压力或者枯燥的感觉？

李佩甫：我少年时期是个体育运动爱好者。自小喜欢打乒乓球(在水泥台上打。就在水泥台子上，我们班曾有一个同学打成了河南省乒乓球队的总教练，我很羡慕他)。上中学后，我又喜欢打篮球，还曾是许昌一中排球队的一员，后来还差一点(人家要 1.8 米高的，我个头只有 1.78 米，差了两厘米，为此十分沮丧)被召进县篮球队。青年时期，我每天坚持早上四点半起来跑步(腿上还绑着自制的沙袋)，好像“时刻准备着”，却不知道将来要干什么。

调入河南省文联后，我先是在《莽原》当编辑，只能在业余时间写作。那时我在省城只有一个床位，所以每天晚上提着一个破包，到办公室写东西，熬得很晚，感觉很糟糕，脑袋就像木疙瘩似的，写得也很苦。我是从 1987 年开始搞专业创作的，于是就有了大量的读书、写作时间。一直到多年后，我才发现了我的“生物钟”：一年当中，我写作的黄金时间是夏季，秋冬次之，春天最差；一天当中，我的黄金时间是上午。所以，对我来说，一天当中上午时间是最宝贵的。

对于写作者而言，我最恐惧的是“开头”。每一次都是重新开始，“开始”对我来说是最困难的。但只要开了头，只要找到了写作的方向和语言走向，我就像游进了文字的大海，自由了。每当脑海里出现一个好的细节，每当我有了一个准确的表达，我就有一种“指甲开花”的感觉，非常高兴。这时候，我会点上一支烟，默默地品着，很享受。

刘宏志：你在 1978 年发表了处女作，那么你最早写作的文学资源、精神资源是什么？20 世纪 80 年代的社会变革，特别是西方文学的大量引进，对你有什么直接的影响？我好像看到过，说莫言看到福克纳的《喧哗与骚动》后，激动得在房间里转圈？你能否谈一下，西方叙事资源对你的创作有没有影响，如果有，体现在什么地方？

李佩甫：一生中，每个人都有最适合他做、而且也能够做的事情。一旦找到了，他就会左右逢源，终生受益。我早年从未想过要当作家，至于能干什么，我也不知道。我倒是很想当一名运动员，可人家嫌我个子矮，不要我。童年里，要说我最大的爱好，就是读书。那时候，我到处借书看，后来在一个地级市，我有了(地、市、县、工会图书馆)四个借书证。在穷困潦倒的日子里，我在书本里“吃”到了各种各样的营养大餐，很快乐。可以说，我是阴差阳错、稀里糊涂地走上了写作道路。我是从热爱(读书)到尝试(写作)，这是一种可以不与人直接打交道的活计，也可以说是上天对我的恩赐吧。

到了80年代，我也调到了省城，一下子眼珠子就不够使了，有那么多的书可以看，各种风格流派的书都可以看到，真可谓是开了眼界了。

刘宏志：20世纪80年代，中国作家都在努力学习西方叙事，当时现代主义手法好像非常时髦，我知道很多河南作家当时都有过现代主义风格的作品。我记得孙方友老师也写过一篇《虚幻构成》，我曾经采访过他，孙老师说也要说明咱们也能玩这家伙。不过，我看你的作品，好像对现代主义不是特别热衷，是这样么？

李佩甫：我读外国文学作品主要是为了开眼界，把阅读当成纯粹的文学欣赏。我关注的是一个民族在特定时期的思维方式、生活方式和情绪走向，各种风格流派的作品都读，也只是为了丰富自己，并没有想要模仿的愿望。我关注的是他们在想些什么，是怎么想的，为什么会有这样的生活方式和思维方式。当然，在阅读中也会有潜移默化的影响，主要是在思维形态、语言表达形式上，这对思考问题是很有帮助的。我一直考虑的是如何“穿越”的问题，尤其在“文本”意义上。如何拿出本民族自己的东西，这有很大的难度。

刘宏志：莫言在写完《檀香刑》后，在后记中说，那是他创作上的一次大踏步的后退。我理解这是对西方叙事手法的一种反思，以及对中国叙事传统的某种复归。那么，你对西方现代主义叙事有没有过反思和批判？因为我觉得你好像一直都在坚守中国式叙事。

李佩甫：我认为，对于中国作家来说，大量阅读外国文学作品后，会出现一个新的问题，就是“文本”的问题。改革开放后，各种文学思潮相继流入中国，使我们开阔了眼界，吸收了新的文学营养，但同时也出现了一问题，由于一个时期以来，中国文学在“探索”上的滞后，“模仿”倒成了新颖，尤其是在“文本”意义上，比如拉美作家马尔克斯的“魔幻现实主义”，对中国作家的影响可谓“灾难性”的。中国作家要想拿出本民族的、独一无二的文本形式(无论是题材上还是体裁上)，都有很大的难处。所以我认为莫言的《檀香刑》是试图回到中国传统话本的一种大胆尝试。虽然像你说的，并不是十分成功。

刘宏志：从你的小说来看，我觉得你的写作一直在强调对当下发言。你看，《城市白皮书》《学习微笑》比较早地涉及了城镇工人的下岗问题，《生命册》更是直击中国当下的变迁。那么，对当下现实发言是你的写作立场么？

李佩甫：我个人认为，作家是离不开时代生活的。作家一旦离开了对时代生活的认知，他的创作就成了无源之水。哪怕是写历史题材的作家，他对历史事件的把握也是当代人思维活动和认知水平的一种反应。我一直认为，一个作家的认识不仅能观照生活，更能够高于生活。

我坦白地承认，我不是书斋作家，也不是贵族子弟。我出身于工人家庭，三代赤贫，我家中所有的亲戚都是农民，我自幼在大杂院里长大，对于底层人的生活有一种天然的亲近。这也是我最熟悉的生活领域。我一写到他们，就会左右逢源。

刘宏志：一般而言，作家写作可能会遇到中年危机。有些作家，特别是知名作家，功成名就之后，某种程度上已经脱离生活，甚至仅仅是通过媒介完成对生活的观察，而少了生活带来的切肤之痛，当然也就少了很多心灵的震撼，但是你的写作，我觉得一直属于“在场”的状态。你是怎样做到始终存在于生活之中，而不是以旁观者的姿态去观察生活呢？

李佩甫：我说过，作家是离不开时代生活的。这是一个当代作家对生活认知的源泉，或者说是在自己的土地上挖一口井。一个就是你说的“在场”。另一个最重要的，是作家要有一个属于自己的、独一无二的“写作领地”。对于我来说，平原就是我的写作领地。我每年都要到平原上走一走，不是为了寻找素材，而是为了保持对生活的鲜活认知，唤醒一些记忆。当然，后来我文中的“平原”就具象化了，它是我一次次认知后再现的“平原”，是我心中的“平原”。

刘宏志：下面我想重点聊聊你笔下的平原。在你的小说中，平原是一个绕不过去的意象，或者说是一个核心意象。平原与你的写作密切相关。能否先谈一下，最早留在你记忆中的平原是什么样子的？时间在延伸，社会在发展，乡村也在剧烈变化。从一开始确立平原作为自己写作的根据地到现在，你对于平原的印象有变化么？

李佩甫：我从 1976 年开始文学创作。古人有句话叫“盲人骑瞎马”。这是一个纯粹的由个人喜爱产生的创作冲动，属于摸索阶段。那时我从技校毕业刚参加工作，就写一点小青工的感受，写一点工厂的生活、学校的生活。从 1976 年开始，经过数次失败后，1978 年我连续发表了三个短篇，现在看来，这些作品很浮浅。但我当时很兴奋，也由此参加了河南的第一次短篇小说座谈会，觉得自己可以写作了。此后，我很努力地写作，也由此调到了省城。可我写得很苦，因为找不到写作方向，到处找素材、编故事，虽然在这个阶段，有个别作品被《新华文摘》选载，但越写越难，几乎写不下去了。那时候，我写得较好的一些作品还是关于工厂生活的，比如《我们锻工班》之类，但在认知上仍然是模糊的。有那么一段时间，我每天晚上像狼一样在省城的大街小巷窜来窜去，几乎就要崩溃了。这里边有一个核心问题：写什么？怎么写？我没有解决。

刘宏志：对你来说，找到自己的“平原”，是你创作生涯中的一件大事，这决定了你成为今天的李佩甫。那么，李老师，你是先有了自己的“平原”，再有《红蚂蚱　绿蚂蚱》，还是先有了《红蚂蚱　绿蚂蚱》，再有了自己的“平原”？是否在创作这部小说的过程中，有创造自己“平原”的意识自觉了，能否谈一下，你是怎么找到自己的“平原”的？

李佩甫：1985 年是我文学创作中很重要的一年。正是这一年，我创作了成名作《红蚂蚱、绿蚂蚱》。这部作品是我文学寻找中的一次突破。正是那一年，左冲右突的困顿唤醒了我童年的记忆，于是就有了《红蚂蚱、绿蚂蚱》。这篇作品最早的名字叫《我童年的小木碗》，后来在创作完成时，经一个文友的指正才改名为《红蚂蚱、绿蚂蚱》，应该说是我回忆写作的开始。作品发表后，曾先后被当年的《小说月报》《小说选刊》《新华文摘》选载，在全国引起了较大的反响，这对我来说是一种肯定。于是，我发现，作家只有在自己最熟悉的生活领域写作，才能左右逢源。所以，自《红蚂蚱、绿蚂蚱》开始，我只是知道了我可以写什么。此后，1990 年是我的丰收年，这一年我发表了三部中篇：《无边无际的早晨》在《北京文学》头题发表，《画匠王》在上海文学头题发表，还有一部中篇《村魂》发表于山东的《时代文学》。这三篇先后被各种选刊转载，还先后获得了“北京文学”“上海文学”“中篇小说选刊”的年度奖。这进一步坚定了我的写作信心，也说明我找到了写作的方向。当然，找到我的写作领域是以后的事了。一直到 1998 年，这中间又过了十多年，待我创作了《羊的门》之后，我才真正认识到“平原”才是我的写作领域。

刘宏志：对于你的写作，我的感觉是浓墨重彩式的描绘。如果说写作有白描式的书写模式，有油画式的书写模式，我觉得你的书写属于后者。对于这种书写风格，你有意识到么？是自觉的么？这种书写风格和你的这种平原精神表达有没有关联？

李佩甫：对于我来说，每一次写作都像是闭着眼睛在“平原”上行走，是“心”在平原上行走。我是用心来体味“平原”的声、光、色、味。这就像是过电影一样，风光、气味，一帧一帧地在眼前闪过。我会慢慢地品味，尔后用文字记录下来。所以说，我的书写都是与“平原”有关的（当年，对于我来说，这个平原已不是具象的“平原”了，而是我心中的）。这样的书写就像是“回家”一样，我是闭上眼，摸索着在“找”回家的路。这样，我就不会走丢了。

刘宏志：报恩，是你小说中多次涉及的一个意象。《无边无际的早晨》《生命册》，以及新书《中原客》中都有这样的叙述，为什么这么强调这样一个情节？是你认为这个情节最能说明中原文化特质么？

李佩甫：古人云：“得中原者得天下。”中原是中华文明的腹地，也是发祥地。我个人以为，所谓的文明是以文字始的。古人以文字的形式把前人的经验、智慧、挫折记录下来传给后人，这才称之为“明”。而所谓的“中华文明”，或者说儒家文化的核心，我认为是五个字：仁、义、礼、智、信。正由于有这五个字为底，中华民族才得以世代相传，生生不息。

刘宏志：连带着报恩的叙述，你有多篇小说涉及这样一个细节，即一个孩子父母双亡，是全村人将之养大，《生命册》如此，《无边无际的早晨》也是如此，这个情节设置的意图是什么？是不是也和平原文化的表达有关？顺便再深入一下，这个情节是你自己构思出来的，还是听说过相关的事情？

李佩甫：这是我虚构的。但中原文化，特别是民间风俗，有“仁、义、礼、智、信”做底，民间流传着许许多多此类事情。可以说村村都有助寡扶难的各类事例。

刘宏志：欠着，这也是你小说中常用的一个意象。呼天成经营的官场、人场，就是以让别人欠着自己开始的，《平原客》中的花客谢之长后来之所以能成为一个大商人，也是因为他总是让别人“欠着”自己，这个“欠着”，是不是你关于平原文化精魂的一种把握？

李佩甫：儒家文化的核心是：给予永远是高高在上的，而索取是卑下的。在平原，“欠”是一种精神负担。甚至演变成了精神高贵与精神贫寒的一种社会认可方式。

刘宏志：“小处求生，败处做人”，这是你小说中多次出现的关于平原文化的表征，从《小小吉兆村》到《羊的门》都有这样的影子。这是一种生存智慧。其实我非常佩服你的这种概括和提炼。这个是你原创的吧？

李佩甫：我曾经给平原生存法则总结了十六个字：败中求生，小中求活，吃苦耐劳，生生不息。

刘宏志：我记得你说过，你笔下的平原，不是现实、原有的中原，而是虚化的。《生命册》《羊的门》都是在颍平县，而在《生命册》中，你塑造了一个无梁村，我看好像禹州有一个无梁镇，不知道你的这个无梁村是不是受这个启发塑造出来的。不过在《生命册》中，无梁村是平原省颍平县的，平原省、颍平县都是虚化的。但是在《平原客》中，你开始把地点落实了，有具体地点出现，比如把开封作为一个地标呈现出来，那么，这个小说中的平原现在已经被具体到中原了，这是你有意识的一个变化么？

李佩甫：最早的时候，平原在我心中是有特定地域的，那就是豫中平原我常走动的七八个县份。写着写着，后来就扩而大之了。因为省内省外、豫东豫西豫南豫北我都走过……那就不单单是这几个县、市了，这是滋养我的一种精神地域，是我心中的“平原”，或者说是一种“大地意识”。但我在写《平原客》的时候，特意点出了“开封”，这也是一种无意中的有意，因为“开封”是一座古老的城市，又曾经是宋代的国都。读过历史的都会明白，这个烙印在民族记忆中是很重的一笔。这里一马平川，四季分明，平均气温 16.8 度，且生命是离不开水的，中国曾有四条大河(黄河、长江、淮河、济水)，三条流经这里，可以说是插根棍子都可以发芽的地方。这里曾是中华文明的腹地，也是发祥地，可以说是最适于人类生存的地方。它的衰败和没落都是有原因的。所以我在《平原客》中点出了“开封”，其实是点出了“中原”。它是一个地域的坐标点。

刘宏志：你找到自己的平原，并且主要以乡村平原作为自己写作的核心，其实在我看来好像是多少有点不太正常。我一直觉得，对于作家来说，童年经验非常重要。可是你出生于许昌市，是工人家庭出身，所以我很奇怪，你童年的城市生活经验有没有带给你写作的滋养？另外，我比较感兴趣的是，你的乡村经验主要来自什么？因为你小说的密度比较大，需要很多乡村生活细节来填充，这些细节是怎么得来的？是童年时期在乡村外婆家的生活经历，还是之后的知青生活？

李佩甫：过去总说中国有 8 亿农民，这是个农民国家，任何一个家庭，或者说大多数家庭，只要查到三代(顶多四代)以上，都来自乡村，或者说都是农民出身。这是我们的“根”。

刘宏志：关于你的平原，我还想谈一下你的《羊的门》，当时这部小说产生了很大的影响，其实就今天来看，虽然《生命册》获得了茅盾文学奖，我还是更愿意把《羊的门》看作你的代表作。能否说一下这部小说的构思过程？呼天成这个人物塑造得非常有想象力，这个人物是怎么构建出来的？

李佩甫：我虽出身于工人家庭，但从小在姥姥的村庄里长大，与乡人有千丝万缕的联系。特别是我 17 岁下乡当知青队的生产队长，在那样的年代里，我经常跟着一群乡村干部到公社去开各种各样的干部会，接触了许许多多的“大队支书们”，有时我跟他们坐在一起，有时是蹲在一起“喷大空”“聊大天”，与他们一块啃干粮或者是喝小酒，渐渐了解了各式各样、各具特点的乡村干部。当然，搞专业后，我每年都会到下边走一走，看一看，又接触了各种不同性格的乡村干部。所以，“呼天成”这个人物的塑造不是一天完成的，它可以说是集合了我数十年的生活积累。

刘宏志：你的小说，虽然在语言表达方式上保持了某种一致性，不过在形式上，好像也在不断试图寻找新的表达方式。比如《生命册》你采用了所谓的“树状结构”，但是在新作《平原客》中，又采用了新的表达方式，你认为小说的形式和小说主旨表达之间的关系是怎样的？具体到《平原客》，能否谈一下你为什么采用这种结构方式？

李佩甫：从文本意义上说，任何形式都是为内容服务的。我是一个情绪写作的人，所以，对我来说，一部长篇的写作方向是靠文字情绪来推动的。《平原客》的写作，在结构上我曾经有过多次的调整，一直到我找到了那句话“麦子黄的时候是没有声音的”，正是这句话奠定了我的写作情绪和写作方向。我是从最缓处写起的，就像植物的成长一样，三个线头，各表一枝；加上麦子的成熟过程、花的种植过程，这就构成了这部长篇的生长走向和结构方式。

刘宏志：你在《平原客》中设置了一个细节，就是赫连西楚的香港女朋友，在玩游戏时死亡，临死的时候说了一句，真有意思啊。我记得你说过这个故事时，当时你还做了评论，说网络时代变化很大，作家有点跟不上这个时代，如果作家能先想出这个故事，来对这个世界做出某种形象的表达，那该多好。现在的情况是，世界比作家想象的要发达。你觉得对于作家创作来说，现在这个电子媒介时代最大的冲击是什么？还有，你是如何来进行写作调整的？

李佩甫：最大的变化是生活方式的改变。

刘宏志：谢谢李老师接受访谈，祝佳作不断！

李佩甫：谢谢。

附 录 三

用耐看的故事讲出熠熠发光的常识

——乔叶文学访谈

刘宏志： 乔叶老师，你好！首先祝贺你去年出版了新的长篇小说《藏珠记》。不过，我们的访谈还是从你文学创作之路的开始谈起吧。你最早是写散文的，而且在散文写作上还取得了很大的成就。其实我很好奇的是，你文学的起步为什么是散文，而不是小说、诗歌等其他文体。我看过你曾经在访谈中说过，当时之所以写作，是因为生活中的压抑、困惑无处诉说，所以才形成文字的。那么，是不是在表达个人感觉方面，散文比小说更方便，才让你创作时候选择了散文，还是有其他的原因？

乔叶： 我写作，是因为我迫切需要自己跟自己对话。我 17 岁从中等师范学校毕业，分到村里的学校教书，非常基层。我也郁闷、痛苦，觉得自己有点志向却没有路途，也没有人劝导，这时候就需要自己劝导自己，这些文字就属于自己给自己熬的鸡汤。

我后来理性地分析，那时候的写作完全不属于文学创作领域。我的自我解析、自我劝导是一种相对狭窄的表达，不过我后来知道实际上很多个体都存在这样的问题，具有普世性，所以就能受到很多欢迎。另外，我的平台比较好，最初是在《中国青年报》，那份报纸当时发行量非常大，又是全国性报纸，我就类似于专栏作者，是编辑眼里的“金牌作者”，他们对我非常关注和厚爱。然后全国范围的青年刊物也关注我，我受到很多鼓励，有点大众效应。

刘宏志： 从创作的角度来说，你是从散文而入小说的，能否说一下散文创作与小说创作对作家要求的异同。

乔叶： 对我来说，原来的小散文算是习作。我进入河南文学院，成了专业作家之后，深入这个更专业的群体后，再看自己以前写的作品，会很脸红很惭愧。在某种意义上，那些小散文是对生活的浅显表达和认识。

所以，对我来说，让我写作发生重大转变的，是进入文学院这个专业写作机构。我到了这个专业群体，跟以前做"土八路"的时候还是不太一样。我会接受专业的熏陶，经常开研讨会探讨专业问题，思考问题非常不同，感觉有云泥之别。特别是对文学的思考，对社会的思考，都进入了深层次，这些对我后来的小说创作非常有帮助。

刘宏志： 你的小说很好读。我感觉你的小说很强调故事性，即便是带有很强的散文化笔触的小说，都有其内在的故事性。你自己是这样认为的么？你如何看待小说的故事性问题。另外，当下小说家中，我发现很多人都在宣言上强调小说的故事性，不再是刚接受现代主义时否定小说的故事性了。但是，我发现很多人把表达的复杂性放到了小说的故事性之前，所以，现在很多小说其实很不好看。你如何看待主旨的复杂性与小说的故事性之间的关系？

乔叶： 我写过一篇文章，叫《在这故事世界里》，发表在《文艺报》上，就谈我对故事的看法。我觉得，我在写"美文"的时候，故事本身不是主体，而只是工具，我想抵达的是某个道理。这个听起来有点好笑。但当时很多人大量复制这种形式来写故事。这也是我写故事的主要兴趣：想到了某个道理，就造一个故事吧，然后抵达道理。因为你不能一上来就说道理，你发现了人生哲理，而这可能确实需要一个故事的外衣。

而现在我对故事的认识有两个方面：一是故事的魅力本身，生活中的故事确实太具有文学的意味了，故事本身是很丰富的。二是如果一定要通过故事抵达什么，我想一定是抵达人性，而不是抵达一个单薄的道理。也就是说，我对人生、对生活、对人性的认识发生了本质的变化，所以故事在我这里只是一种表达方式，它的体积、面积、深度都发生了变化。

刘宏志：再延伸一点吧，你能否谈一下你对小说这种文体是如何认知的？我觉得小说本质上应该是一种很世俗的文体，就像我们所离不开的食色一样，是世俗的。我个人觉得，现在很多小说家把小说弄得太雅了，反而让小说没有意思了。

乔叶：据说，小说就是讲故事。

1993年，我起手写散文的时候，就在散文里写故事，而且有很多不是真实的故事，是虚构的故事。我那时太年轻，不知道这是散文的大忌，不过幸好我也没有准备在纯文学刊物上发表，能接纳我的都是一些发行量巨大的社会期刊，以某些标准看，他们可能不懂文学。

都是些什么故事呢？想来也无非就是类似于《一块砖和幸福》的那种款式：一对夫妻因为一件很小的事情离了婚，吃完了离婚饭，从饭店出来，路过一片水洼，女人过不去，男人捡起一块砖头给女人垫在脚下，女人走一步，男人就垫一步，走着垫着，两个人便都意识到了彼此的错误：“一块砖，垫在脚下，不要敲到头上。有时候，幸福就是这么简单。”

那时候，我的故事也是这么简单。“一个故事引出一个哲理。”许多评论家都这么说我那时候的散文或者说美文写作，也就是说，二十出头的我是通过讲故事来总结所谓的哲理。那时候每当接到陌生读者的来电或者来信，对我的称呼都是“阿姨”或者“老师”，可见我多么少年老成，过早沧桑。

那时候我就认识到，故事真是一个好东西，大家都爱它。

二十年过去，现在，我依然在写故事。我粗通文墨的二哥就说我是故事爱好者，离了故事就不能活。从《取暖》到《月牙泉》，从《打火机》到《最慢的是活着》，从《拆楼记》到《认罪书》，短篇、中篇、长篇小说，短的、中的、长的故事……只是再也不敢用“一个故事引出一个哲理”。

已经渐渐知道：那么清晰、澄澈、简单、透明的，不是好故事。好故事常常是暧昧、繁杂、丰茂、多义的，是一个混沌的王国。

也越来越明白：离了故事就不能活的，其实是这个世界。上网随便打开一个网页，眼球上就黏着层层叠叠的故事：城管晚上也摆摊，原来不是为赚钱，而是在“卧底”；洛阳新修一座大佛，右手持佛珠，身形是弥勒，发型却是一个大背头，五官则俨然一个大老板；女大学生毕业后觉得工作太辛苦就求包养，和包养人见面后才发现那人是自己同学的父亲，两人居然也顺利成交；还有那些人，谁都是一个好故事——芙蓉姐姐、郭美美、袁厉害，湖南被秤砣砸死的瓜农……

单论故事，生活里的比小说里的要传奇得多、精彩得多、新鲜得多、热辣得多。简直可以说，这个世界里，生活是故事的大海，小说只是故事小小的漩涡。要比的话，简直就是天壤之别，自寻死路。所以啊，还从生活里找什么故事资源来写小说呢？如果不像网络作家一样远离生活八万里，去写悬疑、写穿越、写盗墓、写一女 n 男或者一男 n 女的艳情，靠永不能回头的浏览量和永不能下降的点击率去赚银子，那么作为一个小说家，那怎么还能活呢？

这真有道理。但是这道理，恕我不能苟同。

我深信生活里的故事和小说家讲述的故事有太多本质的不同，简述如下：

如果说前者是原生态的花朵，那么后者就是画布上的油彩。

如果说前者是大自然的天籁，那么后者就是琴弦上的音乐。

如果说前者是呼啸奔跑的怪兽，那么后者就是紧贴肌肤的毛孔。

如果说前者的姿态是向前、向前、再向前，那么后者就是向后、向后、再向后。

如果说前者的长势是向上、向上、再向上，那么后者就是向下、向下、再向下。

如果说前者的嗜好是大些、大些、再大些，那么后者就是小些、小些、再小些。

如果说前者指着大地说：我的实是多么实啊，就像这一栋栋盖在地上的房子。那么后者就会指着自己的胸膛说：我的实是另外一种实，就像扎在心脏上的尖刀。

如果说前者的样子可以用一个词形容：好看。那么后者的那个词就是：耐看。

如果说前者的歌词是：我们走在大路上。那么后者的歌词就是：一条小路弯弯曲曲细又长。

如果说前者的声音是：是这样的，不是那样的！那么后者的声音就是：可能不是这样的，可能是那样的，还有另外一些可能……

当然，所有后者都有一个前提：那个小说家，是一个响当当的小说家。

听到过太多人感叹，说在这个相亲、选秀、雷人剧和网络推手执掌人们业余兴味的时代，文学被边缘化了，写作者被边缘化了……听得我耳朵都起了茧子。我真心觉得——这话说出来会挨骂——被边缘化挺好的。反正每当我走在无论哪个城市的大街上，没有一个人认出我，我被湮没在人群中，自由自在地行走，宛如鱼翔浅底，想吃什么就吃什么，想看什么就看什么，每当这个时候，我就无比热爱边缘化。要那么中心化做什么呢？事实上，这个世界有公认的唯一的真正的中心么？如果真有那么一个中心的话，那该是这世界最荒唐的故事了吧。

——生活在这个故事世界，把这世界上的故事细细甄别，然后把它们改头换面，让它们进入小说的内部，崭新成活，茁壮成长，再造出一个独立世界，我觉得这就是小说写作的乐趣，也是文学生活的活法。

这活法真好。我深信：有人在，就有文学在。有文学在，就有这活法在。它的福泽很绵长，甚至会万寿无疆。

刘宏志：你的《认罪书》《藏珠记》都有意在叙事形式方面做出一些变化。能否简单谈一下你理解的小说形式与内容之间的关系？

乔叶：在我的理解中，不需要刻意去追求形式，内容一旦决定，形式自然也就来了。形式本身应该是个衍生物，或者附属品，而不应该作为主体。就像一个人，气血充足的时候，走得自然就稳健。托尔斯泰说过一句特别朴素的话：文学的本质就是感情。这句话特别简单，但我觉得特别有道理。写作说到底就是情感问题，你对人物、对大小事物的情怀，通过小说表达出来是什么样的。当然，形式是需要考虑的，但是一个优秀的作家在决定了写作内容，或者以什么样的情怀去写、表达什么样的感染力的时候，形式就属于细枝末节的问题了。就作家本身的才华来说，应该能够将形式调整得很好。最差的结果，可能是会让小说很平凡，但不至于糟糕到会影响表达的主要光芒。就像金镶玉，好的形式可能会让小说更有光彩。但是如果内容的表达本身足够好，形式的作用就不那么突出了。

刘宏志：我不记得是从哪里看到的了，隐约有印象，说你当年到了省文学院之后，曾经和戴来聊过如何写小说，当时戴来已经是比较知名的小说家了，而你还主要在写散文。但是，其实你的小说和戴来的小说的质地完全不同。这种小说之间的差异，是作家本人的主观写作意图不同构成的，还是和作家本人的气质有关？

乔叶：每个作家都携带着自己特有的生活经验和精神背景，他们的写作呈现出的质地和面貌不同当然是很正常的。也正因为彼此之间的差异性，我觉得和同道聊天是很有意思的事。

刘宏志：我觉得你的小说有着很强烈的女性特质。特别是《最慢的是活着》，那种不厌其烦的书写，《打火机》中那种对女性心理的深入挖掘，显然都不是男性作家能胜任的。这种书写中特有的女性主义特质，在我看来，某种程度上也是你自己的一个特点了。这种书写，你是有意为之，还是自身气质使然呢？

乔叶：女性人物在我的小说中出现得确实比较多，因为同为女人，写起来可能比较容易抵达。所以从女性角度叙述是很自然的选择。但写作如果仅限于个人经验或者和自己很贴近的某类人的经验，那正如张爱玲说过的那样：“通篇我我我的身边文学是要挨骂的。最近我在一中英文书上看到两句话，借来骂那种对于自己过分感到兴趣的作家，倒是非常恰当：他们花费一辈子的时间瞪眼看自己的肚脐，并且想法子寻找，可有其他的人也感到兴趣的，叫人家也来瞪眼看。”——再怎么说，肚脐眼还是小，看够了就得把目光投向其他地方。所以除了女性角度，我还是尽力让自己的角度更多维一些。无论是什么人的角度，只要是以人为本的角度就好。

刘宏志：我曾看到你说，在刚开始写小说时特别想把自己的地域洗干净，不想让人看出自己是河南作家，为什么呢？后来为什么改变了，你如何看待中原文化与你的写作之间的关系？

乔叶：如果说故乡是父母，我其实是不孝之子。我刚开始写小说，大概是2004年的时候，很不爱说自己是河南作家，想在写作时清洗掉自己的河南印记。总想着干吗要有河南特色呢？被地域一框住就小了，而且带个地域标签很土。河南就是大农村嘛。那时候心怀大志，就想当个全国性的作家，想让自己看着高大上。什么高大上？当然是城市生活啊。后来写着写着我发现，即使写城市，写的也是河南的城市，也有着河南的气息，因为自己骨子里就是个河南作家。尤其是写了长篇以后，这种感觉更强烈。长篇需要动用的文化储备特别多，也特别深。所谓文化储备，就是长期以来你的生活，你的环境，你所受的教育，你的命运轨迹，这一切怎么能离得了河南呢？河南就是精神基因，是命里带来的。所以我认命了，心甘情愿。2011年开始写《拆楼记》时，我就不断回到家乡，汲取了很多营养。后来我写了一个中篇小说《旦角》，是基层豫剧女演员的情感生活，把一些著名的豫剧唱段贯穿其中，这个小说的副题就是“献给我的河南”，正式表达了我对故乡的感情。到了写《认罪书》，里面也有着鲜明的河南背景，比如很多豫北方言。我得承认，在文学意义上，其实我是一个很孱弱的孩子，但河南是一个巨大的母体，她一直在提供给我源源不断的滋养。

刘宏志：你现在觉得地域文化对作家的创作影响有多大？作家在创作时会受到地域文化的影响么？

乔叶：地域文化对作家的影响是非常本质的。从很多前辈身上也可以看出这一点。但同时，他们也经常跳出这种关系，比如在北京生活，经常去海外，他们用多重视野审视这块土地，文学思维更多样化，视野更开阔，表达更国际化或者说层次更丰富，想法更特别。他们来自这块土地，又不局限于这块土地，我觉得这对写作而言具有重要的意义。

刘宏志：你自己创作的时候，会有意强调中原文化形态么？在《藏珠记》中，你涉及了大量的豫菜做法的描述。这是有意要加强小说中的河南地域文化因素，还是仅仅为了在小说中融入百科全书式的知识？

乔叶：我的朋友们看完这本书后，第一反应都是：你真不愧是个典型的吃货呀。是啊，如果不是个典型的吃货，我还真不会选择美食这个角度。在郑州定居了十来年，我吃过很多饭店，认识很多厨师，听他们聊过很多豫菜的事，积累了不少原材料，以这些原材料写过系列散文，也写过短篇小说，都不过瘾。这次终于放到这个长篇小说里来，痛快了一把。

当然，这些原材料说到底都是为小说人物服务的。比如唐珠。喜欢美食是唐珠的基础人设，所以她才会吃下波斯人给的珠子，然后故事就此开始。她虽然活了一千多年，但除了在保持处女之身的前提下长生不老，也没什么更特别的。如果她很漂亮很妖娆，或者有着举世瞩目的才华技艺，也就不可能"万人如海一身藏"了，所以这个看起来很平凡的"千年妖精"，活了这么久，不能爱人，不能被爱，其实很可怜。既然不能爱人，那她最能投放热情的地方就是美食了。而金泽这样的精英厨师也是我心中理想的男人形象。我一直觉得，男人态度纯粹地专注于某一件事时，是非常有魅力的，非常性感。

美食的作用当然也不仅如此，这条线一方面是为了展示我们博大精深的饮食文化；另一方面也可以充分展现男主金泽的魅力。经历千年，为什么唐珠对金泽能这么爱呢？如果一定要有个最简单的答案，我想说，这是因为他们两个都很干净。唐珠的干净是因为千年光阴对她的淘洗，看够了丑恶和贪婪，也明白了很多世俗的欲望没有意义，是被动的干净。金泽呢，是没落的官二代，出身厨师世家，有很多毛病，也有很多优点。但总的来说，他秉性健康、饱满，不世俗，因为爷爷熏陶出来的强烈的工匠精神，他专注于厨艺而显得纯粹。金泽手艺老成，但他人是年轻的，从身到心。而唐珠是苍老的，主要是心。可她在爱情上又是很稚嫩的，一片纯真。这两个人的爱情，真的就是两个干净人的爱情。

美食这件事，说来无奇，不过一日三餐而已。不过话说回来，却也实在是一件要紧事，所以自古才会说“民以食为天”。在饱腹的层面之下，礼仪，道德，利益，欲望……人性的各种东西都可以在其中深度纠缠，所以它的深厚或轻巧是本身具备的，就看写作者如何去看待和使用。只要写作者的意念够强，就能够把它们深藏的储备都照亮。

刘宏志：李佩甫老师谈自己写作的时候，曾经说对他的写作来说，很重要的是，找到了自己的平原。所以，李佩甫老师的写作，后来基本是围绕着平原在写。也凭借这个，他建立起了自己的独特性。那么，你有没有这种感觉，就是写作必须找到自己的独特的某个支撑点？如果有，是什么？

乔叶：许多前辈的写作，都有一个潜在的写作生发地，或者说隐秘的精神原乡。这应该跟生活背景和成长环境的差别有关。他们那一代人的乡土记忆非常完整和坚实，他们建立的文学世界不可避免会受到这种记忆的影响。这种记忆和与之相关的东西通常会成为他们主要的写作资源，一种习惯性的资源。而我们这代人，跳槽啊、调动啊，漂泊性、无根性更强一些，一般没有长期的固定的乡村生活经验。相对而言，前辈们汲取的写作资源是很完整的，我们的写作资源相对来说是零碎的，不过也相对多元一些。比如像李佩甫老师，他在创作的盛年确定了自己的写作领域之后，即使来到城市扎根，或者全世界跑，他还是在汲取那块土地上的资源。就像是一个水管，就算它伸得特别长，也还是在那个井里取水，流出来的也还是那个源头的水。像我们可能就是随时换根水管，这儿扎一个，那儿扎一个，就这样扎出不同的水来。就我个人的理解，扎根取水或者说水源地应该包含不同的样态，不一定非要扎根于某块土地、某个虚拟的地理位置。比如说门罗，她的短篇小说写的是各种家庭妇女的生活，广义上来说那也是她的水源地，是她一个稳定的写作资源。

刘宏志：《藏珠记》中的女主人公最终没有死亡，这倒是符合读者的大团圆的心理需求，但其实很勉强，因为那个珠子带来的命运其实是一种命运式的东西，主人公选择了那个珠子，就选择了那个命运，这一般是不能改变的。但是你非常强硬地把她给改变了。为什么安排这样一个结局呢？

乔叶：事实上，我接到过不少读者反馈，他们觉得唐珠一直没有勇气把自己完整地交给金泽，纠结到最后却被赵耀侵犯失贞，这让他们觉得很失望。他们质问我：为什么？你为什么要这么写？

为什么？因为我只能这么写。在我的笔下，此时的唐珠，她必须如此。小说写到后面，唐珠一定要结束既永生且无爱的酷刑，否则这个小说就没有意义。要结束酷刑，那她就一定要失去处女之身。破贞的人能是金泽么？不能。唐珠能为金泽破釜沉舟么？也不能。他们相爱，但也是凡人的相爱。金泽爱得青春炽烈，唐珠爱得沧桑深沉，但他们都自有规矩或者藩篱，难以越过。有破坏力的是什么？是恶人，是恶人之恶。赵耀就是恶人，就是恶的存在。恶固然恶，但我们不得不承认，恶自有其用。恶的存在对善意味着什么？是摧残，是鞭挞，也是提醒，是淬炼。

刘宏志：其实不光是《藏珠记》，我的一个感觉是，你的小说似乎都在有意无意地消除某种残酷感。比如《认罪书》，这个小说整体上是很残酷的，批判了人性的平庸之恶，而且呈现了生活的残酷。但是你最后让金金患绝症，其实在我看来是一种消除残酷感的安排——对于经历了金金那样生活的人来说，某种程度上，死亡比活着更容易。

乔叶：金金经历的一切已经足够残酷了，死亡是最起码的悲悯——对所有的罪人都是如此。

刘宏志：在《认罪书》中，支撑你小说的精神内核的是“平庸之恶”。你是之前读到阿伦特的平庸之恶的相关理论了么？能否谈一下这部作品的触发点？

乔叶：对阿伦特的相关理论之前也有所了解，但它不是我写作的第一动因。创作这部小说的第一动因自然是因为我对“文革”产生兴趣。而我对“文革”产生兴趣，追根求源，也许是因为我对我们的当下生活更感兴趣，对当下的很多人性问题和社会问题更感兴趣，比如，现在的雾霾天、老人摔倒了没人扶等社会问题，我会思考为什么人会变成这样，当下的国民精神状态为什么会是这样……于是就去探究，由此上溯，找到了“文革”这一支比较近的历史源头。曾有朋友问过我：你写“文革”到底是动了哪根筋？我说不是我动了哪根筋，而是那根筋原本就一直在动，在我的身体和心里动着，而且已经动了很久，只是近几年我才发现了它的动，等到它动得我再也不能忍受的时候，我就开始动手写了。

刘宏志：你曾经谈到过，无论是网络文学，还是传统文学创作，重要的是写得好。但是，这个好，其实是一个很笼统、很模糊的概念。咱们能否具体一下，比如传统文学怎样才算写得好，网络文学怎样才算写得好呢？你能否给出一个你理解的优秀文学作品的标准，或者说，你理想中的优秀的文学作品是什么样的？

乔叶：因为写作的关系，经常被人问及何为好的文学，比如好小说或者好散文。这个问题要说也是简单之极，是万里无云万里天。好的东西就是好嘛，长在那里，有眼睛的人都可以看到。如冯唐所言：“文学的标准的确很难量化，但是文学的确有一条金线，一部作品达到了就是达到了，没达到就是没达到，对于门外人，若隐若现，对于明眼人，一清二楚，洞若观火。”要说复杂也是复杂至极，是千江有水千江月，你有你的金线，他有他的金线。你的金线在珠穆朗玛峰闪烁，他的金线在吐鲁番盆地低徊。如此简单又如此复杂，实在是不说也罢。可是鱼在江湖，有时候还真免不了要吐些泡泡。

今天，我终于找到了关于好文学的泡泡：穿衣显瘦，脱衣有肉——最近乍听到这句关于身材的话，喜悦非常。倒不是因为这话和我应景——无论穿和脱都无比显肉的我，身体形象永远到不了这种境界。我是突然觉得找到了形容好文章的说辞。

穿衣显瘦不一定脱衣有肉——很可能只是个骨头架子。脱衣有肉不一定穿衣显瘦——肉都是赘肉和肥肉。这是一个辩证的关系。

见过太多作者的文字，臃肿不堪。臃肿的前提是他把自己看得太聪明，把读者看得太愚蠢，所以他要反复跟读者们讲啊，说啊："张三是个孝顺的人。他深知父母把自己养大很不容易，自己长大了就应该回报父母……""李四每天都很快乐，快乐的根本原因是他懂得知足。""作为母亲，她很爱自己的孩子。孩子是母亲的心头肉，儿行千里母担忧，"……拜托，这些话有意思么？有意思的是那些啰嗦的人，谁也不认为自己是啰嗦的，都觉得自己的表达是天下独一份儿。听到质疑还振振有词地为自己辩解："我说的都是平实的真谛，是最朴素的常识。"

——真谛和常识固然有平实朴素的外貌，但也有质量高低的分别。质量低的人人皆知的就是废话，就是肥肉。被无数人熟视无睹却不曾发现和总结却被你说出来的那些，才是熠熠发光的常识，是触手皆弹的肌肉——一定是肌肉，是肌肉穿上了衣服才会显得出让人垂涎欲滴的好身材啊。

写作的价值，就是要显出这些肌肉，写出这些常识。这些常识，就是真理。

刘宏志：好的，谢谢乔叶老师接受访谈，祝佳作不断！

乔叶：谢谢。

后　记

很多年前，当我还是一名中学生的时候，就读过很多河南作家的小说，对其中的一些作品，也有极深的印象，比如《五月》《活鬼》。不过，当时我并没有记住作家的名字。多年后，当我从事河南文学研究，才发现，原来，《五月》是田中禾写的，《活鬼》是张宇写的，他们在我面前似乎一下子变得生动起来。所以，有机会对他们做一个相对系统、深入的研究，对我来说是一项非常有吸引力的工作。

在撰写本书的过程中，我又翻阅了很多资料，翻到了南丁老师、田中禾老师、孙方友老师给我的赠书，扉页上的题字依然龙飞凤舞，他们的音容笑貌在我脑海中亦宛然如生，然斯人已逝，心下不禁黯然。生命虽已消逝了，但他们留下的文字、思想依然存在，或许，这正是写作的重要意义所在吧。

这也让我更加意识到自己工作的意义。

本书的写作是在断断续续中完成的，章节之间用力也不均衡，所以虽耗费颇多工夫，但成果却很难让人满意。不过，问题是我自己的。即便如此，对这样一本不太成熟的著作，也要感谢诸多师友的奖掖和督促。在我研究河南文学的过程中，田中禾、李佩甫、邵丽、墨白、乔叶、冯杰、南飞雁、奚同发等各位师友，以及其他很多朋友，都曾给予我很多帮助和支持。他们的鼓励，是我不断前行的动力。

感谢中国现当代文学学科点的诸位同仁，这个友善而活跃的团体令我获益良多。感谢郑州大学文学院对本书的出版资助！感谢武汉大学出版社的李琼女士，从本套丛书的立项到撰写过程，她始终以高度的责任心给予我们指导。此外，还要感谢我的几位研究生，杜森垚、吴子欣、王湲惠、张梦圆，他们在帮助我调整本书注释的格式与体例方面，做了大量的工作，为我节省了宝贵时间，使我能专注于文稿的撰写。

最后，感谢我的硕士导师樊洛平教授、博士导师张鸿声教授，以及在我求学道路上对我影响颇大的单占生老师、张宁老师，我每一个尚不成熟的习作中，都凝聚着他们的汗水。

2023 年 10 月 6 日

撰于盛和苑寓所